LONDRES
MODE D'EMPLOI

Sommaire

4 ★ Top 10

6 Inspirations londoniennes

9 **Le magazine**
- Au fil de la Tamise
- L'icône Pub ■ Un air de fête
- L'empreinte du temps ■ Nature urbanisée
- Cherchez les stars ■ But so british !
- Le meilleur de Londre gratuit !
- Notes en live

33 **Londres, sur place**
- Vos 2 premières heures
- Vos déplacements
- Votre hébergement
- Vos repas
- Votre shopping
- Vos sorties

47 **Saint James's, Mayfair et Piccadilly**
D'un coup d'œil - En 1 jour
Top 10 Buckingham Palace ★2 National Gallery ★7
Ne manquez pas ■ The Mall et Trafalgar Square
Et aussi... ■ 7 lieux supplémentaires à explorer
Où... ■ se restaurer ■ acheter ■ se divertir

69 **La City**
D'un coup d'œil - En 1 jour
Top 10 Saint Paul's Cathedral ★5 Tower Bridge ★10
Ne manquez pas ■ Tower of London
Et aussi... ■ 6 lieux supplémentaires à explorer
Où... ■ se restaurer ■ acheter ■ se divertir

93 **Westminster et South Bank**
D'un coup d'œil - En 1 jour
Top 10 Westminster Abbey ★1 London Eye ★3
Ne manquez pas ■ Tate Britain ■ Houses of Parliament ■ SEA LIFE London Aquarium ■ Tate Modern
Et aussi... ■ 12 lieux supplémentaires à explorer
Où... ■ se restaurer ■ acheter ■ se divertir

119 **Knightsbridge, Kensington et Chelsea**
D'un coup d'œil - En 1 jour
Top 10 Kensington Palace 6 V&A Museum 8
Ne manquez pas ■ Harrods ■ Science Museum
■ Natural History Museum
Et aussi... ■ 4 lieux supplémentaires à explorer
Où... ■ se restaurer ■ acheter ■ se divertir

145 **Covent Garden, Bloomsbury et Soho**
D'un coup d'œil - En 1 jour
Top 10 Covent Garden 4 Madame Tussauds 9
Ne manquez pas ■ British Museum ■ British Library
Et aussi... ■ 7 lieux supplémentaires à explorer
Où... ■ se restaurer ■ acheter ■ se divertir

169 **Excursions**
■ Kew Gardens
■ Windsor

175 **Promenades & circuits**
■ 1 Autour de Mayfair
■ 2 La City
■ 3 Greenwich
■ 4 Hampstead
■ 5 De Marble Arch à Tower Hill

195 **Informations pratiques**
■ Avant de partir
■ Une fois sur place

201 **Cartes & plans**

211 **Index des rues**

219 **Index**

TOP 10

... ou les 10 incontournables de Londres à découvrir, ou à revoir sans modération, durant votre séjour ; les 10 sites les plus emblématiques, véritables incarnations de la capitale britannique.

1 WESTMINSTER ABBEY ➤ 98
À deux pas de Big Ben et des Houses of Parliament, la vénérable abbatiale, où ont été couronnés la plupart des monarques anglais, déploie ses dentelles de pierre .

2 BUCKINGHAM PALACE ➤ 52
Ponctuant la perspective ouverte par The Mall, le palais est la résidence officielle des souverains britanniques depuis 1837.

3 LONDON EYE ➤ 101
Une occasion unique de découvrir d'en haut un paysage urbain fascinant, où se côtoient bâtiments historiques et architecture ultramoderne.

4 COVENT GARDEN ➤ 150
L'ancien marché central est animé par un bouillonnant mélange de musique de rue, de théâtres, de restaurants et de commerces – toute la vie colorée des rues londoniennes !

5 ST PAUL'S CATHEDRAL ➤ 74
Surmonté de sa célèbre coupole, le chef-d'œuvre architectural de Sir Christopher Wren fut le plus haut des édifices londoniens jusqu'en 1962.

St Paul's, une icône londonienne.

6 KENSINGTON PALACE ➤ 124
Donnant sur Kensington Gardens et Hyde Park, l'élégante résidence de la princesse Diana est une véritable invitation à la promenade.

7 NATIONAL GALLERY ➤ 54
Au-delà de *La Vierge aux rochers,* de Léonard de Vinci, ou de *Vénus et Mars* de Botticelli, cette collection de renommée internationale vous coupera le souffle.

8 V&A MUSEUM ➤ 126
Quatre mille ans d'histoire et des pièces issues de l'univers du design, de la mode, de la photographie, des arts plastiques : cette collection ne manquera pas de vous émerveiller.

9 MADAME TUSSAUDS ➤ 152
Entrez dans la peau d'une Bond girl, blottissez-vous dans les bras des Beatles ou faites un selfie avec la reine d'Angleterre – ici, tout est possible !

10 TOWER BRIDGE ➤ 78
Depuis 1886, cette merveille technique et architecturale lancée entre la Tower of London et la rive sud de la Tamise fascine les passants.

INSPIRATIONS

Pour comprendre ce qui fait ou a fait le Londres d'hier et d'aujourd'hui, voici quelques notions essentielles de l'histoire, de la culture et des usages à comprendre pour saisir l'âme de cette ville si britannique et pourtant cosmopolite.

PIQUE-NIQUE DANS LE PARC

Un jour de la semaine, muni d'un en-cas acheté dans l'une des nombreuses sandwicheries comme Pret-a-Manger (✚ 205 E2 ✉ 54 Oxford Street), flânez jusqu'au parc le plus proche, par exemple Soho Square (✚ 205 E2). Asseyez-vous sur un banc ou dans l'herbe, et observez la vie londonienne autour de vous : du cadre en costume à l'ouvrier, tous s'offrent ici une pause, au soleil ou à l'ombre d'un arbre.

AU FIL DE LA TAMISE

De la Tate Britain (➤ 102), dirigez-vous vers le sud et Vauxhall Bridge (✚ 207 F1) pour observer l'animation du fleuve, dominé par le bâtiment futuriste des services de renseignements. Sur l'autre rive, remontez vers le nord et Lambeth Palace (✚ 208 B1), siège de l'archevêché. De retour sur la rive gauche, empruntez Thames Path pour déboucher sur les Houses of Parliament (➤ 104).

TEA TIME

Comment manquer l'afternoon tea. Par exemple, dans le cadre raffiné de l'Orangery Café (10h-17h), dans Kensington Palace (➤ 124). Par beau temps, installez-vous sur la terrasse, avec vue sur le jardin, sirotez votre thé dans de fines tasses de porcelaine en savourant les typiques sandwichs et scones, agrémentés de *clotted cream*.

À LA CONQUÊTE DU WILD EAST

L'Est de Londres reste jeune et sauvage : il suffit de faire un tour dans les excentriques boutiques de mode de Shoreditch pour s'en rendre compte. Ou bien dans Spitalfields Market, où fringues loufoques et esprits créatifs règnent sur le "Style Market" (✚ 210 C5 ✉ Brushfield Street ◷ sam. 11h-17h). Et si vous prolongez votre balade dans Fournier Street (✚ 210 C5), puis Brick Lane et ses rues latérales, ouvrez grand les yeux : vous êtes dans le fief du street art !

LONDONIENNES

La *street fashion* londonienne, inimitable.

Inspirations londoniennes

OASIS DE PAIX

Si l'agitation urbaine vous épuise, reposez-vous un instant dans les Inns of Court (➤ 87). Il suffit de s'engager dans les étroites ruelles pavées de ce petit îlot de calme, face aux Royal Courts of Justice, pour entendre le bruit de la circulation s'atténuer, remplacé par une atmosphère paisible, en particulier autour de Temple Church.

LA CAMPAGNE À LONDRES

Une irrépressible envie de verdure ? Empruntez la District Line jusqu'à Richmond (juste derrière Kew Gardens ➤ 170). Une flânerie estivale dans cette petite commune mondaine fait vite oublier la métropole internationale qui l'entoure, comme un avant-goût de campagne anglaise.

Petite pause devant Temple Church.

Profitez-en pour admirer la splendide vue que vous offre Richmond Hill sur le fleuve, ou faire un tour en bateau sur la Tamise (🕓 juin-sept. tlj., avr.-mai sam.-dim.).

LIKE A GENTLEMAN

St. James's Street (✚ 207 D/E5, 205 D/E1), temple du bon goût londonien et des tailleurs les plus select, mais aussi des extravagants accessoires de rasage (Truefitt & Hill, n° 71), des bagages de luxe (Swaine Adeney Brigg, n° 54), des vins raffinés (Berry Bros. & Rud, n° 3) ou du fromage (Paxton & Whitfield, 93 Jermyn Str.). Et si cela ne suffit pas, aventurez-vous dans les salles de ventes de Christie's (8 King Str.).

UNIFORMES ET CÉLÉBRITÉS

Une visite du Royal Hospital (✚ 206 A/B1 🕓 lun.-sam. 11h-12h, 14h-16h), devenu en 1692 un hospice pour anciens combattants britanniques, et de son Great Hall donne un aperçu de l'histoire militaire britannique, immortalisée par de magnifiques boiseries. Le jardin donne sur la Tamise et vous y verrez flâner les retraités en uniforme rouge. Vers le sud-ouest, Royal Hospital Rd donne sur Cheyne Walk, havre de nombreuses célébrités (Mick Jagger, le Premier Ministre Lloyd George, J.M.W. Turner...) : cherchez les plaques bleues !

Le magazine

Au fil de la Tamise	10
L'icône Pub	12
Un air de fête	14
L'empreinte du temps	16
Nature urbanisée	20
Cherchez les stars	24
But so british !	28
Le meilleur de Londres gratuit !	30
Notes en Live	32

Au fil de la TAMISE

La vénérable Thames (Tamise) s'invite au cœur de la capitale et de la vie des Londoniens, scindant la cité en deux. Les péniches qui, autrefois, transportaient les marchandises servent désormais d'habitation et, la nuit, de nombreux bateaux-mouches sillonnent les eaux couleur café au lait.

Parcourant 364 km, entre le Gloucestershire et son estuaire au-delà de Canvey Island, la Tamise est le 2e plus long cours d'eau du Royaume-Uni, derrière la Severn. Son cours serpente à travers Londres, longeant Hammersmith et Chelsea, les Houses of Parliament (➤ 104) et la Tower of London (➤ 82), avant de se diriger vers Greenwich (➤ 184).

L'"histoire liquide"

La Tamise tient un rôle majeur dans l'histoire de Londres. Dès le néolithique, elle attire les communautés humaines. Elle suscitera, par la suite, la convoitise des Vikings avant de connaître des heures de gloire sous les Tudor et les Stuart. Un passé tumultueux qui lui vaudra, en 1929, de la part de John Burns, le surnom d'"histoire liquide".

Aux 18e et 19e siècles, le port de Londres prospère grâce à l'expansion de l'Empire britannique, et la Tamise devient la principale route commerciale vers le sud de l'Angleterre. L'extension des réseaux ferré et routier au 20e siècle, puis l'apparition de porte-conteneurs géants nécessitant des ports en eaux profondes, vont porter un rude coup à l'activité fluviale et aux docks londoniens.

Ci-dessus : les lumières de la ville.
Ci-dessous : la Thames Barrier, barrage contre les désordres du fleuve.

Escales

Le long de Cheyne Walk, dans Chelsea, un charmant village flottant offre à quelques privilégiés un mode de vie des plus enviables.Plus à l'est, Westminster Bridge relie 2 des monuments les plus emblématiques de la capitale : d'un côté, le majestueux palais de Westminster et Big Ben (► 104), dans la tour de l'horloge ; de l'autre, l'immense roue du London Eye (► 101), installée pour saluer l'an 2000.

La Tamise rejoint, au-delà de Greenwich, ce qui constitue sans doute l'ouvrage fluvial le plus important en matière de sécurité : la Thames Barrier. Achevé en 1982, ce barrage permet de protéger la capitale contre les grandes marées et les raz de marée. Le risque d'élévation du niveau de la mer lié au réchauffement climatique continue néanmoins de faire peser une lourde menace sur l'avenir de Londres.

la Tamise ne manque pas d'air

La Tamise fait désormais partie des cours d'eau les plus propres du monde. Saumons, soles, truites de mer et bars y croisent, à l'occasion, phoques, dauphins et marsouins, tandis qu'à la surface se côtoient grands cormorans, hérons et cygnes. Dans le cadre du programme de régénération du fleuve, 2 péniches baptisées *Thames Bubblers* injectent de l'oxygène dans l'eau quand le niveau devient critique.

L'icône **Pub**

Défraîchis et biscornus ou modernes et gastronomiques, les pubs jouent un rôle pivot dans la vie sociale londonienne. Et tandis que les accros de la pinte continuent d'affluer autour du comptoir dans les pubs traditionnels, les gourmets leur préfèrent la qualité culinaire des gastropubs.

Pur jus

Le pub traditionnel, c'est un cadeau du Royaume-Uni au monde. La bière y coule par *half pints* (25 cl) ou par *pints* (50 cl), le vin est de la partie, et les boissons non alcoolisées ne sont pas en reste. À savoir : vous n'aurez pas à laisser de pourboire si vous n'avez consommé que des boissons.

Le bon vieux temps...

Situé dans une ruelle du centre-ville, le **Lamb & Flag** (✉ 33 Rose Street, WC2 🚇 Covent Garden), l'un des plus anciens pubs de Londres (1623), exhibe fièrement ses poutres basses et ses niches étroites, tandis que, avec son magnifique décor de bois et de verre, le **Princess Louise** (✉ 208-209 High Holborn, WC1 🚇 Holborn), entièrement rénové, est un petit bijou typiquement victorien. Apprécié des musiciens, **The Ship** (116 Wardour Street, W1 🚇 Piccadilly Circus) se trouve en plein quartier branché de Soho, alors que la **Star Tavern** (✉ 6 Belgrave Mews West, SW1 🚇 Knightsbridge) dissimule ses vitraux, sa cheminée et ses tables en pin dans un immeuble de Belgravia. Enfin, **The Antelope** (✉ 22 Eaton Terrace, SW1 🚇 Sloane Square) offre son atmosphère intimiste depuis le 17e siècle.

Brasseurs d'élite

Plusieurs brasseries londoniennes, anciennes comme récentes, organisent des visites. Sur les rives du fleuve, Fuller's, propriété de la même famille depuis 1845, propose une vingtaine de visites (90 min £££££ par adulte ☎ 020 8996 2000, www.fullers.co.uk) par semaine de la Griffin Brewery, avec dégustation (réservée aux plus de 18 ans). À Greenwich, la toute nouvelle, et déjà primée, Meantime Brewing Company fait de même (££££ lun.-jeu. et dim. ☎ 020 8293 1111, www.meantimebrewing.com).

Certains pubs, cependant, tiennent plus de l'imitation, comme l'**Old Bank of England** (✉ 194 Fleet Street, EC4 Temple), à proximité des Law Courts : l'ancienne succursale de la banque est devenue un pub de style édouardien – avec coffres-forts et cour intérieure cachée.

Plaisirs culinaires

L'ouverture, en 1991, du premier gastropub, **The Eagle** (► 90), a complètement révolutionné l'univers des pubs londoniens. Ces établissements d'un genre nouveau se targuent de proposer aussi bien des saucisses à la sauce à l'oignon, accompagnées de purée, que des mets plus beaucoup plus recherchés. La plupart d'entre eux sont dispersés dans le centre-ville, comme l'**Anchor & Hope** (► 117) ou **The Thomas Cubitt** (✉ 44 Elizabeth Street Victoria Station).

Pub étiquette

Les pubs ne servent qu'au bar, selon le système "premier arrivé, premier servi". Les moins de 18 ans ne peuvent pas acheter d'alcool, mais les jeunes âgés de 16 à 17 ans peuvent boire de la bière, du vin ou du cidre pour accompagner un repas s'ils sont sous la responsabilité d'un adulte. On peut vous demander vos papiers d'identité, ne les oubliez pas. Les jeunes enfants sont acceptés dans la plupart des pubs mais ne peuvent approcher du bar. Les pubs ferment souvent à 1h les jeudi, vendredi et samedi. Fumer y est interdit.

UN AIR DE FÊTE

Nouvel an chinois, Saint-Patrick, fin du ramadan ou festival latino-américain : toutes les occasions sont bonnes de faire la fête sans débourser un penny et de participer à la liesse générale. Voici une sélection des principaux festivals de la capitale britannique.

Carnaval del Pueblo

Organisé en août dans Burgess Park, près de Peckham,ce rassemblement haut en couleur est le carnaval latino le plus important d'Europe. La parade part du London City Hall en direction du parc où les festivités se poursuivent jusqu'au bout de la nuit.

☎ **www.carnavaldelpueblo.com**

The New Year's Day Parade

Réunissant depuis 1987 plus de 10000 participants venus de plus de 20 pays différents, le cortège de 3h démarre de Parliament Square, à Westminster, lorsque Big Ben sonne les 12 coups de midi. Il dépasse Trafalgar Square pour finalement rejoindre Piccadilly. Comme vous, plus de 500000 spectateurs convoitent une place dans les tribunes installées le long du parcours.

☎ **lnydp.com**

Le nouvel an chinois

À l'occasion du nouvel an chinois, acrobates, dragons et lions géants investissent les rues de Londres au son de la musique chinoise et des feux d'artifice. L'arrivée des Chinois et leur installation au sud de Shaftesbury Avenue remontent au 18e siècle.

La fête bat son plein à Leicester Square et Trafalgar Square, le long de Shaftesbury Avenue et au cœur de Chinatown – le quartier autour de Gerrard Street. Le jour de l'an ne tombe pas à une date fixe, et chaque année correspond à un animal particulier.

☎ **www.lccauk.com**

- **2016** 8 février (Singe)
- **2017** 28 janvier (Coq)
- **2018** 16 février (Chien)
- **2019** 5 février (Cochon)

St Patrick's Day

Très nombreuse à Londres, la communauté irlandaise a joué un rôle essentiel dans l'essor de la capitale britannique au cours des 18e et 19e siècles. Le week-end le plus proche du 17 mars, le défilé célébrant la Saint-Patrick s'étire de Piccadilly à Whitehall, via Trafalgar Square où se produisent musiciens et danseurs.

☎ **www.london.gov.uk/stpatricksday**

Eid in the Square

L'Eid al-Fitr ("Aïd el-Fitr") marque la fin du ramadan. Eid in the Square se déroule à Trafalgar Square où vous pourrez découvrir des concerts ainsi que la cuisine traditionnelle et la richesse artistique et artisanale de l'Asie. Les prochaines dates de l'Eid al-Fitr sont :

- **2016** 6 juillet
- **2017** 25 juin
- **2018** 15 juin
- **2019** 5 juin

The New Year's Day Parade et le Notting Hill Carnival

Notting Hill Carnival

Haut en couleur, d'une exubérance qui frise parfois l'excès, le carnaval le plus célèbre de Londres s'avère aussi le festival de rue le plus important d'Europe. Le Notting Hill Carnival a parcouru bien du chemin depuis ses modestes débuts en 1964. Aujourd'hui, plus d'un million de personnes viennent y assister aux parades spectaculaires où danseurs et *masqueraders* se déhanchent au rythme enfiévré du calypso. Cette fête bat son plein le dernier week-end d'août (férié), les principaux défilés ayant lieu le lundi.

☎ **thelondonnottinghillcarnival.com**

L'empreinte DU TEMPS

Londres conserve la trace des grands événements historiques et des mutations de la société. À chaque période, glorieuse ou désastreuse, faste ou sombre, la capitale anglaise a su faire face aux catastrophes, s'adapter et relever les nouveaux défis qui s'annonçaient.

L'histoire débute en 43 de notre ère, avec l'invasion romaine. L'empereur Claude implante Londinium à l'endroit stratégique où un pont peut franchir la Tamise. L'architecture de la ville – qui se limite à la City – est exclusivement en bois. De cette période, peu de traces subsistent : les incendies, une menace permanente, rasaient régulièrement une rue entière en quelques heures. Il faut attendre l'invasion normande de 1066 pour voir le premier bâtiment en pierre édifié : la Tower of London.

Le Great Fire (Grand Incendie) de 1666 et le Blitz de 1940-1941 ne laisseront quasiment que des cendres. Mais à chaque fois, la ville en ressortira radicalement transformée tant architecturalement que sociologiquement, les survivants ayant eu, eux aussi, à se reconstruire.

Le Great Fire of London

Le bilan du Grand Incendie du 2 décembre 1666, qui embrasa la ville 3 jours durant, fut lourd : 13 200 maisons et 84 églises incendiées, 100 000 Londoniens sans abri et, par miracle, officiellement 4 victimes

à déplorer. À la suite de ce sinistre qui s'est déclaré dans la boulangerie royale de Pudding Lane, Charles II impose une reconstruction en brique ou en pierre et fixe des normes pour la largeur des rues afin de prévenir la propagation du feu et de faciliter la circulation des *firemen*. Il charge Sir Christopher Wren de repenser la ville et de concevoir certains de ses monuments – St Paul's ainsi que 50 églises, entre autres –, mais l'urbanisme évolue peu, faute de moyens. D'ailleurs, les travaux avancent lentement, et nombre d'habitants finiront par s'établir hors les murs, à Southwark, de l'autre côté du fleuve, et à Westminster, à l'ouest.

Les églises St Botolph-without-Bishopsgate, St Ethelburga, St Helen's et, plus à l'ouest, St Bartholomew-the-Great – vue à la fin du film *Quatre mariages et un enterrement* (1994) –, rescapées du désastre, sont de précieux témoins du Londres pré-baroque.

De gauche à droite : l'Albert Memorial et l'Albert Hall ; St Bartholomew-Great Church ; St Paul's Cathedral.

De gauche à droite : Big Ben et le London Eye ; le City Hall et The Shard ; le Gherkin .

Essor et déclin de l'Empire britannique

Londres doit cependant son aspect actuel au plein essor de l'Empire britannique. Dès de début du 19e siècle, l'architecte John Nash propose un plan de rénovation urbaine ambitieux avec de vastes espaces publics, des rues larges et d'harmonieux ensembles de terrasses et autres *row houses* telle l'emblématique courbe de Regent Street. À l'occasion de la Great Exhibition (première Exposition universelle) de 1851, Londres se pare de grands monuments : le Victoria & Albert Museum (► 126), le Science Museum (► 131), le Natural History Museum (► 134), et le Royal Albert Hall (► 144), proches de la station de métro South Kensington.

Pendant la Seconde Guerre mondiale, un nouveau désastre s'abat sur la cité, en 1940. Lors du Blitz, la Luftwaffe allemande bombarde systématiquement la ville durant 75 nuits consécutives, détruisant 1 million de maisons et en endommageant des millions d'autres. Londres, dans l'urgence, reconstruit dans un style plus fonctionnel qu'attrayant des ensembles de bureaux et des immeubles résidentiels bon marché. À South Bank, le Royal Festival Hall, édifié à l'occasion du Festival of Britain de 1951, organisé pour remonter le moral de la population et célébrer le progrès et la modernité, fait exception à cette morosité architecturale.

Le temps des architectes

Il faut attendre la période Thatcher (1979-1997) pour qu'une nouvelle impulsion soit donnée à l'architecture londonienne. La City (► 69) et les Docklands (l'ancien port) sont les premiers quartiers touchés par le post-modernisme, non sans de vives protestations de l'opinion publique comme ce fut le cas en 1985 pour le Lloyd's Building de Richard Rogers – architecte également du Centre Pompidou de Paris – et Canary Wharf (Canada Square 1) avec ses 55 étages et ses 235 m de haut, symbole de la démesure de l'époque.

Il faut attendre la période Thatcher pour qu'une nouvelle impulsion soit donnée à l'architecture.

Cette politique audacieuse se poursuit avec la célébration du millénaire : le Millennium Dome (devenu l'O2 Arena, ► 45), le Great Court du British Museum (► 154), le London Eye (► 101) et les stations ultra-modernes de la Jubilee Line voient alors le jour.

Dans les années 2000, d'autres bâtiments surgissent : le "Gherkin" (le "Cornichon", 30 St Mary Axe), le Willis Building avec ses courbes, et le One New Change, un complexe futuriste en verre abritant boutiques, bureaux et la plus haute terrasse ouverte au public de Londres. Les jeux Olympiques de 2012 ont fini de transformer la capitale et la médaille d'or revient sans aucun doute aux 306 m du Shard (l'"Esquille", Tower Bridge 30) de Renzo Piano, le plus haut building d'Europe.

Nature
URBANISÉE

Qualifiés en 1808 de “poumons verts” par Lord Chatham, les 2000 ha que couvrent les 8 parcs royaux font de Londres une des villes les plus vertes au monde. À travers ses vastes prairies et ses parcs ordonnancés propices aux promenades à pied ou à cheval, aux baignades, aux pique-niques ou aux concerts, chacun peut à loisir admirer une nature savamment recomposée ou, au contraire, patiemment domestiquée.

Le mémorial dédié à Lady Diana à Hyde Park

Hyde Park

Prenant ses aises entre Kensington Palace et Park Lane, Hyde Park (à gauche) se révèle sans doute le parc le plus emblématique de Londres. De magnifiques allées bordées d'arbres sillonnent cet écrin de verdure, scindé par le lac de la Serpentine. L'été, rien de tel que le Serpentine Lido pour piquer une tête ou faire des longueurs (100 m). À deux pas de là, La Diana, Princess of Wales Memorial Fountain dessine une forme ovale autour de laquelle l'eau s'écoule. Enfin, si vous vous sentez une âme d'orateur, exercez vos talents au Speakers' Corner, où chacun peut prendre la parole librement.

www.royalparks.org.uk Hyde Park Corner, Marble Arch, Lancaster Gate

St James's Park

D'une superficie de 23 ha, St. James's Park paraît relativement modeste à côté des autres espaces verts londoniens, mais il est fort bien situé et plein de charme. Situé à côté de Buckingham Palace, il est délimité, au nord, par The Mall, où siègent St James's Palace et Clarence House. À l'intérieur, des sentiers bordent son lac dominé par l'adorable Duck Island. Charles II aimait beaucoup y passer des heures à jouer avec les canards. L'endroit accueille aussi des pélicans et de nombreux gibiers d'eau, et au sud de l'île boisée, un petit cottage à l'écart. Cette ancienne antenne de l'Ornithological Society abrite désormais le London Historic Parks & Gardens Trust. Enfin, le Blue Bridge vous réservera une belle vue sur Buckingham Palace.

www.royalparks.org.uk St James's Park

D'un jardin à l'autre

Ne manquez pas de découvrircertains jardins plus secrets :

- **Fenton House** (➤ 189, 191), demeure du 17e siècle dissimulant derrière ses murs un jardin avec roseraie, verger et potager.
- **Ham House** Superbe manoir de l'époque Stuart au milieu de son jardin paysager dessiné en 1671. Promenez-vous le long des avenues plantées d'arbres, profitez de son Orangerie et, en saison, de ses parterres de lavande.
  Ham, Richmond 020 8940 1950, www.nationaltrust.org.uk Richmond
- **Chiswick House** Récemment entièrement restauré, la grande villa de style néopalladienne et ses jardins conçus en 1729 passent pour être le berceau du paysage romantique anglais. Ils ont inspiré d'innombrables jardins, y compris celui de Central Park à New York. Sa collection de camélias passe pour être la plus ancienne et la plus importante d'Europe.
  Chiswick W4 2RP 020 8742 3905, chgt.org.uk Turnham Green
  tlj entrée libre café sélect

La folie des fleurs

- Le RHS Chelsea Flower Show (www.rhs.org.uk) se tient chaque année à la fin mai, avec sa vaste exposition horticole présentant ses nouveautés, et des créations de jardins éphémères.
- Le National Gardens Scheme organise des journées portes ouvertes dans près de 200 jardins privés, à divers horaires, de fév. à oct. Informez-vous auprès de l'office du tourisme (➤ 37) ou sur le site www.ngs.org.uk

Green Park

Parc royal de 19 ha situé entre St James's Park et Hyde Park, Green Park est une oasis de tranquillité, idéale pour un déjeuner sur l'herbe. Au printemps, 250 000 jonquilles l'illuminent. Aux beaux jours, louez un transat ou marchez dans les pas de la reine Caroline, épouse du roi George II, en empruntant Queen's Walk, l'allée longeant le côté est du parc. Canada Gate (1908), ornée des armoiries des provinces canadiennes, face à Buckingham Palace, fait partie du mémorial de la reine Victoria. En 1749, la *Music for the Royal Fireworks*, composée par Haendel pour célébrer le traité d'Aix-la-Chapelle de 1748, y fut jouée pour la première fois.

www.royalparks.org.uk Green Park, Hyde Park Corner, Victoria

Greenwich Park

L'aîné des parcs royaux, classé par l'Unesco, trône sur une colline abrupte qui domine la Tamise et le National Maritime Museum. Il attire de nombreux promeneurs et joggers, surtout le week-end. Au sud, près de Blackheath, une zone boisée abrite une petite harde de cervidés. Le parc recèle, par ailleurs, le Royal Observatory (➤ 186). Conçu en 1675 par Sir Christofer Wren sur ordre de Charles II, l'observatoire marque le degré zéro de longitude, ou méridien d'origine. Jusqu'en 1954, Il servait d'étalon international pour calculer le temps : l'heure de Greenwich ou Greenwich Mean Time (GMT).

www.royalparks.org.uk North Greenwich Greenwich

Hampstead Heath

Espace le plus sauvage de Londres, la vaste lande de Hampstead Heath, à 6,5 km au nord de Trafalgar Square, entre Hampstead et Highgate, abrite notamment Parliament Hill – qui devrait son nom à la visite de Guy Fawkes lors de sa tentative d'attentat contre le Parlement, et offre un superbe panorama sur la ville, dont St Paul's et le London Eye. Ponctués d'une trentaine d'étangs, les bois et prairies du parc recèlent des haies et des arbres plus que centenaires, parmi lesquels s'ébattent martins-pêcheurs, parulines rouges ou piverts. Au nord se dresse la somptueuse Kenwood House (➤ 191).

www.cityoflondon.gov.uk Hampstead, Golders Green Hampstead Heath

Holland Park

L'un des parcs les plus jolis et les plus protégés de la ville est le lieu de promenade favori des habitants de Kensington et de Notting Hill. Tantôt sauvage, tantôt policée, la nature y domine sur près de 22 ha. À l'époque victorienne, le parc attirait dans le quartier de nombreux artistes fortunés. Aujourd'hui, on peut y admirer des expositions à l'Ice House ou à l'Orangery Gallery. Les familles y prennent le thé, tandis qu'écureuils et paons s'égaillent dans les bois de la partie nord, et que les nounous surveillent leurs bambins dans les aires de jeu. Au nord-ouest de Holland House, le Kyoto Japanese Garden offre une retraite au promeneur méditatif.

☎ www.rbkc.gov.uk Ⓜ Holland Park

Regent's Park

Le plus septentrional des parcs royaux est l'œuvre de John Nash, cet architecte visionnaire qui se décrivait lui-même comme un "nain épais et trapu à tête ronde, nez épaté, et petits yeux". Prototype du jardin anglais provincial, il mêle l'urbain et le rural en un seul et unique paysage apte à attirer la noblesse qui trouvait ce lieu par trop éloigné des quartiers huppés du West End. Ce parc circulaire de 200 ha est bordé, sur l'Outer Circle, par de superbes résidences, tandis que l'alchimie botanique embaume le cœur de l'Inner Circle. On y trouvera également une scène en plein air où, l'été, des comédiens optimistes viennent jouer des pièces de Shakespeare. Dans la partie nord, dégagée, les footballeurs amateurs viennent disputer une gloire éphémère aux isards du ZSL London Zoo (➤ 161).

☎ www.royalparks.org.uk Ⓜ Regent's Park

De haut en bas : le Kyoto Japanese Garden d'Holland Park ; jeux d'eau et de pierre dans les Queen Mary's Gardens, Kensington Park ; floraison printanière à St James's Park.

Cherchez les STARS

La métropole fourmille de plaques apposées sur les anciennes résidences de ses illustres habitants, qui ont brillé dans le monde littéraire, artistique, musical, intellectuel ou politique. Désormais sous la responsabilité de l'English Heritage, ce système date de 1867. Pour en "bénéficier", il faut être mort depuis 20 ans ou né depuis plus d'un siècle, et avoir quelque rapport avec un immeuble londonien !

Les créatifs londoniens

Londres a inspiré des milliers d'artistes au fil des siècles. Les quartiers nord de Hampstead, Camden Town et Islington ont toujours attiré les créateurs. Certains lieux peuvent même se targuer d'avoir abrité plus d'une célébrité, tel le 23 Fitzroy Road à Primrose Hill (Chalk Farm), d'abord habité par le poète irlandais W. B. Yeats, puis par la poétesse américaine Sylvia Plath. Celle-ci eut l'œil attiré par la plaque commémorative de Yeats un jour où elle se rendait chez son médecin, et décida sur-le-champ que c'était là qu'elle voulait vivre. Quelques minutes plus tard, elle négociait la location de l'appartement du dernier étage.

De gauche à droite : une *"blue plaque"* pour Handel (Haendel) ; l'écrivain Charles Dickens ; Karl Marx, l'auteur du *Capital*; la plaque sur une maison occupée par Jimi Hendrix.

Quelques plaques commémoratives

- **John Keats** (1795–1821)
  ☎ Wentworth Place, Keats Grove, NW3
  Ⓜ Hampstead
- **D. H. Lawrence** (1885–1930)
  ☎ 1 Byron Villas, NW3
  Ⓜ Hampstead
- **Samuel Taylor Coleridge** (1772–1834)
  ☎ 71 Berners Street, W1
  Ⓜ Goodge Street
- **Florence Nightingale** (1820–1910)
  ☎ 10 South Street, W1
  Ⓜ Hyde Park Corner
- **Charles Dickens** (1812–70)
  ☎ 48 Doughty Street, WC1
  Ⓜ Russell Square
- **Sir Winston Churchill** (1874–1965)
  ☎ 28 Hyde Park Gate, SW7
  Ⓜ High Street Kensington

Conformément à ses convictions politiques, George Orwell (1903-1950) avait choisi d'habiter dans des quartiers plus populaires, entre Camden Town et les meublés de South End Green, où il travaillait.
Il s'installera ensuite au 27 Canonbury Square, à Islington (Ⓜ Highbury et Islington), qui, à l'époque, n'avait rien d'une adresse huppée. Pendant ce temps, H. G. Wells, autre écrivain socialement engagé, habitait un luxueux appartement dominant Regent's Park, au 13 Hanover Terrace (Ⓜ Baker Street). Il avait dit à son agent immobilier : "Je cherche une maison où mourir." C'est là qu'il s'éteignit en effet, 10 ans plus tard, après avoir survécu à la guerre mondiale qu'il avait si amèrement prédite.

Chelsea ne fut jamais en reste. Nombre d'étoiles du monde des arts y défilèrent après Thomas More (1478-1535). Le chancelier d'Henry VIII et auteur de l'*Utopie* y avait fait construire sa fastueuse demeure de Cheyne Walk (détruite depuis longtemps). Mais c'est dans la période victorienne que la notoriété du quartier s'affirma avec la grande vogue des ateliers d'artiste. Oscar Wilde (1854-1900) y écrit alors ses pièces

À gauche : Sir Winston Churchill en uniforme de la RAF, 1948.
À droite : Oscar Wilde, intellectuel et dramaturge irlandais, vers 1882.

au 34 Tite Street (Ⓤ Sloane Square), où vivent sa femme et ses enfants. Lorsqu'il n'écrit pas, il sort pour de folles équipées nocturnes avec son ami "Bosie", et mène une double vie dont il décrira si magnifiquement les tiraillements dans *Le Portrait de Dorian Gray.* Avant que l'Américain John Singer Sargent (1856-1925) ne devienne le portraitiste le plus en vue de la capitale dans son atelier de Tite Street, son compatriote James Whistler (1834-1903) peignait les rives de la Tamise depuis sa résidence du 96 Cheyne Walk. Mais J. M. W. Turner (1775-1851) avait précédé Whistler dans cette rue, où ce dernier défrichait (au n° 119) les chemins de l'impressionnisme et du symbolisme.

Depuis que Yoko Ono a dévoilé la plaque du 34 Montagu Square, W1 (Ⓤ Marble Arch), les fans des Beatles s'agglutinent à Marylebone. L'appartement, acheté en 1965 par Ringo Starr, sera ensuite loué à Paul McCartney et Jimi Hendrix. En 1968, John Lennon et Yoko Ono s'y installent et c'est là que sera pris le cliché du couple nu qui fait la couverture de l'album d'avant-garde *Two Virgins.* Lennon y travaille le mythique *White Album*, et c'est également là, en octobre 1968, que le couple se fait arrêter pour possession de cannabis. Jugé au Marylebone Magistrates' Court voisin, il écope d'une amende de 150£…

Le Bloomsbury Group

La plus célèbre coterie d'artistes de Londres fut le Bloomsbury Group, avec dans ses rangs des figures telles que Virginia Woolf, E. M. Forster et Lytton Strachey, ou J. M. Keynes, l'économiste. Avec son mari, Leonard Woolf, Virginia, installée au 29 Fitzroy Square (Warren Street) et voisine de Roger Fry qui logeait au 33, porta le groupe au sommet de sa gloire lorsque la Hogarth Press déménagea de Richmond à Tavistock Square. Les scandales se succédèrent, notamment les amours lesbiennes de Virginia Woolf et de Vita Sackville-West.

Havre politique

La démocratie imprègne la terre d'Angleterre, la tolérance est gravée dans son âme – il n'est donc pas étonnant que nombre d'exilés politiques aient trouvé refuge à Londres. Napoléon III (1808-1873), le neveu de Bonaparte, vient même y chercher asile à 2 reprises. En 1848, il s'installe au 1 King Street, dans le cœur noble du quartier de St James's (Green Park). Les parcs londoniens l'inspirent tant que, une fois couronné empereur, il ordonne à son architecte de les copier à Paris. Un siècle plus tard, un autre réfugié français, le général de Gaulle (1890-1970), se montre notoirement moins anglophile, malgré sa très belle adresse, au 4 Carlton Gardens (Charing Cross). De là, il organise les Forces françaises libres et s'adresse aux résistants sur les ondes de la BBC, avant son retour triomphal à la Libération.

> H. G. Wells avait dit à son agent immobilier : "Je cherche une maison où mourir."

À l'autre bout de l'éventail politique, Karl Marx (1818-1883), expulsé par l'Allemagne, s'installe à Londres pour y mener une vie âpre et souvent miséreuse. De 1851 à 1856, il habite au 28 Dean Street (Tottenham Court Road), à Soho, quartier très pauvre à l'époque. Plus tard, il écrira l'essentiel du *Capital* dans la salle de lecture du British Museum. Il repose aujourd'hui au cimetière de Highgate, sous un buste portant la citation "Travailleurs de tous les pays, unissez-vous".

Friedrich Engels (1820-1895), son compatriote plus fortuné et néanmoins camarade de pensée, fut, lui aussi, enterré dans ce cimetière, après avoir passé une bonne partie de sa vie à Londres. De 1870 à 1892, il habite au 121 Regent's Park Road (Camden Town), dans un appartement très chic avec vue sur le parc. De même, Lénine (1870-1924) vécut en 1905 au 16 Percy Circus (à présent le Royal Scot Hotel King' Cross), près de la Patriotic Society où il travaillait. Ce bâtiment néoclassique de 1737 abrite la bibliothèque du Marx Memorial (37a Clerkenwell Green Farringdon).

But SO BRITISH !

Ultraprofessionnel et surmédiatisé, le championnat anglais domine la planète football. Les clubs de la capitale – au nombre de 6 dans l'élite ! – s'affrontent tout au long de l'année lors de derbys brûlants de ferveur populaire.

La règle du jeu

Difficile de déterminer les origines du football. Il existe des références de jeu de balle dans nombre de cultures antiques, à commencer par des textes chinois du 2e siècle av. J.-C. – les premiers écrits mentionnant ce jeu à Londres remontent au 14e siècle. En 1863, le football moderne prend forme sous l'impulsion d'Ebenezer Cobb Morley qui participe à la fondation de la Football Association (FA) lors d'une réunion à la Freemason's Tavern, près de Covent Garden. Celle-ci a cédé la place au pub Freemason's Arms (81-82 Long Acre), lequel se proclame néanmoins le lieu de naissance de la FA, laquelle siège toujours à Londres, à Wembley, et fêtera ses 150 ans en 2013, ce qui en fait la plus ancienne fédération de football du monde.

Les vieux de la vieille

Le Fulham Football Club va, le premier, basculer du statut d'amateur à celui de professionnel, en 1879. L'équipe actuelle joue à Craven Cottage

Londres et la *Premier League* (saison 2015-2016)

Arsenal (Emirates Stadium)
www.arsenal.com
Chelsea (Stamford Bridge)
www.chelseafc.com
Crystal Palace (Selhurst Park Stadium)
www.cpfc.co.uk
Tottenham Hotspur (White Hart Lane)
www.tottenhamhotspur.com
Watford (Vicarage Road)
www.watfordfc.com
West Ham (Boleyn Ground)
www.whufc.com

À gauche : l'arche du nouveau Wembley.
➤ 20 : Arsenal contre Chelsea, l'un des nombreux derbys londoniens.

(www.fulhamfc.com), son fief depuis plus de 114 ans – l'un des terrains londoniens les plus pittoresques, avec ses tribunes en briques rouges d'époque – mais ne fait plus partie de l'élite.

Arsenal, l'une des meilleures équipes de Londres, deviendra professionnelle en 1891. Elle s'appelait alors Woolwich Arsenal. Elle changera de nom en 1913. La même année, elle emménage à Highbury où elle jouera pendant 93 ans avant de prendre ses quartiers, en 2006, au somptueux Emirates Stadium, à Holloway.

Wembley

Le stade de football le plus célèbre de Londres, le Wembley Stadium, appartient à la FA. Bâti en vue de la British Empire Exhibition de 1924, il connaîtra son heure de gloire en 1966 avec la victoire de l'Angleterre contre l'Allemagne (4-2) lors de la finale de la Coupe du monde.

De la structure d'origine, démolie en 2000, le nouveau stade surmonté d'une arche immense a conservé les tours. Utilisé lors des jeux Olympiques, il est classé parmi les plus beaux stades du monde.

Le meilleur de Londres gratuit !

Bien qu'elle soit l'une des villes les plus chères du monde, Londres propose un étonnant éventail d'activités fascinantes et gratuites, de la musique et des expositions aux marchés et aux simples points de vue sur la ville.

Musique

Les concerts gratuits londoniens restent assez confidentiels. De nombreuses églises proposent des concerts à l'heure du déjeuner. St Martin-in-the-Fields, à Trafalgar Square (➤ 58), et St James's, à Piccadilly (➤ 176, 179), sont les plus réputés.

Le Southbank Centre (➤ 112, Royal Festival Hall, Hayward Gallery, Queen Elizabeth Hall, Purcell Room) accueille un large choix de manifestations, du classique au jazz en passant par des lectures de poésie ou bien même des expositions. Parmi les pubs et clubs, vous pourrez porter votre choix, par exemple, sur The Lock Tavern (35 Chalk Farm Road, NW1 Camden Town), le Ain't Nothin but Blues Bar (20 Kingly Street, W1. dim.-mar. entrée libre; mer.-sam. entrée libre avant 20h30 Piccadilly Circus) ou bien encore le Nottinghillartsclub (➤ 144).

Galeries et musées

Près de 70 musées et galeries sont gratuits. Parmi les adresses prestigieuses notez la National Gallery (➤ 54), la Tate Modern (➤ 104), la Tate Britain (➤ 102), le British Museum (➤ 154), le V&A Museum (➤ 126) et le Natural History Museum (➤ 134), ou, plus excentrés, le National Maritime Museum et le Royal Observatory de Greenwich (➤ 186). Ne ratez pas les présentations des œuvres exposées par les galeries... mais n'allez pas tenter de dérober un lingot d'or au très sérieux Bank of England Museum (➤ 183).

Marchés

Bermondsey Market (SE1 ✚ 202 B1) regorge d'argenterie, de tableaux, de mobilier étrange et d'objets désuets, tandis que Camden Market (➤ 160) est l'endroit où aller si l'on cherche des fripes dernier cri, des objets et bijoux faits main, ou des meubles. Allez, de préférence le samedi, à Portobello (➤ 139) pour dénicher tout et n'importe quoi, ou bien au Spitalfields Market (➤ 92), abrité sous sa halle victorienne. Pour les produits frais, dirigez-vous vers le Borough Market (➤ 114), où l'on trouve toujours des échantillons à goûter.

Something Different

Dans les caves voûtées d'une ancienne banque, découvrez les trésors d'argenterie mis en vente aux London Silver Vaults (53-64 Chancery Lane Ⓤ Chancery Lane). Pour assister à un débat aux Houses of Parliament (➤ 104), faites la queue devant l'entrée de Cromwell Green et comptez au moins 1h d'attente. Enfin, si vous voulez admirer la *Magna Carta*, la *Bible* de Gutenberg, un carnet de notes de Vinci ou une partition originale des Beatles, courez à la British Library (➤ 158).

Ci-dessus : la Tate Britain ;
ci-contre : Borough Market.

➤ 30, le Victoria & Albert Museum

NOTES EN **LIVE**

Rock, indie, jazz, soul, blues, country, samba : quels que soient vos goûts musicaux, vous pourrez les satisfaire, dans un club clinquant ou un pub douillet.

All That Jazz

Heureux les fans de jazz car ils n'auront que l'embarras du choix. Le Ronnie Scott's Jazz Club (47 Frith Street, W1), à Soho, compte parmi les plus prestigieux. Ouvert, il y a plus de 50 ans, par les saxophonistes Ronnie Scott et Pete King, il accueillera certains des grands noms du jazz, de Wynton Marsalis à Chick Correa. Pour une atmosphère plus intime, essayez plutôt le 606 Club (90 Lots Road, SW10), à Chelsea.

Pot-pourri

Si vous aimez écouter des styles de musique très variés dans un cadre intime – bien qu'un peu tristounet –, invitez-vous au célèbre 12 Bar Club (22 Denmark Street, WC2), près de Tottenham Court Road. La soirée s'y déroule en 4 temps et des invités surprises font parfois une apparition. Dans la même gamme, le Barfly (49 Chalk Farm Road, NW1), à Camden s'est taillé la réputation méritée de repérer les étoiles montantes, tels Coldplay, les Kaiser Chiefs ou Oasis. Profitez de votre présence à Camden pour aller aussi faire un tour au pub The Dublin Castle (94 Parkway, NW1).

La locomotive

La Roundhouse (Chalk Farm Road, NW1), à Chalk Farm, fait partie des plus grandes salles de concert, à la fois par la taille et le prestige. Cette ancienne rotonde à locomotives peut accueillir plus de 3000 personnes, et reçoit depuis toujours la visite des plus grandes stars de l'envergure de Jimi Hendrix, Pink Floyd ou des Rolling Stones. De nombreuses autres grandes salles s'offrent à vous (➤ 45).

Le bar du Dover Street Restaurant, Dover Street.

Londres, sur place

Vos 2 premières heures	34
Vos déplacements	35
Votre hébergement	37
Vos repas	41
Votre shopping	44
Vos sorties	45

Vos 2 premières heures

Heathrow et Gatwick sont les 2 principaux aéroports de Londres. Cependant, Stansted, Luton et le London City Airport, plus petits et bien reliés à la ville, peuvent s'avérer de bons choix, en fonction du coût et des horaires des vols.

Heathrow Airport

Heathrow (code LHR), situé à 24 km à l'ouest de Londres, est desservi par de bonnes liaisons routières et ferroviaires. Toutes les dessertes indiquées ci-dessous partent de chacun des terminaux et sont clairement signalisées.

- **London Underground** (☎ 020 7222 1234) La Piccadilly Line dessert Heathrow de 5h12 à 23h45 (lun.-sam.) et de 5h56 à 23h28 (dim.). Comptez 1h jusqu'au centre de Londres. Malgré les rames bondées aux heures de pointe, le métro reste le moyen de transport le plus rapide et le plus économique.
- **Heathrow Express** (☎ 0345 600 1515; www.heathrowexpress.com) Une liaison ferroviaire à grande vitesse jusqu'à Paddington. Un train toutes les 15 min de 5h23 à 23h48 (lun.-sam.) et de 5h03 à 23h53 (dim.). Durée du trajet: 15 min. Un moyen de transport très rapide mais onéreux.
- **Taxis** Les célèbres taxis noirs vous attendent à la sortie de chaque terminal. Comptez 1h pour le centre de Londres, et entre 50 et 60£ au compteur – sans oublier les 10 % de pourboire !

Gatwick Airport

Les transports en commun qui desservent Gatwick (code LGW), situé à 43 km au sud de Londres, vous offrent plusieurs possibilités.

- **Gatwick Express** (☎ 0345 850 1530, www.gatwickexpress.com) La liaison ferroviaire avec Victoria Station, au cœur de Londres, fonctionne de 3h30 à 0h30, avec des départs toutes les 15 min en journée, et toutes les heures la nuit. Durée du trajet: 30 min. Il existe d'autres liaisons assurées par First Capital Connect (☎ 0845 026 47000, www.firstcapitalconnect.co.uk), vers St Pancras International ou le London Bridge, et Southern (☎ 08451 27 29 20, www.southernrailway.com), vers Victoria Station.
- **National Express** (www.nationalexpress.com) Cette navette dessert la gare routière de Victoria Station de 2h15 à 0h30. Durée du trajet: près de 2 h.
- **easyBus** (www.easybus.co.uk) Ces bus bon marché vous déposent aux stations de métro Victoria, Waterloo ou West Brompton.
- **Taxis** Checker Cars (☎ 01293 567700, www.checkercars.com) est le transporteur officiel de l'aéroport. Il vous faudra compter 1 h de trajet, et jusqu'à 145£.

Stansted Airport

Stansted (code STN) se trouve à 56 km au nord-est du centre de Londres.

- **Stansted Express** (☎ 0345 600 7245, www.stanstedexpress.com) Ce service ferroviaire dessert la gare de Liverpool Street. Départs toutes les 15 à 30 min, de 5h30 à 0h30 (dim. 6h-0h30). Comptez 45 min environ de trajet. Le train marque un arrêt à la station de métro de Tottenham Hale où vous trouverez une correspondance avec la Victoria Line.
- **Bus National Express** (www.nationalexpress.com), **Terravision** (www.terravision.eu) et **easyBus** (www.easybus.co.uk) vous conduisent au centre de Londres. Comptez environ 2 h de trajet.
- **Taxis** Vous trouverez un comptoir de la compagnie 24/7 (24x7stansted.com) dans le hall des arrivées internationales.

London City Airport

Situé à 15km du centre, c'est l'aéroport (code LCY) le plus proche de Londres.

- **Docklands Light Railway** (www.tfl.gov.uk) Ce métro automatique est l'option la plus rapide (22min. de trajet) et la moins chère (à partir de 3,30£). Départs toutes les 8 à 15min. pour Bank, une station de la Central Line.
- **Taxis** Ils vous attendent juste à la sortie du terminal et il vous faudra compter 30 min de trajet pour Liverpool Street, et environ 30£. Mais prévoyez 40£ pour une course jusqu'au centre-ville.

Trains

Les lignes internationales (Eurostar, www.eurostar.com) en provenance de France (Lille et Paris) et de Belgique (Bruxelles) arrivent à **St Pancras International Terminal**, où vous trouverez des correspondances avec le métro.

Vos déplacements

Les bus et le métro fonctionnent du lun. au sam. de 5h à 0h30 et le dim. de 7h30 à 23h30 sur la plupart des lignes. Un service de bus de nuit prend la relève durant la nuit, même si le métro londonien propose un service de nuit de plus en plus étendu, qui fonctionne déjà sur 5 lignes (Jubilee, Victoria, Piccadilly, Central et Northern). Le réseau est divisé en 9 zones, la plupart des attractions touristiques se trouvant dans les zones 1 et 2. Pour tout savoir, consultez le site www.tfl.gov.uk

Tickets, cartes et passes

La façon la plus simple de voyager avec les transports en commun londoniens est d'utiliser une Oyster Card "pay as you go" ("payez selon vos trajets"), un passe rechargeable à volonté – dans les stations de métro – dont vous pouvez faire l'achat à l'avance sur le site www.visitbritainshop.com, ou sur place. Ce passe n'a pas de limite de validité dans le temps.

- **3 types de tickets** Dans les stations, vous pouvez aussi bien acheter des **Regular Tickets** (tickets simples), que des Travelcards ou des Oyster Cards. Les **Travelcards** vous autorisent un nombre illimité de trajets durant leur durée de validité (1, 3 ou 7 jours). Si vous restez plus de 3 jours, les Travelcards de 7 jours sont intéressantes financièrement. Les **Oyster Cards** sont des cartes "sans contact". Lorsque vous montez à bord d'un métro, d'un bus, d'un tram ou d'un train, validez en approchant la carte du lecteur jaune de forme circulaire situé à l'entrée (vous entendrez un "bip"). Répétez l'opération lors de la descente pour que la fin de votre trajet soit enregistrée.
- **Gratuité** Les **enfants de moins de 10 ans** bénéficient de la gratuité dans les métros, les bus, les trams et le Dockland Light Railway s'ils sont accompagnés d'un adulte muni d'un titre de transport validé.

Underground ou Tube (métro)

- **Le réseau** Il compte **12 lignes**, chacune étant signalée par une couleur. Les différentes lignes portent des noms en rapport avec leur parcours: la Circle Line fait le tour du centre-ville, la District Line vous mènera en banlieue. Repérez la ligne et la direction (nord, sud, est ou ouest) qui vous intéressent, puis suivez les panneaux jusqu'à votre quai. Le plan du métro n'est pas à l'échelle et ne vous servira que pour visualiser votre trajet.
- **Accessibilité** De nombreuses stations sont dotées d'escaliers mécaniques mais certaines disposent d'**ascenseurs** pour les fauteuils roulants et les poussettes.

Londres, sur place

Bus

Londres possède un réseau très dense. Attention : sur la plupart des lignes du centre-ville, vous devrez **acheter votre ticket avant de monter dans le bus**.

- **Tickets** Utilisez les distributeurs automatiques que vous trouverez aux arrêts. Prenez garde, ils ne rendent pas la monnaie.
- **Oyster Cards** Validez à la montée en utilisant le lecteur de carte. À l'inverse du métro, vous n'avez pas besoin de valider lors de votre descente.

Docklands Light Railway (DLR)

Cette ligne de métro aérien relie les stations de métro Bank et Tower Gateway à Greenwich et Lewisham, au sud, Stratford et le quartier olympique, au nord, et Beckton, à l'est. Les tickets s'achètent dans toutes les stations de métro, et les Travelcards sont également valables sur cette ligne.

Taxis

Les taxis noirs (aujourd'hui de toutes sortes de couleurs) attendent en station devant les hôtels et les stations de métro ; vous pouvez aussi les héler dans la rue.

- **Taxi libre** Il se reconnaît à son signe "For Hire" allumé.
- **Prix au compteur** Le prix de la course varie selon la durée ; supplément après 22h. Il est de bon ton de laisser un pourboire de 10 %.
- **Appeler un taxi** Deux services fonctionnent 24h/24 : Radio Taxis (☎ 020 7272 0272, www.radiotaxis.co.uk) et Dial-a-Cab (☎ 020 7251 0581, www.dialacab.co.uk).
- **Black Taxi Tours of London** ☎ 020 7935 9363, www.blacktaxitours.co.uk propose du sur-mesure avec ses visites de Londres de 2h en taxi noir.

Bus touristiques

Plusieurs compagnies proposent des trajets qui passent par la plupart des lieux et monuments touristiques. Presque tous les bus sont à impériale et à ciel ouvert, avec des commentaires dans plusieurs langues. Vous pouvez descendre et monter à votre gré. Pour plus d'informations, contactez :

- **Big Bus Company** ☎ 020 7233 9533, www.bigbustours.com
- **Original London Sightseeing Tour** ☎ 020 8877 1722, www.theoriginaltour.com

Voitures de location

Louer une voiture n'est conseillé que pour une excursion hors de Londres. Toutes les grandes compagnies (**Avis** ☎ 0808 284 0014, www.avis.co.uk ; **Europcar** ☎ 0871 384 1087, www.europcar.co.uk ; **Hertz** ☎ 0843 309 3049, www.hertz.co.uk) ont des agences en ville.

À vélo

Vous pouvez opter pour une exploration de la ville à vélo en utilisant les **Santander Cycles**, un système automatique de location de vélos (2 £/h) acceptant les cartes de crédit. Vous trouverez ces stations un peu partout en ville et pouvez vous renseigner sur le site www.tfl.gov.uk.

Avec votre propre voiture

Vous devez être en possession de votre permis de conduire, ou d'un permis international, de la carte grise et de la carte verte d'assurance.

- **Conduite** À gauche.
- **Ceinture de sécurité** Port obligatoire, conducteur et tout passager.
- **Limites de vitesse** 30 mph (48 km/h) en zone urbaine ; 60 mph (97 km/h) sur les routes à 2 voies ; 70 mph (113 km/h) sur les routes à 4 voies et les autoroutes.

- **Alcoolémie** La conduite en état d'ivresse est sévèrement réprimée.
- **Couloirs de bus** Ils sont interdits aux voitures particulières.
- **Congestion charge** Tout véhicule circulant dans la zone intra-muros en semaine (sauf j. fér.), entre 7h et 18h, doit s'acquitter d'une taxe de 11,50£ par jour. Vous pouvez la régler sur tfl.gov.uk/modes/driving/congestion-charge, par téléphone 24h/24 (☎ 0343 222 2222), dans les parkings intra-muros, ou, en dehors de Londres, dans les stations-service et les magasins.

Offices de tourisme

Le London Tourist Board (LTB) dispose d'un excellent et convivial site Internet (www.visitlondon.com) et vous trouverez aussi des renseignements auprès du **City of London Information Centre** (✉ St. Paul's Churchyard, à côté de St Paul's Cathedral 🕐 lun.-sam. 9h30-17h30, dim. 10h-16h), entre autres, et dans les aéroports et les stations de métro.

Visitor Pass

La plupart des attractions touristiques (monuments, musées) sont gratuites. Dans les autres, des passes, comme le London Pass (www.londonpass.com), vous permettront d'entrer à moindre coût et sans faire la queue.

Droits d'entrée

Les prix d'entrée dans les sites et musées sélectionnés sont indiqués par les symboles suivants :
£ moins de 3 £ **££** entre 3 et 6 £ **£££** entre 7 et 10 £ **££££** de plus de 10 £

Votre hébergement

Même si Londres est une ville chère, il existe des solutions d'hébergement à moindre coût, qu'il s'agisse d'hôtels, de B&B, d'appartements ou de résidences universitaires.

Hôtels

Les hôtels décrits dans les pages suivantes se situent surtout en milieu de gamme. Leur offre en matière de services, de caractère, de charme et de niveau de prestations est tout à fait convenable.

- **www.theAA.com/travel** Ce site vous proposera d'autres références.

Palaces

La ville est réputée pour ses hôtels de luxe… aux tarifs prohibitifs. Le **Savoy** (www.fairmont.com/savoy-london), et son Beaufort Bar art-déco, le **Dorchester** (www.dorchestercollection.com), le **Ritz London** (www.theritzlondon.com) et le **Claridge's** (www.claridges.co.uk) sont des symboles intemporels du luxe. De nouveaux venus enrichissent cette offre haut de gamme : le **Four Seasons** (www.fourseasons.com/london), le **W London** (www.wlondon.co.uk), le **St Pancras Renaissance London** (www.stpancrasrenaissance.com) et le **Shangri-La at The Shard** (www.shangri-la.com), aux vues incomparables.

Bed and breakfasts

Moins onéreux que les hôtels, les plus basiques proposent une chambre chez un particulier, avec toilettes et salle de bains communes mais, en acceptant de payer un peu plus cher, vous trouverez des chambres avec salle de bains privative dans de superbes demeures.

Hébergement à petits prix

- **Auberges de jeunesse** Plusieurs établissements se trouvent en centre-ville, dont le **YHA London Central** et ses 6 étages de chambres rénovées (✉ 104 Bolsover Street, W1 ☎ 0845 371 9154, www.yha.org.uk), le **Clink78 Hostel** (www.clinkhostels.com/london/clink78) ou **Generator Hostels** (www.generatorhostels.com).
- **Résidences universitaires** Durant les vacances universitaires, vous pouvez par exemple accéder à celles de la **London School of Economics** (www.lsevacations.co.uk), de l'**University College London** (www.ucl.ac.uk/residences), du **King's College** (www.kingsvenues.com) ou de l'**Imperial College** (www.imperial.ac.uk/summeraccomodation), situées dans le centre.
- **Chaînes hôtelières** **easyHotel** (www.easyhotel.com), **Travelodge** (www.travelodge.co.uk) ou **Premier Inn** (www.premierinn.com) vous proposent plusieurs solutions à moindre coût.
- **Appartements à louer** Cette solution vous permet de vous préparer vos repas et de profiter de votre séjour en parfaite autonomie. **Coach House London Vacation Rentals** (chsrentals.com/london/) ou **SACO Apartements** (www.sacoapartments.com), parmi d'autres, sont des portails de location, et **Citadines** (www.citadines.com) dispose de 6 Apart'hotels dans Londres

Haute et basse saison

Juillet, août, septembre, Pâques et les jours précédant Noël sont les périodes les plus chargées, et les prix de l'hôtellerie atteignent des sommets. À l'inverse, en hiver, il est possible d'obtenir des réductions, si vous en faites la demande.

Gamme des prix

Il s'agit du prix de la chambre double la moins chère, taxes incluses.
£ moins de 75 £ **££** entre 75 et 150 £ **£££** entre 151 et 250 £ **££££** plus de 250 £

LE CENTRE-VILLE

The Academy £££

Cet boutique-hôtel clair et confortable de Bloomsbury – à deux pas du British Museum – a été aménagé dans 5 hôtels particuliers géorgiens. Son luxe et son jardin en font une destination romantique de choix. Le petit déjeuner, en extra, est remarquable.

205 E4 ✉ 21 Gower Street, WC1
☎ 020 7631 4115, www.theacademyhotel.co.uk
Goodge Street

Arosfa Hotel ££

Cette demeure bicentenaire, située en face de l'une des meilleures librairies de Londres, abrite un B&B familial aux chambres simples et confortables. Petit déjeuner et wifi inclus.

205 E4 ✉ 83 Gower Street, WC1
☎ 020 7636 2115, www.arosfalondon.com
Russel Square

Charlotte Street Hotel ££££

Au nord de Soho, à proximité de nombreux théâtres, restaurants et bars, les 52 chambres de cette adresse de luxe offrent tout le confort moderne dans un cadre agrémenté d'œuvres d'art contemporain. Vous pourrez en outre y déguster un *afternoon tea* des plus remarquables.

205 E3 ✉ 15-17 Charlotte Street, W1
☎ 020 7806 2000, www.firmdale.com
Tottenham Court Road

The Fielding ££

En plein cœur de Covent Garden, à quelques pas de la station de métro du même nom, de l'Opéra, des théâtres, des bars et des boutiques branchées de Seven Dials, il propose des chambres simples, parfois petites, et un accueil chaleureux. Le petit déjeuner n'est pas compris, mais les cafés alentour suffiront à votre bonheur.

208 A4 **4 Broad Court, Bow Street, WC2**
020 7836 8305, www.thefieldinghotel.co.uk
Covent Garden

Flemings Mayfair £££-££££

Ce boutique-hôtel dispose de 129 chambres et suites élégamment décorées, entre Buckingham Palace et Piccadilly, Mayfair et St James's. Le petit déjeuner n'est pas inclus, mais vous disposerez du nécessaire pour vous préparer du café ou du thé.

206 C5 **7-12 Half Moon Street, W1J**
020 7016 5624, www.flemings-mayfair.co.uk
Green Park

Hazlitt's Hotel £££-££££

Entrer dans cet hôtel de Soho vous transportera directement au 18e siècle. Tapis, murs lambrissés, vénérables tableaux, rien ne manque, sans que le confort et la modernité en souffrent. Le service, rodé à la présence de personnalités en mal d'anonymat, est impeccable. Le *breakfast* vous sera servi dans votre chambre ou dans la bibliothèque.

205 E2 **6 Frith Street, W1**
020 7434 1771, www.hazlittshotel.com
Tottenham Court Road

Montagu Place ££-££££

À proximité des musées et des rues commerçantes, un petit boutique-hôtel ultra-contemporain se cache derrière une façade georgienne des plus classiques. Fancy (élégante), Comfy (confortable) ou Swanky (chic), à vous de choisir votre ambiance.

204 A3 **2 Montagu Place, W1**
020 7467 2777, www.montagu-place.co.uk
Baker Street, Marble Arch

The Sumner Hotel ££

Ce petit hôtel reconnu, voisin de Mayfair, Oxford Street et Hyde Park, offre un intérieur soigné et sobre. Il dispose d'un *honesty bar*, où vous ferez le service et noterez vous-même vos consommations. L'accès wifi et le buffet de petit déjeuner sont compris.

204 A2 **54 Upper Berkeley Street, W1**
020 7723 2244, www.thesumner.com
Marble Arch

Thanet Hotel ££

Cette *terrace house* georgienne de Bloomsbury, non loin du British Museum, des théâtres du West End et de Covent Garden, est gérée par la famille Orchard depuis 3 générations. Les 16 chambres lumineuses possèdent toutes une salle de douche. Les tarifs incluent un copieux *english breakfast*.

208 A5 **8 Bedford Place, WC1**
020 7636 2869, www.thanethotel.co.uk
Russell Square

L'OUEST

N° 90 ££

Un B&B, certes, mais plutôt version luxe ! Les 3 magnifiques chambres de cette demeure de Chelsea valent l'investissement, et la propriétaire, Nina St Charles, connaît le quartier sur le bout des doigts. Il vous sera nécessaire de réserver pour 2 nuits au minimum.

206 A1 hors plan
90 Old Church Street, SW3
020 7221 7518, www.chelseabedbreakfast.com
South Kensington

Abbey Court Hotel ££-£££

Située à Notting Hill, à proximité de Kensington, cette élégante maison de ville, blottie dans une rue calme, dispose de 22 chambres, de la single à la suite avec lit à baldaquin. Le petit déjeuner est inclus et une réservation à l'avance donne droit à une réduction.

202 A4 **20 Pembridge Gardens, Kensington W2** **020 7221 7518, www.abbeycourthotel.co.uk** **Notting Hill Gate**

Millenium Gloucester Hotel London Kensington ££

Son emplacement est l'un des atouts de cet établissement, à l'instar de ses chambres, simples et propres. Une base idéale pour visiter le Science Museum, le V&A, le Royal Albert Hall ou bien encore Kensington Palace, le tout au cœur d'un quartier bien pourvu en magasins et en restaurants.

202 C1 **4-18 Harrington Gardens, SW7**
020 7373 6030, www.millenniumhotels.co.uk
Gloucester Road

myhotel Chelsea £££-£££

Cet ancien commissariat converti en boutique-hôtel à la mode feng shui vous propose 50 chambres à la déco soignée. Son restaurant stylé, My Kitchen, complète le tableau.

206 A1 hors plan 35 Ixworth Place, SW3 020 7225 7500, www.myhotels.com South Kensington

Number Sixteen £££

Dans ce boutique-hôtel avant l'heure, les 41 chambres abritées par cette série de maisons victoriennes restaurées sont modernes et pimpantes, et idéalement situées à proximité des musées, de Harrods et de Knightsbridge. Le jardin offre un cadre idéal pour l'afternoon tea.

206 A2 hors plan 35 Sumner Place, SW7 020 7589 5232, www.firmdalehotels.com South Kensington

The Rockwell ££-£££

Les cotonnades égyptiennes, les oreillers en plumes et les couvertures de mérinos se combinent aux derniers gadgets technologiques pour faire de cet hôtel design une destination chic et confortable.

202 B1 181 Cromwell Road, SW5 020 7244 2000, www.therockwell.com Gloucester Road

Twenty Nevern Square ££

Grâce à une rénovation soignée, cette adresse a repris sa place parmi les bons plans de l'ouest londonien. Dans une maison victorienne sur le paisible Nevern Square, chacune des 20 chambres dispose de sa propre décoration et un copieux breakfast au Café Twenty est inclus dans le prix.

202 A1 hors carte 20 Nevern Square, SW5 020 7565 9555, www.20nevernsquare.com Earl's Court

LA CITY ET L'EST

The Hoxton £££

De son mode de réservation en ligne jusqu'à son design contemporain, le Hoxton ne fait rien comme tout le monde, mais la qualité de ses 205 chambres est indiscutable.

210 B5 hors carte 81 Great Eastern Street, Hoxton, EC2 020 7550 1000, thehoxton.com Old Street

Malmaison ££££

Cet ancien dispensaire accueille l'établissement londonien du groupe Malmaison, connu pour ses hôtels branchés. Ses 97 chambres reflètent son goût pour le design, et le bar comme la brasserie sont à l'avenant.

209 E5 hors carte 18-21 Charterhouse House Square, EC1 020 3750 9402, www.malmaison.com Barbican, Farringdon

LE SUD

Bermondsey Square Hotel ££-£££

Près de South Bank et de Tower Bridge, cet établissement à la mode vous propose 60 chambres équipées du dernier cri. La Tower of London et The Shard se dressent à quelques pas.

210 B1 Bermondsey Square, SE1 020 7378 2450, www.bermondseysquarehotel.co.uk London Bridge

London Bridge Hotel ££-£££

En face du London Bridge, sur la rive sud et à proximité du Shakespeare's Globe Theatre, du Borough Market et de la Tate Modern, cet hôtel flambant neuf à la façade de brique abrite 138 chambres, dont certaines avec vue sur les toits de la ville ou sur la Tamise. Le séjour est gratuit pour les enfants de moins de 12 ans.

210 A2 8-18 London Bridge Street 020 7855 2200, www.londonbridgehotel.com London Bridge

Mad Hatter Hotel ££

Près de la Tate Modern, de South Bank et du Shakespeare's Globe, les 30 chambres, simples et agréables, se trouvent juste au-dessus du pub du même nom (en l'honneur de la fabrique de chapeaux qui occupait les lieux), pratique pour boire un verre ou manger un solide plat britannique…

209 D3 3-7 Stamford Street, SE1 020 7401 9222, www.madhatterhotel.co.uk Waterloo

Vos repas

Londres est aujourd'hui considéré comme l'une des capitales de la gastronomie, riche en chefs et styles de cuisine venus des 4 coins de la planète. Si bien qu'y trouver une bonne table un samedi soir n'est pas toujours facile.

Des tendances en pleine évolution

Avec la multiplication de restaurants – et même de pubs – servant une excellente cuisine, le choix est aujourd'hui plus vaste et varié que jamais, entre les gastronomies française ou italienne, espagnole ou chinoise, du sous-continent indien ou d'Asie du Sud-Est. Mais c'est bien la qualité et la diversité des différentes cuisines britanniques, et l'utilisation de produits frais – souvent bio – en provenance d'Irlande, du Pays de Galles, d'Écosse ou d'Angleterre qui surprendront le plus agréablement le visiteur.

L'heure du repas

En règle générale, le déjeuner est servi entre 12h et 15h, et le dîner entre 19h30 et 23h. Cependant, **les horaires sont devenus beaucoup plus souples** et, entre les brasseries, les bistrots et même les pubs, vous ne devriez pas rencontrer de difficulté pour vous restaurer, du matin jusqu'à minuit.
Entre 13h et 14h, la foule des salariés envahit les pubs, les fast food, les bistrots et les restaurants. Prenez soin d'éviter cette "heure de pointe" et profitez des offres des établissements – ***"dish of the day"*** (plat du jour) ou formules.
Dans le **West End**, quartier des théâtres, de nombreux restaurants vous proposent des menus et des formules dès 17h ou 17h30. En revanche, à la fin du spectacle, n'espérez pas trouver une table après minuit, à moins de vous trouver au cœur de Soho ou du West End.

Les règles du pourboire

Au Royaume-Uni, il est d'usage de laisser un ***tip*** (pourboire) représentant entre 10 et 12,5 % de l'addition. Toutefois, l'intégration du service à la note se répand de plus en plus. Vérifiez donc sur votre addition et, en cas de doute, n'hésitez pas à vous renseigner. Vous pouvez bien sûr laisser un pourboire supplémentaire.

Les chaînes de restaurants

Les nombreuses chaînes de restauration britanniques peuvent s'avérer très intéressantes et d'un bon rapport qualité/prix. **Pret A Manger**, **EAT**, **Itsu** ou **Abokado** vous permettent d'emporter vos sandwichs, soupes, salades ou sushis, ou bien de les consommer sur place. **Marks & Spencer** est aussi une bonne adresse en la matière. Si vous préférez une restauration assise, pourquoi ne pas vous laisser tenter par un plat de pâtes ou une pizza chez **Pizza Express**, **Prezzo**, **Strada** ou **ASK** ? Vous pourrez aussi opter pour de la cuisine de bistrot, française (**Chez Gérard**) ou internationale (**All Bar One**). Enfin, ne négligez pas les *coffee houses* comme **Caffè Nero** ou **Costa**, ou encore **Carluccio's**, plus haut de gamme.

Gastronomie et culture

Une des évolutions les plus méconnues de la gastronomie londonienne se déroule dans les musées, lieux d'exposition et monuments de la capitale. Prenez place dans leurs "cafétérias" et vous aurez de fortes chances de vous retrouver dans un restaurant gastronomique adepte des produits frais locaux. La crypte de **St Martin-in-the-Fields** (➤ 64), le restaurant au sommet de la **National Portrait Gallery** (➤ 65), celui du **British Museum** qui domine la Great Court (➤ 165) ou même le salon de thé de **St Paul's Cathedral** (➤ 91) en sont de bons exemples.

Pubs et Gastropubs

La plupart des pubs servent une cuisine de base traditionnelle, le ***pub grub***, avec ses soupes, ses sandwichs ou ses saucisses. Bien que le concept de gastropub soit à la mode, on en trouve peu d'exemples dans le centre de Londres (➤ 13).

Les bars

Londres est à la hauteur de sa réputation avec d'innombrables établissements, des bars à vin traditionnels, comme le centenaire **Gordon's** (➤ 117), aux bars à cocktails, tels le **Mark's Bar at Hix** (➤ 167) ou encore l'**OXO Bar** (➤ 117), réputé pour la vue qu'il offre depuis le 8e étage de l'OXO Tower.

La cuisine *Modern British*

Oubliez vos idées reçues sur une cuisine traditionnelle lourde et sans raffinement avec ses steaks, *kidney pies*, *fish & chips*, saucisses-purée, rosbif et *Yorkshire pudding*. La cuisine britannique s'oriente vers des plats plus légers et savoureux, et s'appuie sur des ingrédients du cru même pour les classiques : la panure du *fish & chips* devient croustillante, les *bangers* (saucisses) intègrent porc et pommes, gibier et piments. Même les desserts traditionnels, *pies*, *puddings*, *crumbles* et autres *fools* (préparation à base de crème et de fruits) sont revisités.

Cuisines du monde

Les restaurants exotiques abondent à Londres. Soho, longtemps réputé pour ses restaurants italiens, propose toutes les gastronomies de la planète, et Chinatown alterne établissements médiocres et adresses des plus remarquables. Sur Edgware Road, juste au nord de Marble Arch, les saveurs du Moyen-Orient se bousculent, tandis que Brick Lane, dans l'East End, est la place forte de l'Asie du Sud-Est.

Gamme de prix des restaurants

Prix moyen pour un repas complet (entrée, plat, dessert), boisons et service non compris.

£ moins de 25 £ **££** de 25 à 50 £ **£££** plus de 50 £

L'*afternoon tea*

Ce cérémonial, l'une des plus vieilles institutions britanniques, est aussi apprécié des touristes que des Londoniens et présente une bonne excuse pour s'habiller un peu (dans la plupart des hôtels, veste et cravate sont de rigueur). En plus du vaste choix de thés indiens ou chinois, vous verrez arriver un assortiment de savoureux sandwichs (saumon fumé, concombre, fromages, etc.), de délicates pâtisseries et de *scones*, agrémentés de confiture de fraise et de crème épaisse. Réserver est une obligation, souvent plusieurs semaines à l'avance pour obtenir l'horaire de votre choix. Ce plaisir est très onéreux – comptez entre 50 et 70 £ pour 2 personnes –, même si les restaurants chic du West End et des hôtels moins huppés servent désormais des *afternoon teas* plus abordables.

The Berkeley ££

Dégustez le "Prêt-à-Portea" dans la Caramel Room, entièrement redécorée, et vous aurez la surprise de voir vos pâtisseries prendre la forme des derniers accessoires à la mode des défilés de haute couture !

206 B4 **Wilton Place, SW1**
020 7235 6000, www.the-berkeley.co.uk
tlj. 13h-18h **Knightsbridge**

Brown's Hotel ££

Le thé dans la douceur cosy de l'English Tea Room du Brown's vaut le détour , et la modernité des tissus, des éclairages ne fait que rehausser la beauté classique du décor.

205 D1 **33-34 Albemarle Street, W1**
020 7493 6020, www.roccofortehotels.com
lun.-ven. 15h-18h, sam.-dim. 13h-18h
Green Park

The Bulgari ££

Concept moderne du salon de thé idéal pour un après-midi. La sélection de thés est aussi vaste que celle d'exquis gâteaux, macarons et tartelettes fruitées et savoureuses.

206 A4 171 Knightsbridge SW7
020 7151 1034, www.bulgarihotels.com
tlj. 13h-17h
Knightsbridge

The Dorchester ££

Avec ses profonds fauteuils et ses tapis épais, The Promenade, le salon de thé du Dorchester, respire un luxe très apaisant. Vous pouvez aussi opter pour l'élégante Spatisserie, qui propose la même carte.

206 B5 54 Park Lane, W1
020 7629 8888, www.thedorchester.com
tlj. à 13h, 14h, 15h15, 16h30 et 17h30
Hyde Park Corner

The Ritz ££

Une inoubliable expérience : l'*afternoon tea* du Ritz, dans l'opulent décor Grand Siècle du Palm Court. La réservation est obligatoire : 6 semaines à l'avance, voire jusqu'à 3 mois pour les week-ends.

207 D5 Piccadilly, W1
020 7300 2345, www.theritzlondon.com
tlj. à 11h30, 13h30, 15h30, 17h30 et 19h30
Green Park

The Savoy ££

Le Thames Foyer abrite l'un des plus élégants salons de thé de la capitale. À défaut, un passage au Savoy Tea, la boutique de thé de l'hôtel, vous permettra de faire vos emplettes tout en observant les pâtissiers au travail.

208 B4 The Strand, WC2
020 7836 4343, www.fairmont.com
tlj 14h30-17h30, pour une durée d'1h45
Charing Cross, Embankment

Fish & chips

Le *fish & chips*, malgré la modestie de ses ingrédients et ses origines populaires, est un monument et un symbole universel de la nourriture britannique, à consommer sans façons, dans la rue, à même le cornet de papier. Certains établissements sont toutefois de véritables restaurants

- Vous paierez environ 10-15£ le plat si vous dînez sur place.
- Le *fish & chips* à emporter *(takeaway)* vous coûtera environ 7£.

Fish Central £

Élégante et moderne, cette véritable institution abrite également un restaurant de poisson et fruits de mer. Réservation recommandée.

209 E5 hors plan King Square, 149 Central Street, EC1 020 7253 4970, www.fishcentral.co.uk lun.-sam. 11h30-14h30, lun.-jeu. 17h-22h30, ven.sam. 17h-23h Angel, Old Street

North Sea Fish Restaurant £

Adresse favorite des cabbies (chauffeurs de taxi), qui y occupent l'arrière-salle, le restaurant sert, et vend aussi à emporter, un poisson des plus frais, et des portions pantagruéliques. Réservation conseillée.

197 F5 7-8 Leigh Street, WC1 020 7387 5892, www.northseafishrestaurant.co.uk lun.-sam. 12h-14h30, 17h30-23h, dim. 13h-18h Russell Square

Rock & Sole Plaice £

Fondé en 1871, ce restaurant prétend être le plus ancien *fish & chips* de Londres. Situé à Covent Garden, il attire une foule de gens qui y viennent dîner avant d'aller au théâtre ; il est donc conseillé de réserver le soir.

208 A4 47 Endell Street, WC2 020 7836 3785 lun.-sam. 11h30-22h30, dim. 12h-22h Covent Garden

Sea Shell £

Vous aurez le choix entre le restaurant et le service à emporter, mais le poisson, du saumon à la sole en passant par la morue, et les fruits de mer, seront de toute première qualité. Un menu enfant est aussi proposé. Réservation conseillée.

204 A3 hors plan 49-51 Lisson Grove, NW1 020 7224 9000, www.seashellrestaurant.co.uk lun.-sam. 12h-22h30 Marylebone

Votre shopping

En termes de shopping, Londres a peu d'équivalents. Les grands magasins centenaires tiennent le haut du pavé dans le domaine du haut de gamme et vous raviront les yeux, même si les prix pratiqués dépassent votre budget. Mais de nombreuses autres enseignes occupent un créneau moins onéreux et, pour ceux disposant d'un budget plus limité, des boutiques et des marchés bon marché, un peu plus à l'écart, proposent de bonnes affaires. Si, durant le week-end, la City est désertée, les magasins sont, en général, ouverts 7j/7, à partir de 10h. Le mercredi ou le jeudi est, selon les cas, le jour de nocturne, avec une fermeture repoussée de 1 h ou 2. Le dimanche, les horaires sont un peu moins larges, de 11h/12h jusqu'à 17h/18h.

Mode British style

Que vous soyez à la recherche de vêtements de créateurs, de costumes sur mesure d'une qualité indépassable, des dernières tendances du street-wear ou, plus simplement, de vêtements de ville à prix abordable, vous êtes au bon endroit !

- Les grandes chaînes de magasins des rues commerçantes vendent des vêtements de bonne qualité à prix modéré : meilleur choix sur **Regent Street** (➤ 67), sur **Oxford Street** (➤ 67), à **Covent Garden** (➤ 167), et sur Kensington High Street (➤ 143).
- Pour tout trouver en une fois, foncez dans les temples de la mode que sont **Harrods** (➤ 130), **Harvey Nichols** (➤ 142), **Liberty** (➤ 67) et **Selfridges** (➤ 68).
- Les grands magasins sont d'excellentes adresses pour faire du shopping. Profitez de votre séjour pour découvrir **Debenhams** et **John Lewis**, dans Oxford Street (➤ 67), ou **Peter Jones**, sur Sloane Square (➤ 143).
- Les **boutiques** ont leur royaume à Chelsea et Kensington (➤ 142), tandis que les **créateurs** se sont donné rendez-vous sur Bond Street (➤ 68), Sloane Street (➤ 142) et dans les grands magasins alentour.
- Pour ceux qui préfèrent une approche plus classique, **Burberry** et **Aquascutum** ont leur quartier général sur Regent Street (➤ 67). Si **Jermyn Street** est le royaume du prêt-à-porter masculin haut de gamme, **Savile Row** (➤ 67), qui reste la référence en matière de sur-mesure pour hommes, cache également quelques boutiques de tailleurs discrètement subversifs.
- Pour des vêtements tendance de jeunes créateurs ou des fripes vintage, rendez-vous aux marchés de **Portobello Road** (➤ 139) ou **Camden** (➤ 160), ou bien sur **Redchurch Street** (🚇 Old Street), dans l'est de la ville.
- Si vous ne voulez pas courir partout, le **Westfield Centre** (🚇 Shepherds Bush ou Wood Lane) ou le **Westfield Stradford City** (🚇 DLR Stratford ou Stratford International) regroupent boutiques de marques et de créateurs, ainsi que de nombreux restaurants.

Galeries d'art et antiquaires

Des œuvres représentatives du Londres de Samuel Johnson aux tableaux si contemporains que leur peinture n'a pas encore fini de sécher, la capitale anglaise offre là encore de quoi satisfaire tous les goûts.

- Trois adresses pour les passionnés d'antiquités : **Sotheby's** (34-35 New Bond Street ☎ www.sothebys.com 🚇 Bond Street), **Christie's** (85 Old Brompton Road ☎ www.christies.com 🚇 South Kensington) et, dans une moindre mesure, **Bonham's** (101 New Bond Street ☎ www.bonhams.com 🚇 Bond Street). Les expositions précédant les ventes sont ouvertes gratuitement au public. Sinon, une promenade sur **Kensington Church Street** vous mènera de galerie d'art en antiquaire.

- Les **galeries de Mayfair**, surtout celles de Cork et Bond Streets, exposent grands et petits noms de l'art, dont nombre d'œuvres de la fin du 20e siècle.
- Moins intimidantes (et moins chères), les galeries du quartier branché de **Hoxton** (Old Street) sont le rendez-vous des artistes qui montent.

Marchés

- Les chineurs se rendront au **Portobello Road Market** (➤ 131) dès l'aube ; amateurs de vêtements et simples curieux pourront y aller à une heure plus décente. Les boutiques sont aussi ouvertes pendant la semaine (allez-y de préférence du mercredi au vendredi).
- Les **Camden Markets** (➤ 152) sont le plus vaste ensemble d'étals de la ville : vous y trouverez vraiment de tout, vêtements, antiquités, artisanat, nourriture…
- Le **Borough Market** (➤ 106) attire en masse les visiteurs amateurs de bonne chère et de saveurs exotiques.
- **Spitalfields Market** (➤ 92) est le fief des jeunes créateurs.

Vos sorties

Du théâtre aux comédies musicales, des boîtes de nuit aux ballets, de la musique classique à l'électro, Londres offre un choix immense en matière de spectacles. Les magazines d'informations culturelles sont indispensables pour connaître tous les programmes – *Time Out*, qui sort chaque mardi, est le plus complet d'entre eux. Côté tenue vestimentaire, le formalisme n'est plus vraiment de rigueur, et l'"élégance décontractée" est devenue la norme, sauf dans les grandes occasions. La plupart du temps, un jean bien coupé et des baskets feront très bien l'affaire.

Les salles

Il se passe toujours quelque chose à Londres et, chaque soir, des concerts, des spectacles, des ballets et des représentations en tous genres se succèdent dans les salles de la capitale. Aux beaux jours s'y ajoutent les spectacles en plein air dans les parcs et jardins – préparez-vous un bon pique-nique et profitez !

- L'**O2 Arena** (www.theo2.co.uk North Greenwich) est la plus grande (23 000 places) et la plus moderne des salles même si, niveau gigantisme, elle est éclipsée par **Wembley** (www.ssearena.co.uk Wembley Park).
- L'**Eventim Apollo** (www.eventimapollo.com Hammersmith), l'**O2 Academy Brixton** (www.academymusicgroup.com Brixton), le **Roundhouse** (www.roundhouse.org.uk Chalk Farm), l'**O2 Shepherd's Bush Empire** (www.academymusicgroup.com Shepherd's Bush) sont les lieux de rendez-vous des fans de rock, de hip-hop et de toutes les tendances imaginables de la musique contemporaine.
- Le **Barbican Centre** (➤ 92), le **Queen Elizabeth Hall** et le **Royal Festival Hall**, à South Bank (➤ 118), ou le **Royal Albert Hall** (➤ 144) ont une programmation plus éclectique, entre théâtre, cirque et musique.
- Les salles plus petites sont légion, parmi lesquelles le **Ronnie Scotts**, célèbre club de jazz, le **Barfly**, plus proche de la boîte de nuit, ou le **Dublin Castle**, un pub qui accueille les jeunes pousses de la scène londonienne.

Clubbing

Incontestablement, Londres est l'une des capitales de la nuit européenne, avec le **Cargo**, le **Proud**, le **Notting Hill Arts Club**, la **Fabric** ou la **Scala**, parmi tant d'autres. Le **Heaven** (www.heaven-live.co.uk) ou le **Freedom Bar** (freedombarsoho.com) sont des références de la scène gay et lesbienne.

Musique classique et opéra

Cinq orchestres symphoniques (London Symphony Orchestra, Philharmonia, London Philharmonic, Royal Philharmonic et BBC Symphony Orchestra) et de nombreuses formations plus modestes mettent la musique classique à l'honneur.

- Pour les amateurs, The Proms, le festival annuel du **Royal Albert Hall**, a lieu de mi-juillet à mi-septembre (➤ 144).
- Le **Royal Opera House** de Covent Garden (➤ 150) présente des productions de très haut niveau tandis que l'**English National Opera** (➤ 168) s'est spécialisé dans les opéras en anglais.

Arts de la scène

La scène théâtrale de Londres est large, allant des comédies musicales du West End aux productions indépendantes données dans les fringe theatres (théâtres d'avant-garde), et plus de 50 théâtres attendent les passionnés.

- Le **West End**, le quartier qui s'étend autour de Piccadilly Circus et Covent Garden, est le cœur de la scène théâtrale londonienne.
- Le **Royal National Theatre** (➤ 118) du Southbank Centre, le **Barbican Centre** (➤ 86) et le **Shakespeare's Globe** (➤ 114), à Bankside, sont des références. Pour le théâtre contemporain et d'avant-garde, rendez-vous au Royal Court (➤ 144) ou au Old Vic (➤ 118).
- Le *fringe theatre*, comme le Off West End – même type de productions –, jouissent d'une excellente réputation. L'**Almeida** (Almeida Street ☎ 020 7359 4404, www.almeida.co.uk Ⓠ Angel) et **Donmar Warehouse** (Earlham Street ☎ 0844 871 7624, www.donmarwarehouse.com Ⓠ Covent Garden) sont les salles les plus connues, mais **The Gate** (11 Penbridge Street ☎ 020 7229 0706, www.gatetheatre.co.uk Ⓠ Notting Hill) ou le **King's Head** (115 Upper Street, N1 ☎ 020 7478 0160, www.kingsheadtheatre.com Ⓠ Angel, Highbury et Islington) méritent également votre attention.

Trouver des places

Vous pouvez appeler directement le théâtre, entre 10h et l'heure de la représentation du soir. Cependant, les places pour les spectacles les plus courus sont une denrée rare, et les agences spécialisées sont parfois les seules à en détenir – les meilleures sont affiliées à la **Society of Ticket Agents & Retailers** (www.star.org.uk).
Vous pouvez aussi passer par le site de la **Society of London Theatre** (www.officiallondontheatre.co.uk, faibles commissions) qui propose également des offres spéciales. N'achetez pas vos places à des revendeurs à la sauvette : la pratique est illégale et vous risquez de tomber sur des faux.

- Les places du paradis (“*the gods*”), ou du poulailler, sont les plus économiques, mais il vaut alors mieux prévoir d'apporter ses jumelles…
- Les places en matinée sont moins chères et plus faciles à obtenir.
- Certains théâtres proposent des *restricted-view seats* (places à visibilité restreinte) à prix réduits.
- Le kiosque **tkts** (places à moitié prix ; lun.-sam. 10h-19h, dim. 11h-16h30) de Leicester Square (➤ 160) met en vente des places à prix réduits pour le jour même et jusqu'à une semaine à l'avance. La queue peut être longue et le nombre de places est limité à 4 par acheteur. Les places proposées sont souvent les plus chères, vous y gagnerez donc en qualité, mais pas forcément à bon marché.

Cinéma

Autour de Leicester Square, plusieurs multiplex, dont **The Odeon**, offrent aux amateurs un très large choix des grandes productions internationales les plus récentes, tandis que le **Prince Charles Theatre** est plus axé art et essai.

St James's, Mayfair et Piccadilly

D'un coup d'œil 48
En 1 jour 50
Top 10 52
Ne manquez pas 58
Et aussi... 60
Où... 64

Découvrez autrement

Cortège royal

Offrez-vous une promenade royale en partant de Trafalgar Square, avant de passer sous Admiralty Arch pour remonter **The Mall** (➤ 58).

Un air de Mary Popins

Le **Portrait Restaurant** (➤ 65), installé sur les toits de la National Portrait Gallery, agrémente votre déjeuner d'une vue grandiose.

Le spectacle est dans la boutique

Le **Liberty** (➤ 67) permet non seulement de faire du shopping avec style, mais aussi d'observer la foule, du haut d'antiques balcons aux balustrades en bois.

D'un coup d'œil

La partie de la ville qui s'étend de Buckingham Palace à Trafalgar Square constitue la quintessence de la capitale : si vous ne pouvez consacrer qu'un seul jour à Londres, passez-le absolument ici, entre Buckingham et Pall Mall, Whitehall et Trafalgar Square.

Ce quartier débordant de richesse et de grandeur architecturale englobe les squares verdoyants et les immeubles prestigieux de Mayfair, les très sélects *gentlemen's clubs* de St James's, ainsi que les vénérables hôtels et boutiques de Piccadilly, l'une des grandes artères de la capitale. C'est également là que se trouve Buckingham Palace, résidence officielle des monarques britanniques, qui, depuis 1993, a ouvert, du moins partiellement, ses portes au public, pendant une bonne partie des mois d'août et septembre.

À l'origine, cette partie de la ville doit son développement à la construction de St James's Palace par Henry VIII dans les années 1530, qui deviendra la résidence de nombreux monarques, dont Elizabeth I et Charles I. Charles, l'actuel prince de Galles, y habita de 1992 à 2003, avant de s'installer à Clarence House, la résidence adjacente. Le palais royal de St James's donna au quartier son cachet aristocratique, et l'ouverture au public par Charles II d'un des plus charmants parcs de Londres, St James's Park, au 17e siècle, ne fit que le souligner. Au 18e siècle, la noblesse, désireuse de se rapprocher de la cour, se fit construire de fastueux hôtels particuliers. Plus tard, on édifia les splendides arcades abritant les boutiques de luxe de Piccadilly pour satisfaire aux besoins des résidents et visiteurs fortunés du quartier. Au 19e siècle, le déménagement de la cour à Buckingham Palace, sous le règne de Victoria, ne modifia que peu l'atmosphère des lieux, pas plus que, au début du 20e siècle, la construction de The Mall, grande avenue cérémonielle qui relie Buckingham Palace à Trafalgar Square.

Aujourd'hui, l'élégance et le raffinement qui y règnent en font un quartier privilégié de la capitale. Vous pourrez vous y promener dans les parcs ou au long des allées, des somptueuses demeures anciennes, des boutiques et des galeries – la Royal Academy, notamment, accueille des expositions de très grande envergure –, ou sur The Mall, d'un grand monument (Buckingham Palace, et sa célèbre cérémonie de la relève de la Garde) à l'autre (Trafalgar Square et la National Gallery, le plus grand musée d'art du pays).

Top 10

Bukingham Palace ➤ 52 (1)
National Gallery ➤ 54 (7)

Ne manquez pas

The Mall / Trafalgar Square ➤ 58 (11)

Et aussi…

Churchill War Rooms ➤ 60 (12)
Royal Academy of Arts ➤ 60 (13)
Piccadilly & Regent Street ➤ 60 (14)
Piccadilly Circus ➤ 61 (15)
National Portrait Gallery ➤ 62 (16)
Banqueting House ➤ 62 (17)
Whitehall ➤ 63 (18)

À gauche, la parade des Horse Guards.

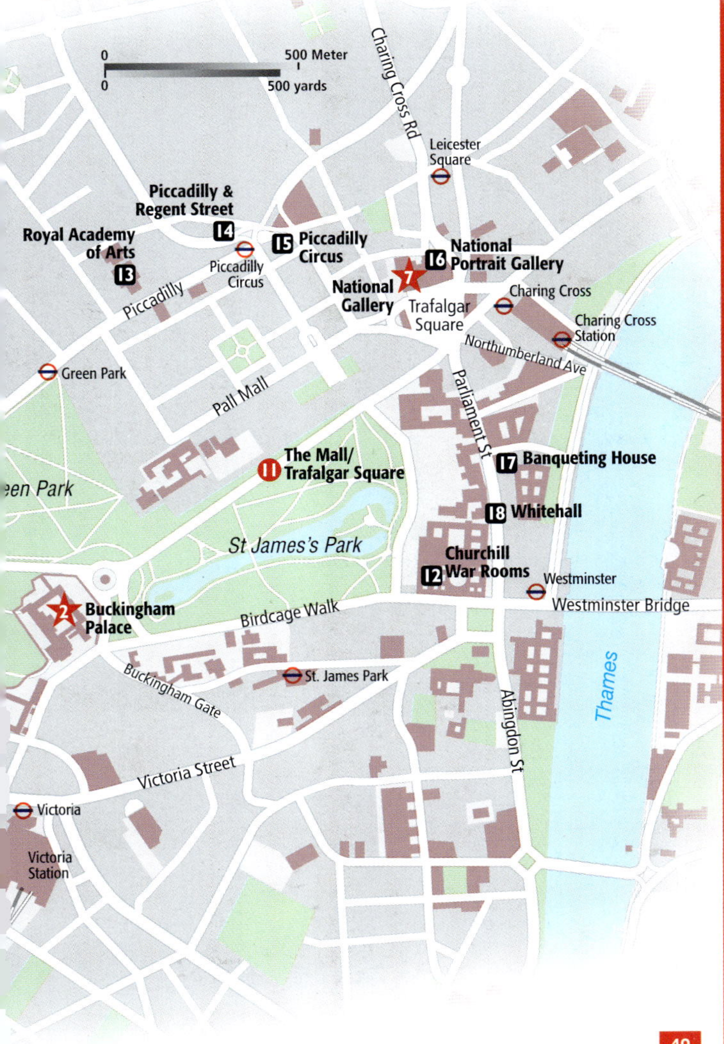

En 1 jour

Deux palais royaux, quelques-uns des monuments les plus célèbres de Londres, d'innombrables œuvres d'art, et – luxe suprême – de grandes étendues vertes au cœur de la métropole.

10h

Commencez par **Buckingham Palace** 2 (➤ 52, ci-dessous) : vous pouvez vous contenter de lorgner sur sa majestueuse façade à travers les grilles ou, si vous êtes à Londres à la bonne époque, visiter les Appartements royaux. Pour éviter de faire la queue, voir "Entre nous" (➤ 53).

11h

Assistez à la célèbre et très touristique **relève de la garde** (voir l'encadré ci-dessous).

12h15

Après la relève de la Garde, déambulez dans ce havre de paix boisé qu'est St James's Park, puis longez **The Mall** (➤ 58) jusqu'à l'**Admiralty Arch** édifié en 1911 sur la Ceremonial Route et dédié à la reine Victoria. L'arcade centrale fermée par une grille n'est empruntée que par le souverain lors des cérémonies officielles. Allez ensuite saluer les lions de **Trafalgar Square** (➤ 59). Depuis son réaménagement pour le Millenium, Trafalgar Square est redevenu un lieu de rendez-vous agréable grâce au nouveau plan d'urbanisme privilégiant les piétons par rapport aux voitures.

La relève de la garde

La cérémonie entourant la relève des **Royal Foot Guards**, reconnaissables entre tous avec leurs tuniques écarlates et leurs hauts bonnets en poil d'ours, est l'une des attractions les plus courues de Londres. Si c'est à midi (mai-juil. tlj., août-avr. tous les 2 jours, changing-guard.com) que s'effectue le remplacement des soldats, il vous faudra arriver bien avant pour avoir une chance d'assister au spectacle et de profiter de la fanfare, dont le répertoire comprend aussi bien des marches traditionnelles que des mélodies bien plus contemporaines. Malheureusement, la pluie peut faire annuler la cérémonie.

13h

Vous pouvez déjeuner à l'église St Martin-in-the-Fields, adjacente à la National Gallery, sur Trafalgar Square, et dont la crypte abrite le **Café in the Crypt** (➤64), ou opter pour le café ou la brasserie de la National Gallery.

14h

Consacrez au minimum 2 heures de votre après-midi pour admirer quelques-uns des innombrables joyaux de l'art pictural qu'abrite la **National Gallery** 7 (➤54, ci-dessous). Sinon, prenez tout le temps que vous voudrez. Ce musée reste ouvert en nocturne jusqu'à 21h le vendredi.

16h

Poussez la porte de la **National Portrait Gallery** 16 (➤62) pour jeter un coup d'œil aux plus nobles des grands personnages de l'histoire britannique jusqu'à nos jours, en passant par toutes les techniques picturales,photographie incluse. Vous pouvez autrement aller jusqu'à **Piccadilly Circus** 15 (➤61). De là, faites un tour dans un des squares de Mayfair, ou dans les boutiques de luxe de Piccadilly (➤60). Vous êtes également à deux pas de Leicester Square, cœur palpitant du quartier des théâtres, de Soho et de Chinatown (➤162).

Buckingham Palace

2

Cette majestueuse résidence londonienne des souverains anglais fut construite par le premier duc de Buckingham entre 1701 et 1705, mais c'est le roi George IV qui l'aménagea en véritable palais vers 1820. Sous le règne de Victoria, il devint, en 1837, la résidence officielle des monarques. Ce site aux lignes simples et à l'aspect massif, dont la visite s'impose à Londres, n'a pourtant au premier coup d'œil rien d'un hymne exubérant à la royauté.

Le palais, assez banal de l'extérieur, se rattrape très largement par ses intérieurs somptueux. Les **State Rooms** (Appartements royaux) furent ouverts au public pour la première fois en 1993 – innovation destinée à redorer l'image de la famille royale et à récolter des fonds pour contribuer à la restauration du château de Windsor (► 172). Si vous êtes à Londres à la bonne période, ne manquez pas cette visite.

Le monument en marbre blanc du Queen Victoria Memorial, face au palais.

Les State Rooms sont le véritable lieu de travail de la monarchie, le cadre de toutes les cérémonies officielles, des réceptions aux investitures en passant par les banquets. Du grandiose escalier de marbre aux salons très richement meublés sans oublier la **Throne Room** (salle du Trône) et la splendide **State Dining Room** (salle à manger d'État) rouge et or, la richesse et la théâtralité du décor sont faites pour fasciner l'œil. Vos pieds s'enfoncent doucement dans les épais tapis rouges ; aux murs, les tapisseries sont en elles-mêmes de véritables œuvres d'art ; balustrades, portes, chandeliers et fenêtres foisonnent de détails riches et envoûtants. Tout aussi fascinantes sont les toiles exposées dans la **Picture Gallery** : vous

Les Scots Guards en route pour les Wellington Barracks après la Relève de la garde.

pourrez y admirer des Canaletto, des Rembrandt et des Rubens, ainsi que des sculptures classiques et de magnifiques meubles anciens. Les trônes et les plafonds aux décors fabuleux valent tout particulièrement le coup d'œil.

Ne vous attendez cependant pas à croiser un des membres de la famille royale : ils déménagent quand leurs appartements sont ouverts au public.

FAITES UNE PAUSE

Jouxtant Buckingham Palace et face aux Royal Mews, le **Cavalry Bar & Palace Lounge** du Rubens at the Palace sera l'endroit idéal pour une pause royale (☎ 020 78 34 66 00, www.rubenshotel.com).

207 D4

SW1A 1AA

☎ informations et réservations par carte bancaire : 020 7766 7300, www.royalcollection.org.uk

State Rooms : août-sept. tlj. 9h45-17h15 (dernière admission, sept.16h15) / Royal Mews : nov.-mars tlj. 10h-15h15, avr.-oct. 10h-16h15 (dernière admission, fermé lors des visites d'État) / Queen's Gallery : oct.-juil. tlj. 10h-16h15, août-sept. 9h30-16h15 (dernière admission)

State Rooms : ££££ / Royal Mews : £££ / Queen's Gallery : £££

Grosvenor Place 2, 8, 16, 36, 38, 52, 73, 82 ; Piccadilly 3, 8, 9, 14, 19, 22 ; Victoria Street 11, 211 Green Park, St James's Park, Victoria

ENTRE NOUS

À savoir Pour éviter de faire la queue, **réservez vos billets à l'avance** – d'autant que les State Rooms n'accueillent qu'un nombre limité de visiteurs – par carte bancaire, et retirez-les le jour même. Vous pouvez aussi vous les faire envoyer : comptez 7 jours pour le Royaume-Uni, et 2 à 3 semaines pour l'étranger.

- **Billets combinés** 2 formules existent : le **Royal Day Out** (State Rooms, Royal Mews et Queen's Gallery) et la **Combined Visit** (Queen's Gallery et Royal Mews).
- **Audioguide** Un audioguide, disponible en 6 langues, est compris dans le billet.
- **Relève de la garde** Il est conseillé d'arriver à 11h au plus tard pour être en bonne place – près des barrières en face du portail, si possible. Si vous visitez les State Rooms, vous aurez du mal à tenir cet horaire.
- **Les Royal Mews** Les écuries royales valent également le détour. Vous pourrez y admirer les carrosses royaux et les calèches ainsi que leurs chevaux. Le joyau de cette collection est le Gold State Coach (carrosse royal doré).
- **Queen's Gallery** Elle abrite l'une des plus belles collections privées du monde. Les expositions changent tous les 6 mois environ. Renseignements (horaires, prix) ☎ 020 7760 7301, www.royal.gov.uk

National Gallery

7

La National Gallery possède l'une des plus belles collections de tableaux au monde. On peut y admirer la crème de l'art anglais – ainsi que plus de 2300 œuvres européennes –, des années 1250 au début du 20e siècle, dans une succession de salles à la luminosité et aux dimensions parfaites. Prenez n'importe quel peintre célèbre de n'importe quelle époque, et vous pouvez être sûr que ses œuvres sont présentes à la National : Botticelli, Canaletto, Cézanne, Constable, Raphaël, Monet, Vinci, Rembrandt, Renoir, le Titien, Turner, Van Gogh…

Étant donné l'ampleur des collections exposées, vous avez tout intérêt à préparer votre venue pour sélectionner les œuvres ou la visite – avec guide ou audioguide – qui vous intéressent. L'entrée étant gratuite, vous pourrez en profiter pour effectuer plusieurs visites ciblées. La National Gallery dispose de 3 entrées donnant accès aux 4 ailes du musée. Présentez-vous à la Getty Gate, vous y trouverez un plan des collections (£).

Allégorie de la maternité, *La Vierge à l'Enfant avec sainte Anne et saint Jean-Baptiste* de Léonard de Vinci.

L'aile ouest

Cette partie du musée est essentiellement dédiée aux artistes français, italiens et hollandais du début de la Renaissance. La plus remarquable de ses pièces est sans doute *Les Ambassadeurs* (1533), de Hans Holbein le Jeune. Il s'agit de portraits de Jean de Dinteville et de Georges de Selve (salle 4). Cette toile regorge de symboles et allusions, destinés à souligner la nature éphémère des choses terrestres, tel ce disque blanc à l'avant-plan, au centre du tableau, et qui s'avère être un crâne humain lorsqu'on le regarde de biais depuis la droite du tableau (des empreintes sur le sol indiquent l'endroit où se placer). Ne manquez pas non plus les œuvres de Giorgione et du Titien (salle 2), de Correggio et du Parmigiano (salle 8) et les grandes toiles du Tintoret, de Véronèse et du Titien (salle 9).

L'aile Sainsbury

La très aérienne **aile Sainsbury** – du nom de la chaîne de supermarchés qui l'a sponsorisée – a été conçue par l'architecte Robert Venturi et inaugurée en 1991. Vous y accéderez depuis l'aile ouest en parcourant une perspective d'arches conçues pour encadrer le superbe autel Renaissance exposé tout au fond. Elle regroupe les plus anciens tableaux de la National, dont les chefs-d'œuvre des diverses écoles italiennes d'après 1300. Deux de ses pièces maîtresses sont des œuvres de Léonard de Vinci (salle 51) : *La Vierge au rocher* (1508, inachevé) et, exposé dans une

La National Gallery, joyau architectural de Trafalgar Square.

pièce à l'éclairage spécialement étudié, *La Vierge à l'Enfant avec sainte Anne et saint Jean-Baptiste* (vers 1499).Ne manquez pas le *Diptyque Wilton* (salle 53), pièce d'autel de la fin du 14e siècle (auteur inconnu) commanditée par Richard II pour ses prières privées. Sur la gauche, on y voit le roi en génuflexion présenté à la Vierge et à l'Enfant. L'artiste et même la nationalité de celui-ci demeurent un mystère. Peut-être moins fascinants mais tout aussi magnifiques, *Le Portrait des Arnolfini* (salle 56) et l'incomparable *Portrait du doge Leonardo Loredan* (salle 61) sont également 2 des plus beaux joyaux de cette aile.

L'aile nord

Cette aile est dédiée aux peintres qui rivalisèrent avec les Italiens pour la suprématie artistique aux 16e et 17e siècles, tels Rubens, Rembrandt, Van Dyck, Velázquez, Vermeer ou Claude Gellée (dit le Lorrain). *La Vénus au miroir*, de Velázquez (ou *La Vénus de Rokeby*, d'après Rokeby Hall, où elle fut autrefois accrochée) est l'un des chefs-d'œuvre de cette aile (1651, salle 29). Il s'agit d'une œuvre remarquable, d'une part parce qu'elle montre la déesse de dos (mais l'expression de son visage est magnifiquement capturée dans un miroir), d'autre part parce que c'est un nu, genre peu apprécié par l'Inquisition qui sévissait en Espagne à l'époque.

Itinéraire conseillé

La National Gallery est divisée en 4 ailes, chacune couvrant une période donnée.
Visitez-les de préférence dans l'ordre suivant :

■ **Aile ouest**	1500-1600	(salles 2-14)
■ **Aile Sainsbury**	1250-1500	(salles 51-66)
■ **Aile nord**	1600-1700	(salles 15-32 et 37)
■ **Aile est**	1700-1900	(salles 33-46)

Peint par Hans Holbein le Jeune (1533), *Les Ambassadeurs*, portrait double de Jean de Dinteville et Georges de Selve, compte parmi les plus célèbres tableaux de la Renaissance de la National Gallery. Notez son anamorphose de la tête de mort peinte au premier plan.

L'aile est

Les salles de cette aile sont souvent très encombrées, notamment parce qu'elles regroupent certaines des œuvres britanniques les plus célèbres. Ne ratez pas, au premier rang d'entre elles, *The Hay Wain*, de John Constable (salle 34), exposée pour la première fois en 1821, quand la tendance était à la variété de la touche et des textures. Vous pourrez admirer d'autres œuvres de Constable au V&A Museum (➤ 126) et à la Tate Britain (➤ 102).

Autre grand maître anglais, J. M. W. Turner, contemporain de Constable, ouvrit des perspectives radicalement différentes. Deux de ses chefs-d'œuvre, *The Fighting Téméraire* (1838) et *Rain, Steam and Speed* (1844) illustrent la puissance et les effets quasi hallucinatoires de la lumière traversant l'air et se reflétant sur l'eau (salle 34). Plusieurs autres Turner sont exposés à la Tate Britain (➤ 102).

Un peu plus loin, une étonnante série de 6 tableaux de Hogarth, *Mariage à la mode* (salle 35), interpelle par la férocité de sa satire de la destinée d'une grande famille. Dans la même salle, la *Shrimp Girl* sourit à ses admirateurs depuis 1740.

Tout aussi populaires que les Turner et Constable sont les nombreux tableaux impressionnistes (salles 43 et 46) de la National Gallery. Vous y reconnaîtrez des toiles célèbres, comme *Les Tournesols*, de Van Gogh (1889), *Une baignade à Asnières*, de Seurat (1884) ou *Après le bain, femme s'essuyant*, de Degas (vers 1890-1895).

FAITES UNE PAUSE

Les **National Dining Rooms** (➤ 64, aile Sainsbury), le **National Café** ou l'**Expresso Bar** (entrée Getty) n'attendent que votre visite.

À droite : les splendides salles de la National Gallery sont un écrin à la hauteur de la collection des œuvres exposées, qui compte parmi les plus belles d'Europe.

---

205 F1 · Trafalgar Square, WC2
020 7747 2885, www.nationalgallery.org.uk · tlj 10h-18h (ven. 10h-21h)
entrée libre ; droit d'entrée pour certaines expositions ££
restaurant et café · Charing Cross, Leicester Square
3, 6, 9, 11, 12, 13, 15, 23, 24, 29, 53, 88, 94, 139, 159, 176, 453

ENTRE NOUS

- **Audioguides** Ils sont disponibles en 12 langues (£). La visite de 1h constitue une excellente introduction aux plus précieux chefs-d'œuvre de la galerie. Vous pouvez aussi opter pour des visites thématiques, telles *Manet to Picasso* et *Sounds of the Gallery*, avec fond musical.
- **Pour les enfants** 3 visites audioguidées sont proposées, parmi lesquelles l'*Art Detectives-Tour*, fort apprécié : on y suit 2 détectives dans leur enquête à travers le musée et on acquiert au passage quelques connaissances sur les œuvres. La visite s'achève par une séance de peinture (gratuit pour les enfants de moins de 12 ans accompagnés d'un adulte payant).
- **ArtStart** Un système d'information multimédia à écran tactile vous permettra d'en apprendre plus sur les tableaux et artistes de la collection. Les 14 ordinateurs situés dans l'Espresso-Bar (Portico Gate) sont très prisés.
- **Visite guidée gratuite** Sans doute la meilleure façon de découvrir le musée, cette visite de 1h a lieu tous les jours à 11h30, 14h30 et – le vendredi – à 19h. Point de rencontre : le guichet d'information de l'aile Sainsbury. En semaine, à 16h, vous pouvez assister à de petits exposés de 10 minutes sur certains tableaux.
- **Boutiques** Le musée en comprend 3 qui vendent des objets de grande qualité, livres et reproductions d'art, cartes postales et souvenirs ou cadeaux originaux.
- **Vendredi soir** Le musée, le café et le bar sont ouverts jusqu'à 21h et les étudiants du Royal College of Music assurent l'animation musicale.

The Mall et Trafalgar Square

11

The Mall est la grande avenue d'apparat qui va de Buckingham Palace à Trafalgar Square. C'est là que se déroulent les cérémonies officielles telles que l'Ouverture du Parlement et le Salut aux couleurs. Elle est bordée par 2 parcs royaux : Green Park, particulièrement agréable au printemps à l'éclosion des fleurs, et St James's Park, toujours plaisant tout au long de l'année.

Pour commencer votre périple, tournez le dos à Buckingham Palace et traversez la rue jusqu'au **Queen Victoria Memorial**. Avec The Mall et l'Admiralty Arch, cette statue est un des monuments érigés au début du 20e siècle en l'honneur de la reine Victoria, décédée en 1901. Elle représente une Victoria au visage sévère entourée de symboles des grandes gloires de l'Empire.

The Mall

Si The Mall est aujourd'hui une avenue très fréquentée, parfois embouteillée, elle n'a cependant rien perdu de sa grandeur et de sa majesté. Jusqu'au 17e siècle, ce n'était qu'une petite allée de campagne au bord de laquelle le roi James I jouait à un ancien jeu français connu sous le nom de palle-maille, anglicisé sous la forme *"pell mell"*. Sorte d'hybride de golf et de croquet, ce jeu a depuis longtemps disparu, mais il a laissé son nom à **The Mall** et **Pall Mall**, une des grandes rues de Piccadilly. Plus tard, Charles I procédera à un nouvel aménagement de ces lieux, marqué essentiellement par l'ouverture au public de St James's Park et de Green Park.

Sur votre gauche en descendant The Mall, vous verrez **Clarence House**, demeure du 19e siècle nommée d'après son premier propriétaire, le duc de Clarence, qui devint le roi William IV en 1830. Lors de l'accession au trône d'Elizabeth II en 1953, elle devint la résidence de la reine mère. Après sa mort en 2002, ce palais fut le domicile du prince Charles, l'actuel prince héritier.

La grandiose façade de l'Amirauté.

St James's, Mayfair et Piccadilly

Les tourelles en brique rouge de style Tudor visibles derrière Clarence House sont celles de **St James's Palace**, construit par Henry VIII qui s'y éteignit.

Du Queen Victoria Memorial, pourquoi ne pas aller flâner dans **St James's Park**, en empruntant les allées ombragées qui mènent au lac. Au pont, vous vous trouvez face à un embranchement : l'allée de gauche vous ramènera sur The Mall, et celle de droite vous fera longer **Carlton House Terrace**, à la belle façade 19e siècle, puis The Mall jusqu'à l'Admiralty Arch.

Depuis sa colonne, Nelson domine Trafalgar Square.

Vers Trafalgar Square

Dans l'un et l'autre cas, il serait dommage de passer à côté de la **Horse Guards Parade**, le vaste terrain situé à l'extrémité est du parc, site de la cérémonie quotidienne de la Relève de la garde (► Entre nous, ci-dessous). En passant sous l'**Admiralty Arch**, rendez-vous à Trafalgar Square, place aménagée en 1820 en l'honneur de l'amiral Horatio Nelson, grand héros de l'Empire représenté à 3 fois sa taille réelle en haut d'une colonne de 52 m au centre de la place. Les bas-reliefs du socle illustrent ses plus belles victoires navales, dont la fameuse bataille de Trafalgar, qui l'opposa à la marine française en 1805, et où il trouva la mort. Les célèbres lions furent ajoutés à la fin des années 1860.

La face nord de cette place est dominée par la **National Gallery** (► 54), avec, à sa droite, la fine flèche de St-Martin-in-the-Fields, charmante église, remarquable pour ses concerts, et un bar attenant de premier ordre.

FAITES UNE PAUSE

N'hésitez pas à pousser la porte du **Café in the Crypt** (► 64,), de l'église de St-Martin-in-the-Fields, et découvrez un lieu des plus populaires pour le déjeuner. Idéal pour un en-cas, un repas, un *afternoon tea* ou tout simplement un café.

---

207 D4-F5

ENTRE NOUS

- **Relève de la garde** Ne manquez pas ce spectacle qui enchantera les enfants : admirez les uniformes et chevaux de la garde montée (Queen's Life Guard, changing-guard.com/queens-life-guard.html) sur Horse Guards Parade (passage sur Whitehall ou de l'extrémité est de St. James Park lun.-sam. 11h, dim. 10h). Annulation possible en cas de mauvais temps.
- **Clarence House** Cette résidence royale est ouverte au public normalement d'août à fin septembre (020 7766 7303, www.royalcollection.org.uk £££). Vous aurez la possibilité, au cours de la visite guidée, de découvrir les salles du rez-de-chaussée où se déroulent les affaires officielles.
- **St Martin-in-the-Fields** Tous les lundis, mardis et vendredis à 13h, vous pourrez assister dans l'église à un concert gratuit. Avis aux amateurs… (020 77 66 11 00 , www.stmartin-in-the-fields.org)

Et aussi...

Churchill Museum & Cabinet War Rooms 12

Vous n'aurez aucune difficulté à imaginer la présence de Churchill, à humer les volutes de son cigare et à entendre, grâce aux audioguides, sa voix grinçante avec, en arrière-fond, le bruit des bombes et des sirènes hurlantes lors des raids aériens. Ce "terrier", installé dans les sous-sols de King Street, procurait un lieu sécurisé aux ministres et conseillers militaires pendant la Seconde Guerre mondiale, et plus de 100 séances s'y sont déroulées. Il représente aujourd'hui une capsule temporelle : les horloges sont arrêtées à 16h58 le 15 octobre 1940. Vous visiterez la salle des cartes, la salle des transmissions transatlantiques, la chambre du Conseil, la chambre à coucher de Churchill et un musée entièrement dédié au grand leader britannique.

207 F4 Clive Steps, King Charles Street, SW1 020 7930 6961, www.iwm.org.uk/visits/churchill-war-rooms tlj. 9h30-18h (dernière admission à 17h) £££ Westminster, St Jame's Park 3, 11, 12, 24, 53, 77a, 88, 109, 148, 159, 184, 211

Royal Academy of Arts 13

Burlington House est un des derniers hôtels particuliers du 18e siècle encore visibles dans le quartier de Piccadilly. Il abrite aujourd'hui la plus illustre galerie d'art de la capitale, qui organise toutes sortes d'expositions de grande qualité. Sa Summer Exhibition (exposition d'été) se tient de juin à août : tous les artistes du pays rêvent alors d'y voir exposée une de leurs œuvres. Aujourd'hui, les 50 académiciens, élus par une assemblée générale, comptent parmi leurs rangs de grands noms tels David Hockney, Zaha Hadid, Tracey Emin, Wolfgang Tillmans ou Thomas Heatherwick. Découvrez par vous-même, parmi les créateurs des œuvres exposées, qui seront les grands maîtres de demain.

205 D1 Burlington House, Piccadilly, W1 020 7300 8000, www.royalacademy.org.uk sam.-jeu. 10h-18h ; ven. 10h-22h / Fine Rooms : mar.-ven. 13h-16h30 ; sam.-dim. 10h-18h droit d'entrée variable selon les expositions ; Fine Rooms : entrée libre café et restaurant Piccadilly Circus, Green Park 9, 14, 22, 38

Piccadilly & Regent Street 14

Si vous en avez assez des monuments et des visites, allez pousser les portes de quelques-unes des boutiques les plus chic de Londres sur Piccadilly, St James's Street et Regent Street (➤ 67).

Sur Piccadilly, citons la librairie au charme suranné Hatchards, la référence de l'épicerie fine devenue grand magasin Fortnum & Mason (➤ 67), et les splendides arcades qui ouvrent sur de nombreuses boutiques de luxe des 2 côtés de la rue. La Burlington Arcade est sans doute la plus célèbre d'entre elles, avec

ses agents en haut-de-forme faisant appliquer un règlement destiné à assurer un certain standing (il est interdit de chanter et de marcher trop vite !). Piccadilly doit lui-même son nom à un tailleur du 17e siècle qui fit fortune en vendant des cols connus sous le nom de picadils. La demeure qu'il fit construire fut rapidement baptisée Piccadilly Hall, avant de donner son nom à la rue entière. Aujourd'hui, la plupart des boutiques de tailleurs se sont déplacées vers Savile Row, au nord, et Jermyn Street, au sud (➤67).

Liberty est un grand magasin à la fois chic et plein de charme, avec ses moquettes épaisses, ses boiseries et ses mezzanines d'où pendent de riches tissus (➤67).

Toujours sur Regent Street, vous trouverez la quintessence des boutiques britanniques : Burberry et Aquascutum, des tailleurs à la longue tradition ; et Hamley, qui propose 7 niveaux emplis de jouets, de quoi faire la joie de n'importe quel enfant.

205 E1 ☎ www.regentstreetonline.com

Piccadilly Circus 15

Si Piccadilly Circus attire toujours autant les visiteurs étrangers (difficile d'échapper à la traditionnelle photo devant la statue), la plupart des Londoniens le considèrent comme un vulgaire mélange de touristes en vadrouille et d'embouteillages automobiles.

La statue d'Éros (qui représente en fait l'Ange de la Charité chrétienne et non le dieu grec de l'Amour) fut érigée

Tout le chic de la Burlington Arcade.

en 1893 en l'honneur d'Antony Cooper, septième comte de Shaftesbury (1801-1885), et de son infatigable militantisme en faveur des travailleurs, des pauvres et des malades mentaux. Les enseignes au néon, qui apparaissent au début du 20e siècle , sont devenues l'une des attractions emblématiques de Londres. Rendez-vous sur place le soir pour en profiter pleinement.

Malgré tous ses défauts, Piccadilly Circus demeure un lieu très pratique qui peut servir de point de départ vers des cieux plus cléments : Chinatown ou Soho par Shaftesbury Avenue, Leicester Square par Coventry Street, ou Regent Street et Piccadilly.

205 E1

National Portrait Gallery 16

Ce musée abrite une collection au charme étrange et fascinant, faite de portraits, sculptures et photographies des grandes figures britanniques, passées et présentes. Couvrant toutes les époques depuis le début du 16e siècle jusqu'à nos jours, elle comprend certains des portraits les plus célèbres du genre. Quels que soient vos centres d'intérêt, vous pouvez être à peu près sûr d'y trouver votre bonheur.

Parmi les monarques qui y figurent, citons Richard III, Henry VII, Henry VIII, et Elizabeth I (représentée à plusieurs reprises), ainsi que de nombreux membres de la famille royale actuelle. Mais les portraits les plus intéressants sont sans doute ceux des roturiers. On peut y admirer un portrait supposé de Shakespeare, un dessin de Jane Austen par sa sœur, les sœurs Brontë peintes par leur frère Patrick, ainsi que de fabuleux portraits photographiques d'Oscar Wilde, Virginia Woolf et Lord Tennyson. Parmi les toutes dernières stars de la littérature, citons également Salman Rushdie et Iris Murdoch.

Les plus grands noms de la politique, des arts, des sciences et des médias sont également bien représentés. Cherchez ainsi les portraits des Premiers ministres Margaret Thatcher et Tony Blair, du physicien Stephen Hawking, du réalisateur Alfred Hitchcock et du footballeur David Beckham.

205 F1 St Martin's Place, WC2
020 7306 0055, www.npg.org.uk
lun.-mer., sam. 10h-18h, jeu-ven. 10h-21h
entrée libre, sauf certaines expositions temporaires ££-£££ café et restaurant
Charing Cross, Leicester Square 3, 6, 9, 11, 12, 13, 15, 23, 24, 29, 53, 88, 91, 139, 159, 176

Banqueting House 17

Banqueting House est tout ce qui reste aujourd'hui de l'ancien palais de Whitehall, résidence officielle des monarques jusqu'à sa destruction dans un incendie en 1698. Construit par le célèbre architecte Inigo Jones au début du 17e siècle, ce palais possède notamment un plafond peint par Rubens, constituant la

Muséographie futuriste pour la Contemporary Room de la National Gallery.

Banqueting House, simplement grandiose.

pièce maîtresse de sa décoration. Il fut commandé en 1635 par le roi Charles I, qui versa pour cela 3 000 £ à l'artiste, somme astronomique pour l'époque. Avec d'autres peintures, ce plafond fut conçu comme un hymne à la gloire de son père, le roi James I.

C'est précisément d'une fenêtre de Banqueting House que, le 30 janvier 1649, Charles I, jugé et condamné pour haute trahison après la défaite des forces royalistes lors de la guerre civile anglaise, sortit pour monter sur l'échafaud et faire face à ses bourreaux. Alors qu'il marchait vers sa mort, désigné comme ennemi de la Nation, ses derniers mots furent : "Ma cause est juste, et Dieu est avec moi."

208 A2 Whitehall, SW1
020 3166 6000, www.hrp.org.uk
lun.-sam. 10h-17h ; fermé j. fér. et cérémonies exceptionnelles
££, audioguide inclus
Westminster, Embankment
3, 11, 12, 24, 53, 87, 88, 159

Whitehall 18

Cette rue très passante mais sans charme particulier, bordée par les ternes façades des bâtiments gouvernementaux, vous mène de Trafalgar Square au véritable cœur de l'État britannique. **Downing Street**, petite rue adjacente fermée par une grande grille, abrite la résidence officielle du Premier ministre du Royaume-Uni. Elle est d'ordinaire située au n°10, tandis que le chancelier de l'Échiquier occupe le n°11. Les seules touches de couleurs y sont apportées par les uniformes des cavaliers des Horse Guards.

Au centre de Whitehall se trouve le Cénotaphe, monument à la mémoire des victimes de la guerre où ont lieu chaque année les cérémonies du Remembrance Day (jour de la Commémoration, équivalent britannique du 11-Novembre) en novembre.

208 A2

Avec vos enfants

- La **Relève de la garde** à Buckingham ou aux Horse Guards (➤ 50, 59).
- Le magasin de jouets **Hamleys** (➤ 67) et le **Disney Store** (➤ 68).
- Le repas des **pélicans** de St James's Park (Duck Island Cottage tlj. 14h30-15h).

Où...
se restaurer

Gamme des prix
Il s'agit du prix moyen d'un repas complet, boissons, taxes et pourboire non compris.
£ moins de 25 £ **££** de 25 à 50 £ **£££** plus de 50 £

1707 Wine Bar, Fortnum & Mason £
Un restaurant dans un grand magasin a-t-il comme seule fonction de reposer les pieds des clients pendant quelques minutes ? Apparemment, les gérants du 1707, nommé en souvenir de l'année de fondation du magasin, ont une autre idée de leur rôle, et la carte, inventive et moderne, en est la preuve parfaite. Vous aurez la possibilité de choisir votre vin parmi les bouteilles en vente dans le magasin, contre un droit de bouchon très raisonnable.
205 D1
181 Piccadilly, W1 020 7734 8040, www.fortnumandmason.com
lun.-sam. 10h-21h, dim. 12h-18h
Piccadilly Circus, Green Park

Al Duca ££
Dans une petite rue du très chic quartier de St James's, à deux pas du Mall, cette adresse vous propose de respirer les fragrances de la péninsule italienne, de l'espadon à la tomate au foie de veau à la vénitienne en passant les gnocchis à la truffe noire. La carte des vins italiens – mais aussi internationaux – complète agréablement le menu. Que ce soit pour le déjeuner ou le dîner, vous ne serez déçu ni par l'accueil ni par la qualité de la cuisine.
205 E1 4-5 Duke of York Street, SW1
020 7839 3090, www.alduca-restaurant.co.uk
lun.-ven. 12h-23h, sam. 12h30-23h
Piccadilly Circus

Café in the Crypt £
Prendre son repas dans une crypte du 18e siècle, voilà qui est peu banal. Sous l'église de St Martin -in-the-Fields, vous pourrez savourer votre breakfast ou votre afternoon tea dans un cadre extraordinaire. L'établissement propose également des menus pour le déjeuner ou le dîner, ainsi que des snacks à toute heure. Le mercredi, à partir de 18h30, le Café est réservé aux spectateurs des Jazz Nights, qui vous offrent l'occasion d'assister à des concerts de bonne qualité. Les profits de l'établissement servent à financer les actions de la paroisse.
208 A3 St Martin-in-the-Fields, Trafalgar Square, WC2 020 7766 1158, www.stmartin-in-the-fields.org
lun., mar. 8h-20h ; mer. 8h-22h30 ; jeu.-sam. 8h-21h, dim. 11h-18h
Charing Cross, Leicester Square

Davy's at St James £
Malgré le quartier, très chic, ce restaurant aux allures de cave, caché dans une étroite ruelle, reste abordable. En réalité, le Davy's est un bar à vin : les plats servis relèvent donc davantage du *pub grub* (cuisine de pub) : côtelettes d'agneau à la provençale, *fish & chips* à la sauce tartare agrémentés de citron, burgers et, en dessert, puddings divers. Le soir, menus peu onéreux à 2 ou 3 plats.
207 E5 Crown Passage, près de Pall Mall, SW1 020 78 39 88 31, www.davy.co.uk
lun.-ven. 10h-23h Green Park

Inn the Park £-££

Son cadre ravissant, au cœur de St James's Park, sur le lac, fait de ce restaurant et café self-service une adresse très courue aux beaux jours. Que vous optiez pour un breakfast, une pâtisserie, un sandwich ou une *pie*, tous ces mets seront préparés à la commande. Le bar sur le toit et la terrasse permettent de profiter au mieux des soirées estivales, tandis que, en hiver, la carte décline des plats beaucoup plus revigorants.

207 E5 St James's Park, SW1 020 7451 9999, peytonandbyrne.co.uk lun.-ven. 8h-16h30 , sam.-dim. 9h-16h30 ; dîner mai-sept. tlj. 18h-23h Green Park, St James's Park, Charing Cross

National Dining Rooms £-££

Grimpez le large escalier de pierre de la Sainsbury Wing de la National Gallery, tournez tout de suite à gauche et découvrez le nec plus ultra du restaurant pure british. La grande et lumineuse salle est réservée d'un côté à une boulangerie avec un coin café et, de l'autre, à un restaurant. Le menu décline des mets régionaux classiques. La baie vitrée ouvre sur Trafalgar Square.

205 F1 The National Gallery, WC2 020 7747 2525, peytonandbyrne.co.uk sam.-jeu. 10h-17h, ven. 10h-22h Charing Cross

Portrait Restaurant ££

Le Portrait, situé à l'étage supérieur de la National Portrait Gallery, à 30 m au-dessus de Trafalgar Square, fait partie des incontournables londoniens pour le dîner. Tout en admirant les Houses of Parliament et le London Eye, faites votre choix parmi les plats raffinés d'un menu qui change chaque mois au gré des saisons. Si vous allez au théâtre après le dîner, optez pour un menu pré-théâtre (jeu.-sam. 17h30-18h30).

205 F1 St Martin's Place, WC2 020 7312 2490, www.npg.org.uk tlj. 10h-11h, 11h45-15h, 15h30-16h30 ; dîner jeu.-sam. 18h30-20h Leicester Square, Charing Cross

Sotheby's Café ££

L'un des joyaux les plus secrets de Bond Street se cache dans le hall de la salle des ventes de Sotheby's. On peut y déguster les plus stylés des petits déjeuners, déjeuners légers et thés.

204 C2 34 New Bond Street, W1 020 7293 5077, www.sothebys.com lun.-ven. 9h30-17h Bond Street

Terroirs £-££

Ce bistrot de style français a fait l'effet d'une bombe. Régalez-vous de planches de charcuterie et de fromage, ou de plats chauds à base de boudin noir ou de côtelettes d'agneau. Les petites faims se contenteront de moules marinières, d'escargots ou de salades. Et pourquoi ne pas finir sur une crème brûlée ? Carte de bons vins à prix raisonnables.

208 A3 5 William IV Street, WC2 020 7036 0660, www.terroirswinebar.com lun.-sam. 12h-23h Charing Cross

tibits £

Fondé sur un partenariat avec le plus vieux restaurant végétarien d'Europe – Hitl, à Zurich –, tibits a relevé le défi d'une restauration végétarienne rapide et sans façon, mais de la plus grande qualité. Dans cette rue piétonne paisible, ce qui permet de profiter d'une agréable terrasse aux beaux jours, vous choisirez vous-même les éléments de votre repas, salades, plats chauds, jus de fruits.

205 D1 12-14 Heddon Street, depuis Regent Street, W1 020 7758 4110, www.tibits.co.uk lun.-jeu. 9h-22h30, ven.-sam. 9h-0h, dim.11h30-22h30 Oxford Circus, Piccadilly Circus

Truc Vert £-££

Petit coin de France au cœur de Londres, Truc Vert est à la fois

un snack, un traiteur, un café et un restaurant, idéal pour un dîner romantique. La cuisine est un joyeux melting-pot, qui fait se côtoyer le kangourou rôti et le steak de thon. Pour le vin, vous ferez votre choix parmi les nombreuses bouteilles vendues dans la boutique, qui met à l'honneur les vignerons indépendants.
204 B2 42 North Audley Street, W1 020 7491 9988, www.trucvert.co.uk lun.-ven. 7h30-22h, sam. 9h-22h, dim. 9h-17h Marble Arch, Bond Street

The Wolseley £-££
Cet opulent bâtiment, jadis une banque, a conservé son cachet Art déco, riche de ses imposants lustres et piliers en marbre. Le cadre somptueux et l'accueil décontracté font de ce lieu une adresse idéale pour grignoter à toute heure de la journée une cuisine *Modern British*.
207 D5 160 Piccadilly, W1 020 7499 6996, www.thewolseley.com lun.-ven. 7h-0h ; sam. 8h-0h ; dim. 8h-23h Green Park

BARS & PUBS

The Clarence £
À quelques pas du quartier des ministères, ce pub présente toutes les caractéristiques les plus traditionnelles : banquettes en cuir, poutres apparentes et robustes tables en bois. À l'étage, le restaurant propose des variations autour de la nourriture de pub typique, avec tourte à la viande ou ragoût à la bière, mais aussi des sandwichs savoureux et un intéressant breakfast.
200 A3 53 Whitehall, SW1 020 7930 4808, www.geronimo-inns.co.uk lun.-sam. 12h-23h, dim. 12h-22h30 Charing Cross, Embankment

Connaught Bar £££
En entrant dans ce bar élégant et son intérieur stylé aménagé dans l'hôtel suisse Connaught Hotel, vous pénétrez dans un univers de luxe – et les prix suivent cette atmosphère de raffinement ; installez-vous tout de même pour siroter un Martini. Si toutefois vous cherchez un peu plus de discrétion, rendez-vous au Coburg Bar ou à l'élégant Restaurant Espelette, tous deux situés au même endroit.
204 C1 Carlos Place, W1K 020 7314 3419, www.the-connaught.co.uk lun.-sam. 16h-1h, dim. 16h-0h Bond Street

Dover Street Restaurant & Bar ££-£££
Pour qui veut déguster un cocktail avant de dîner et d'enchaîner sur la piste de danse, inutile de chercher plus loin, tout est là ! La cuisine regarde du côté du sud de la France, tandis que les concerts vont du funk au jazz et au blues, en passant par le swing.
197 D1 8-10 Dover Street, W1 020 7491 7509, www.doverst.co.uk lun.-jeu. 18h-3h, ven. sam. 19h-3h Green Park, Piccadilly Circus

The Admiralty ££
Un pub typiquement britannique, qui reproduit le décor du *HMS Victory*, le vaisseau de l'amiral Nelson. L'endroit idéal pour déguster un solide breakfast, une pie ou même une pinte de London Pride, selon l'heure et le programme de la journée.
205 F1 66 Trafalgar Square, WC2 020 7930 0066, admiraltytrafalgar.co.uk lun.-sam. 10h-23h, dim. 10h-22h Green Park

The Only Running Footman £
C'est l'occasion de vous frotter au *pub grub*, la nourriture typique des pubs – *fish & chips*, *bangers & mash* (saucisse-purée), sandwichs, etc. –, tout en étant sûr de la qualité de la cuisine, le tout à quelques pas de Berkeley Square. Le restaurant à l'étage présente une carte plus recherchée, mais tout aussi british.

204 C1 5 Charles Street, W1 020 7499 2988, www.therunningfootmanmayfair.com lun.-ven. 7h30-23h, sam.9h30-23h, dim.9h30-22h Green Park

Où... acheter

SAVILE ROW ET JERMYN STREET

Savile Row (Piccadilly Circus) est le symbole absolu du sur mesure pour homme. Vous y trouverez plusieurs tailleurs de (très) longue tradition, comme **Henry Poole** (n°15, www.henrypoole.com), maison fondée en 1806. En 2001, Richard Anderson (au n°13, www.richardandersonltd.com) les imitait et ouvrait son magasin.

Jermyn Street (Piccadilly Circus) est, pour sa part, le temple des chemises sur mesure pour hommes. Essayez par exemple **Turnbull & Asser** (n°71-72, www.turnbullandasser.co.uk). Désormais, nombreux sont ceux qui, comme **Hilditch & Key** (n° 73, www.hilditchandkey.co.uk), fournissent aussi les femmes. Ne manquez pas non plus **Floris** (n°89, www.florislondon.com), parfumeur depuis 1730, ou **Paxton & Whitfield** (n°93, www.paxtonandwhitfield.co.uk), une fromagerie connue pour ses 150 variétés.

REGENT STREET

Cette rue (Piccadilly Circus ou Oxford Circus) abrite de nombreux magasins et boutiques de renom et de toute époque. **Aquascutum** (n°100, www.aquascutum.com), *the* boutique de pardessus anglais traditionnels et de vestes de tweed sur mesure, y côtoie ainsi **Apple** (n°235, www.apple.com).

Le célèbre grand magasin **Liberty** (n°210-220, www.liberty.co.uk), dont la façade même, en fantaisies blanches et noires imitation Tudor, annonce le caractère, se trouve à quelques pas de **Hamleys** (n°188-196, www.hamleys.com), l'un des plus grands magasins de jouets au monde. Il est bondé le week-end, mais on y assiste à des tours de magie et à des démonstrations – on peut même y jouer pour de vrai !

À l'est de Regent Street, d'autres rues commerçantes vous attendent, dont la fameuse **Carnaby Street** (► 167).

PICCADILLY

Fortnum & Mason (n°181, www.fortnumandmason.com) est un temple mondialement connu de l'épicerie fine et une institution londonienne incontournable.

Waterstones (n°203-206, www.waterstones.com), en plus de ses 6 niveaux de livres, abrite aussi un café, et un bar panoramique, le 5th View.

OXFORD STREET

La plus célèbre rue commerçante de Grande-Bretagne est animée toute la semaine. D'Oxford Circus, au centre, les boutiques bon marché se trouve à l'est, en direction de Tottenham Court Road, et les grands magasins à l'ouest (Oxford Circus, Bond Street et Marble Arch).

Topshop (n°214, www.topshop.com), toujours bondé, toujours à la pointe des tendances, se définit comme le plus grand magasin de mode du monde. Dans un tout autre style, **Niketown** (n°236, store.nike.com/uk) décline ses collections de sportswear.

Chez **John Lewis** (n°278-306, www.johnlewis.com), vous trouverez de tout, des vêtements aux ordinateurs, mais pas les spécialités du **Disney Store** (n°350 ; www.disneystore.co.uk) ! **Selfridges** (n°400, www.selfridges.com) propose de la parfumerie, des cosmétiques, des vêtements et plusieurs cafés. **Marks & Spencer**, à Marble Arch (n°458, www.maksandspencer.com), est parfait pour les basiques de votre garde-robe, à un bon rapport qualité-prix, tandis que les produits bon marché sont à rechercher du côté de **Primark** (n°499, www.primark.co.uk).

AUTOUR D'OXFORD STREET

On y trouve des boutiques plus petites et parfois plus étranges, parmi lesquelles **Browns** (24-27 South Molton Street, www.brownsfashion.com), constituée d'une série de petites boutiques reliées entre elles.

Gray's (1-7 Davies Mews et 58 Davies Street, www.graysantiques.com), avec ses 200 antiquaires répartis sur 2 sites adjacents, est très bien coté, entre autres, pour les bijoux anciens et l'art oriental.

Au nord d'Oxford Street, **Gees Court** et **St Christopher Place** sont de bonnes adresses shopping (www.stchristophersplace.com).

BOND STREET

Chic et cher ! De Piccadilly à Oxford Street, les **grandes marques internationales** s'alignent sur Bond Street (Bond Street, Piccadilly Circus, Green Park et Oxford Street). Ceux qui s'intéressent au chic naturel *british* iront plutôt chez **Joseph** (23 Old Bond Street, www.joseph.co.uk).

Asprey (167 New Bond Street, www.asprey.com), un ancien joaillier, s'est transformé en un grand magasin de luxe. C'est également là qu'est installé **Fenwick** (63 New Bond Street, www.fenwick.co.uk), charmant grand magasin orienté mode.

Où... se divertir

CINEMA

Le **Curzon Mayfair** (38 Curzon Street, www.curzoncinemas.com Green Park), **The Institute of Contemporary Arts** (ICA, Nash House, The Mall, www.ica.org.uk Charing Cross) et le **Prince Charles Cinema** (7 Leicester Place, www.princecharlescinema.com Leicester Square, Piccadilly Circus) présentent, entre autres, des films d'art et essai.

CLUBS

Le Whisky Mist (35 Horford Street, www.whiskymist.com) est un club de Mayfair des plus branchés, orienté house, soul et disco . Au **Babble** (Lansdowne House, 59 Berkeley Square, www.babble-bar.co.uk), les DJ œuvrent tous les soirs jusqu'à 3h.

MUSIQUE

Le **100 Club** (100 Oxford Street www.the100club.co.uk Oxford Circus) a vu passer des monstres sacrés tels que les Rolling Stones, les Kinks, les Sex Pistols et les Clash. Sa programmation va du blues au jazz "traditionnel", en passant par le jive, le swing et de nombreux autres genres.

SPECTACLES

The Comedy Store (1a Oxendon Street, ☎ 0844 871 7699, thecomedystore.co.uk/london/ Piccadilly Circus) offre de bons spectacles de stand-up. Les soirées commencent à 20h (mar.-dim.) mais, pour avoir une bonne place, vous devrez arriver dès l'ouverture, à 18h30.

La City

D'un coup d'œil 70
En 1 jour 72
Top 10 74
Ne manquez pas 82
Et aussi... 86
Où... 90

Découvrez autrement

Parfum de *Seventies*

Assis sur un banc du **Barbican Estate** (➤71), absorbez-vous dans la contemplation des jeux d'eau et laissez le charme de ce dédale urbain agir sur vous.

Perdu hors du temps

Remontez dans le temps en allant boire un verre au pub **Ye Olde Cheshire Cheese** (➤91) – si vous le trouvez !

Le glaive et la binette

Flânez dans le **Lincoln's Inn** (➤87), le parc des juristes, pour constater l'amour que les Anglais portent aux jardins bien entretenus.

D'un coup d'œil

La City, cœur vivant du monde des affaires londonien, est l'un des plus grands centres financiers du monde. Banques, sièges de multinationales et de grandes compagnies d'assurances y occupent des buildings qui sont autant d'hymnes à l'architecture contemporaine. Et pourtant, ces gratte-ciel de verre et d'acier cachent souvent d'adorables églises du 17e siècle, des ruelles pavées et sinueuses, des vieilles places de marché, et même des fragments de l'ancien mur d'enceinte datant de l'époque romaine.

Érigée sur le site romain de Londinium, la City moderne joue depuis très longtemps le rôle de centre financier et administratif. À l'origine, ce lieu possédait d'ailleurs sa propre identité, bien distincte du reste de la ville. Elle parvint à conserver certains de ses anciens privilèges lorsque Edward the Confesor (Édouard le Confesseur) délaissa son palais de la City pour s'installer à Westminster ; plus tard, au 14e siècle, elle obtint des chartes lui garantissant le droit d'élire ses propres édiles. Le souverain lui-même ne pouvait y pénétrer sans autorisation. Cet héritage n'a pas totalement disparu aujourd'hui : The Corporation of London, l'institution qui a succédé au Council originel, gère la City de façon autonome, sous la surveillance du Lord Maire, lors de séances tenues dans le Guildhall.

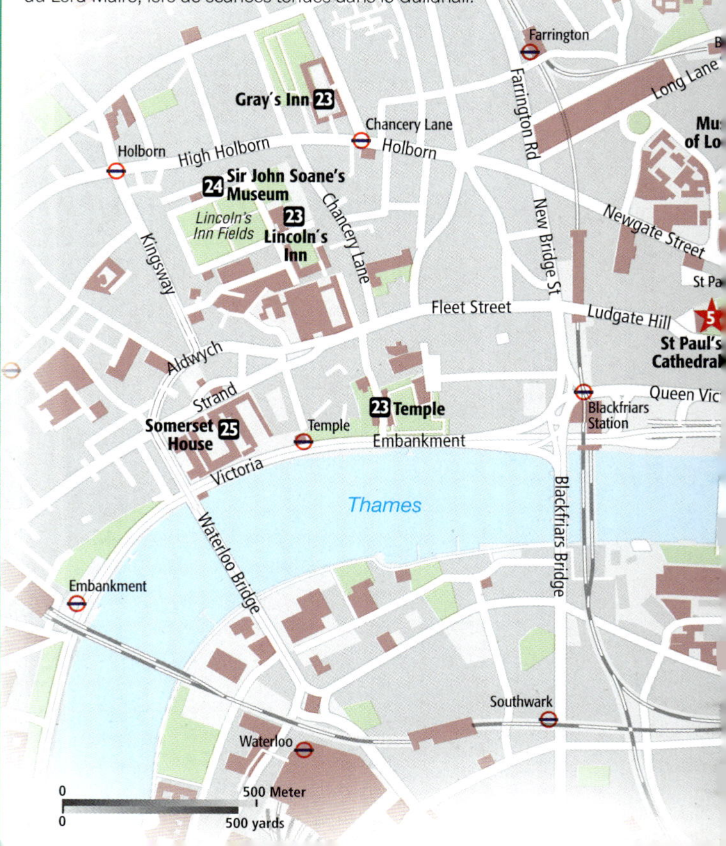

D’un coup d’œil

De la City médiévale, seule la Tower of London (Tour de Londres) a survécu au Grand Incendie de 1666 (➤ 16). Lors de la reconstruction, l’architecte Sir Christopher Wren fut chargé de concevoir les plans de plus de 50 églises, la plus imposante et la plus célèbre d’entre elles étant St Paul’s Cathedral. Nombre de ces églises ont cependant survécu aux bombardements du Blitz, et demeurent aujourd’hui comme autant de joyaux cachés au cœur de rues tranquilles.

La City abrite également le Barbican Centre, complexe culturel moderne, ainsi que le célèbre Museum of London, qui retrace l’histoire de la ville de façon très vivante. À la limite occidentale de la City se trouvent les Inns of Court, cœur historique du Londres judiciaire. À côté de Lincoln’s Inn, vous trouverez le Sir John Soane’s Museum, véritable capsule temporelle de la vie londonienne au 19e siècle, tandis que, près du fleuve, la Somerset House abrite la Courtauld Gallery et ses collections de peintures, allant de l’époque gothique au 20e siècle, de sculptures et d’arts décoratifs.

Top 10

St Paul’s Cathedral ➤ 74 — 5

Tower Bridge ➤ 78 — 10

Ne manquez pas

Tower of London ➤ 82 — 19

Et aussi…

Leadenhall Market ➤ 86 — 20

Bank of England Museum ➤ 86 — 21

Museum of London ➤ 86 — 22

Inns of Court ➤ 87 — 23

Sir John Soane’s Museum ➤ 88 — 24

Somerset House ➤ 89 — 25

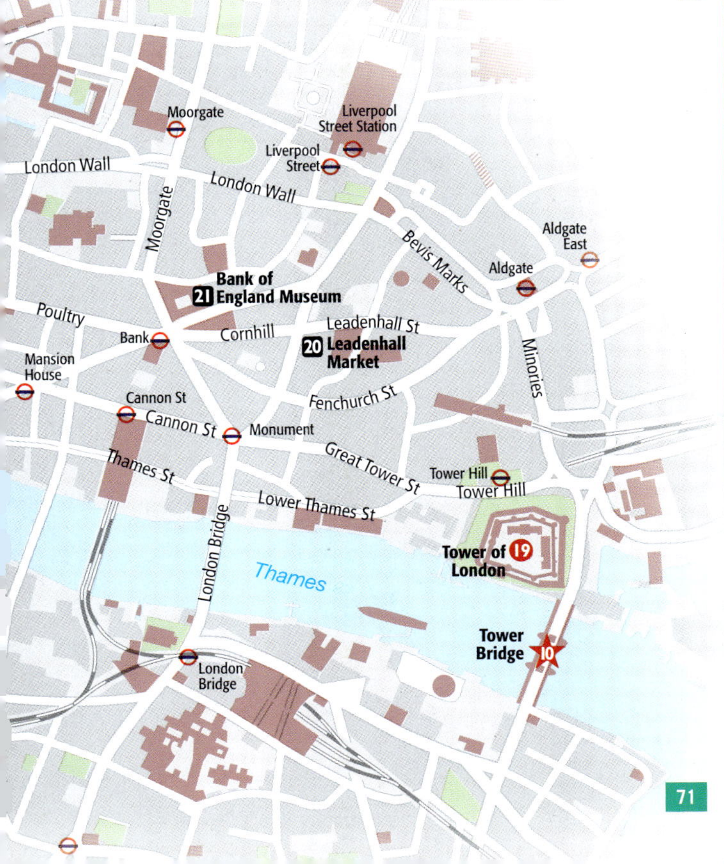

En 1 jour

Au programme de la journée : 3 des sites les plus célèbres de la capitale – St Paul's Cathedral, la Tower of London et Tower Bridge – qui offrent tous de superbes vues sur la ville.

9h

Essayez d'arriver à la **Tower of London** 19 (➤ 82, ci-contre) à l'ouverture (10h dim.-lun.) pour éviter le gros de la foule, même si vous devez pour cela prendre les transports pendant les heures de pointe. Vous serez récompensé par ce que vous y découvrirez : joyaux de la Couronne, grands corbeaux, Beefeaters et un aperçu de l'histoire, parfois sanglante, de la capitale à partir de celle de sa célèbre forteresse. Réservez vos billets sur www.hrp.org.uk.

11h30

Rendez-vous à **Tower Bridge** 10 (➤ 76), dont la silhouette à elle seule symbolise la ville, à quelques pas de là, et suivez la Tower Bridge Exhibition, visite guidée riche en informations sur l'histoire du pont.

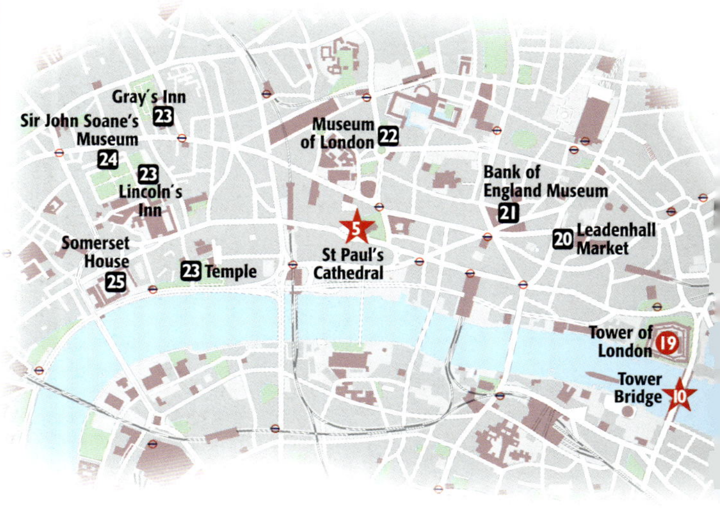

l'histoire du pont. N'hésitez pas à monter toutes les marches : la vue d'en haut sur la Tamise est superbe.

13h

Ménagez-vous une pause réconfortante devant l'un des robustes plats du Hung Drawn & Quartered ("Pendu, traîné et coupé en quatre" !, ➤ 91), à quelques pas de la Tower of London.

14h15

Traversez de nouveau la Tamise et prenez le bus n°15 sur Tower Hill, la grande rue au nord de l'antique forteresse, qui vous déposera au pied de St Paul's Cathedral.

15h

Depuis le dôme de **St Paul's Cathedral** 5 (➤ 74, ci-dessus), la vue sur la ville étalée à vos pieds est sublime. Pour une petite pause après cette ascension, le café de la Crypte vous tend les bras. N'oubliez pas de prendre le temps d'admirer la magnificence de l'architecture et de l'ornementation qui vous entourent.

17h

Flânez sur Ludgate en direction de Fleet Street, mais veillez à atteindre avant l'heure de pointe l'un des plus célèbres pubs londoniens, le **Ye Olde Cheshire Cheese** (➤ 91) et vous imprégner de l'atmosphère de ce lieu qui a vu passer, tout au long de ses 350 ans d'existence, toutes les grandes figures de la vie londonienne, parmi lesquelles Samuel Johnson, Mark Twain et Arthur Conan Doyle. Après une bonne pinte remontante, sautez dans le bus n°15 pour retourner vers Trafalgar Square.

St Paul's Cathedral 5

L'imposant dôme de St Paul's Cathedral domine les cieux de Londres depuis près de 300 ans, en un hommage éternel au génie révolutionnaire de son architecte, Sir Christopher Wren. Cette cathédrale, innovante et controversée, fut érigée sur les cendres du Grand Incendie de 1666, ce qui en fait une petite jeunette par rapport à ses homologues médiévales de la plupart des autres pays européens. Cela ne l'a pas empêchée de devenir un symbole de l'esprit indomptable de Londres en résistant fièrement aux assauts du Blitz, au début de la Seconde Guerre mondiale. Plus récemment, elle a accueilli de grandes cérémonies nationales, telles que le mariage de Charles, prince de Galles, et de Diana Spencer, en 1981.

En entrant dans la cathédrale par la façade ouest, pensez à vous arrêter un instant pour vous imprégner de sa grandeur architecturale. Les arches élancées guident le regard vers l'immense

Quelques données

- **Great Paul** La plus grande cloche de Grande-Bretagne pèse 16,5t et sonne chaque jour à 13h pendant 5 min.
- **Altitude** Le haut de la croix sommitale s'élève à 111 m au-dessus du sol.
- **Big Tom** L'horloge située sur la face droite de l'aile ouest de la cathédrale, est presque aussi grande que Big Ben. Son cadran fait 5m de diamètre et la grande aiguille mesure 3m.

ENTRE NOUS

- **Visites guidées** Elles sont programmées à 10h45, 11h15, 13h30 et 14h (1h30 environ ; supplément à l'entrée). Des audioguides tactiles en 12 langues sont disponibles de 9h à 15h30.
- **Musique sacrée** Une excellente chorale chante le dimanche à 11h30 et 15h15. Office du soir chanté d'ordinaire à 17h du mar. au sam. ; à vérifier sur place ou sur le site internet (☎ 020 7246 8357, www.stpauls.co.uk).

dôme principal ainsi que vers une série de coupoles, à la verticale du chœur et de l'autel, plus petites et richement décorées.

Maintenant, avancez vers le centre de la nef, marqué par une rosace au motif noir et blanc très complexe réalisée en l'honneur de Wren. De là, en levant les yeux vers le dôme, vous pouvez admirer la Whispering Gallery (galerie des Murmures) et les fresques monochromes de Sir James Thornhill (1716-1719) représentant des scènes de la vie de saint Paul. Les étincelantes mosaïques, achevées dans les années 1890, sont composées de plus de 30 millions de morceaux de verre.

Vue vertigineuse sur la coupole de St Paul's.

Dirigez-vous ensuite vers l'autel, autour duquel vous pourrez admirer de sublimes œuvres d'art. Les stalles du chœur sont dues au grand sculpteur sur bois Grinling Gibbons, et les grilles en fer forgé ont été conçues par Jean Tijou, un réfugié huguenot. Ces 2 œuvres furent achevées en 1720. Le maître-autel à baldaquin en chêne s'inspire de celui de St-Pierre de Rome et date de 1958.

Le dôme abrite 3 galeries, toutes ouvertes au public. Si vous avez le temps, l'énergie et vous n'êtes pas sujet au vertige, ne les manquez pas. La **Whispering Gallery** (Galerie des murmures, 259 marches), d'où vous aurez la meilleure vue de l'intérieur, doit son nom à l'effet d'acoustique qui fait que l'on peut y entendre un mot chuchoté par quelqu'un situé de l'autre côté aussi clairement que s'il vous avait été murmuré à l'oreille. Pour jouir d'un superbe panorama sur la ville, il vous faut ensuite monter les 378 marches qui vous séparent de la **Stone Gallery** (galerie de Pierre), puis 152 autres pour atteindre la **Golden Gallery** (Galerie dorée).

À l'opposé, la Crypt, au sous-sol offre une atmosphère paisible et envoûtante. Elle abrite plus de 200 tombes et stèles, les plus majestueuses d'entre elles étant celles des héros nationaux que furent l'amiral Nelson et le duc de Wellington, vainqueur de Napoléon à Waterloo en 1815. Sur la plaque commémorative de la tombe dépouillée de Sir Christopher Wren est inscrite, en latin, l'épitaphe la plus célèbre du Royaume-Uni : "Si tu cherches un tombeau, regarde autour de toi."

FAITES UNE PAUSE

Le **Café** (➤91), pour une douceur, le **Barrow in the Crypt**, pour ses assiettes de pain et fromage, et le **Restaurant**, pour déjeuner, sont les options qui s'offrent à vous.

209 E4 ✉ Ludgate Hill, EC4 ☎ 020 7246 8350, www.stpauls.co.uk
lun.-sam. 8h30-16h30 (dernière admission 16h) Café et Restaurant
£££ ; office du dimanche, entrée libre
St Paul's 4, 11, 15, 17, 23, 25, 26, 100, 172

Focus sur...

L'héritage de Wren

Si vous pouvez admirer aujourd'hui l'une des coupole d'église les plus grandes du monde, c'est "grâce" à une catastrophe : après le Grand Incendie de 1666, il fallut remplacer Old St Paul's Cathedral, détruite par le feu. La nouvelle St Paul's Cathedral est une pure merveille architecturale léguée par Sir Christopher Wren.

1 Clochers Hautes de 47 m, les 2 tours latérales abritent les cloches de la cathédrale : celle de gauche en accueille 12, et "Great Paul" loge dans celle de droite – fondue en 1882, c'est la plus grande cloche d'Angleterre, pesant 16,5 t.

2 Nef L'ensemble de la cathédrale atteint 170 m de longueur et 75 m de largeur au niveau du transept. Parvenu en son centre, ne manquez pas de jeter un coup d'œil en l'air et d'admirer la coupole.

3 Coupole Placée à l'intérieur d'un dôme de 95 m de hauteur, elle surplombe majestueusement les fidèles. Trois galeries, la Whispering Gallery, la Stone Gallery et la Golden Gallery, y offrent de splendides vues sur l'intérieur de l'édifice.

4 Crypte Elle abrite les tombes de nombreux Britanniques célèbres : Wellington, Nelson, Lawrence d'Arabie et, bien sûr, Sir Christopher Wren.

5 Statue du pignon Francis Bird est l'auteur de cette statue de saint Paul, flanquée des apôtres Jacques et Pierre, sculptés par la même main.

6 La Whispering Gallery Située à 33 m de hauteur, elle est non seulement l'endroit idéal pour admirer les peintures de la coupole, mais permet également d'expérimenter un curieux phénomène acoustique : on peut y entendre distinctement les mots prononcés tout bas à n'importe quel point de la galerie.

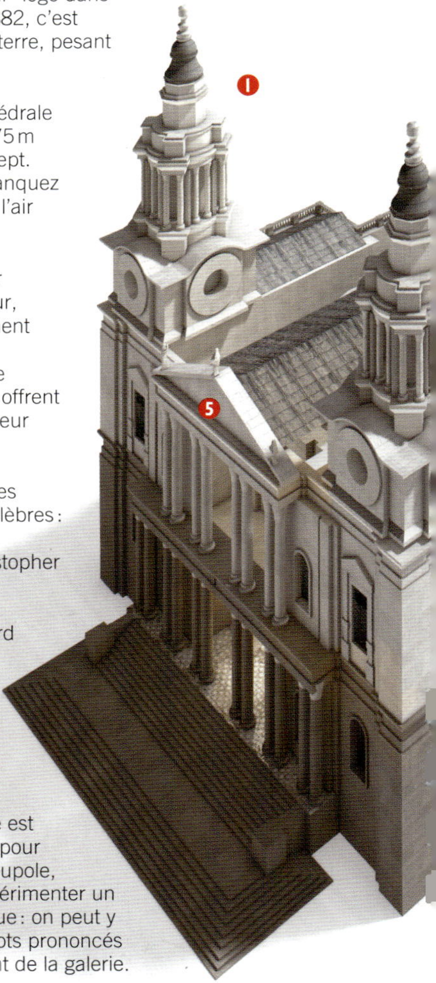

St Paul's Cathedral

Les stalles, destinées aux clercs et au chœur, et le coffrage des orgues sont l'œuvre de Grinling Gibbons.

Les grandes coupoles de l'histoire

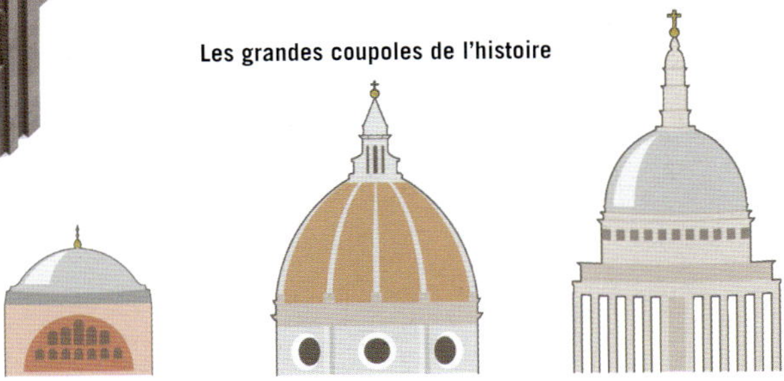

Hagia Sophia (537 apr. J.-C.)
Istanbul (Turquie)
Diamètre : 31 m

Santa Maria del Fiore (1436)
Florence (Italie)
Diamètre : 42 m

St Paul's Cathedral (1708)
Londres (Angleterre)
Diamètre : 34 m

Tower Bridge

10

Symbole universellement connu de la capitale, le Tower Bridge offre une vue splendide sur les environs depuis sa passerelle supérieure. Il n'occupe pourtant sa place proéminente dans le paysage londonien que depuis à peine plus d'un siècle.

À la fin du 19e siècle, traverser la Tamise était devenu un véritable problème. Plus d'un tiers de la population londonienne vivait à l'est du London Bridge, qui était alors le pont le plus oriental de la capitale. Construire un nouveau pont à l'est était devenu une absolue nécessité… et un véritable défi pour les architectes. Il fallait concevoir un pont qui puisse laisser passer les navires aux grands mâts qui arrivaient des 4 coins de l'Empire britannique pour décharger leurs marchandises sur les quais de l'Upper Pool, un des ports fluviaux les plus actifs du monde à l'époque. Il devait également être suffisamment solide et suffisamment

Ouvert en 1894, le Tower Bridge est l'un des ponts les plus connus de la planète

ENTRE NOUS

À savoir L'ouverture du pont est un impressionnant spectacle ; retrouvez les horaires sur www.towerbridge.org.uk (rubrique Bridge Lift Times).

- Une deuxième visite, de nuit, vous permettra de découvrir le pont sous son éclairage féerique.
- Vous pouvez faire l'impasse sur l'exposition, mais ne manquez pas de monter au sommet des piles pour jouir de la vue magnifique.

large pour autoriser le passage de véhicules de toutes tailles, à cheval ou à moteur. Bien qu'à partir de 1850, de nombreux projets furent régulièrement soumis au Parlement – 50 d'entre eux furent rejetés –, ce n'est qu'en 1886 que la construction du pont actuel commença. On doit la conception de ce remarquable pont à bascule aux crayons de l'architecte Horace Jones et de l'ingénieur John Wolfe Barry.

On ne peut accéder aux tours et passerelles qu'en passant par la **Tower Bridge Exhibition**, grande exposition expliquant l'histoire, la construction et le fonctionnement du pont avec force comédiens en costume, films, photos et objets divers. La salle victorienne des moteurs, qui servirent au fonctionnement du pont jusqu'en 1976, se visite également. Mais le clou de ce spectacle demeure cependant sans conteste la vue qui se déploie à vos pieds du haut de la passerelle, où vous trouverez également des photos d'époque et des bornes interactives qui pourront vous renseigner plus en détail sur Tower Bridge et ses environs.

FAITES UNE PAUSE

Faites-vous un petit plaisir, traversez la Tamise et offrez-vous un déjeuner à la **Cantina del Ponte** (➤116). La cuisine y est succulente, la vue sur Tower Bridge splendide.

---

210 C3 ☎ 020 7403 3761, www.towerbridge.org.uk
avr.-sept. : tlj. 10h-18h ; oct.-mars : tlj. 9h30-17h30 (dernière admission 30 min avant l'heure de fermeture)
££ Tower Hill, London Bridge
15, 25, 40, 42, 47, 78, 100, RV1

Quelques données

- La construction du pont a duré 8 ans, de 1886 à 1894.
- Sa structure d'acier et de brique est habillée de pierre de Portland et de granit pour être en harmonie avec la Tower of London voisine.
- La longueur du pont est de 244 m, sa largeur de 61 m, et ses tours culminent à 65 m de hauteur.
- Chacune des 2 bascules pèse 1 220 tonnes.
- La route est séparée de la passerelle supérieure par 33 m de vide.

Un chef-d'œuvre d'ingénierie

Tower Bridge rivalise avec Big Ben pour le titre d'emblème le plus célèbre de Londres. Cette imposante construction, symbole de la Révolution industrielle, se révèle également être un tour de force technologique, pensé pour raffermir la place de Londres comme plus important port de son époque.

De nos jours, le pont ne s'ouvre qu'une vingtaine de fois par semaine en moyenne.

1 Tour nord Comme son pendant au sud, elle se dresse à 65 m de hauteur sur une pile de 71 120 t – la plus lourde au monde au moment de sa construction. Elle est également, aujourd'hui, l'entrée de la Tower Bridge Exhibition (► 79).

2 Passerelle supérieure elle s'élève à 33,5 m au-dessus du tablier et à 42,4 m au-dessus du niveau moyen de l'eau. En 1912, Frank McClean est passé en planeur entre le tablier et la passerelle.

3 Tour sud L'exposition qui y est installée montre le quotidien des constructeurs du pont.

4 Structure en acier Chaque tour se compose d'une structure en acier revêtue de maçonnerie. Au total, 11 481 t de fer et d'acier, 37 477 t de béton, 20 320 t de ciment, 29 696 t de briques et 30 480 t de pierres ont été utilisées lors de la construction du pont.

5 Bascules Elles pèsent 1 220 t chacune. Un système de contrepoids les ouvre à 86° en l'espace de 1 min. Jusqu'en 1976, chaque bascule était mue par 4 moteurs hydrauliques, alimentés par des pompes à vapeur situées sous l'accès sud.

6 Passage Lorsque le pont est ouvert, un passage de 61 m de large permet aux bateaux de passer. En 1952, un bus plein de passagers a dû sauter les bascules en train de monter – les gardiens du pont avaient transmis au conducteur une mauvaise information…

Tower of London

19

Il y a 3 siècles déjà, la Tower of London était une attraction populaire attirant de nombreux visiteurs. Aujourd'hui, c'est l'un des 2 ou 3 sites les plus visités de la capitale. William I (Guillaume le Conquérant) débuta peu après 1066 la construction de ce bâtiment qui servit, au cours des 9 siècles suivants, de palais, de prison, de place d'exécution, d'arsenal, de Monnaie et de Trésor royal. Tout ce temps, ce lieu demeurera au centre de la vie et de l'histoire de Londres, sans perdre son caractère de forteresse, abritant un monde bien à lui derrière de puissantes murailles.

La construction de la Tower of London commença vers 1066, sur un site offrant une vue imprenable sur tout assaillant venu par la Tamise.

Les joyaux de la Couronne

Commencez votre visite par la Jewel House, où les joyaux de la Couronne sont exposés. Vous risquez de faire la queue un bon moment, mais des images d'archives du couronnement de la reine Elizabeth II sont diffusées dans l'antichambre de la salle des joyaux pour vous mettre dans l'ambiance. Vous vous délecterez de cette collection de bijoux qui compte parmi les plus belles du monde. La pièce maîtresse en est sans conteste l'**Imperial State Crown**, portée chaque année par la reine pour la cérémonie de l'Ouverture du Parlement à la Chambre des Lords, qui a lieu en octobre ou novembre. Cette couronne est incrustée de 2868 diamants, 17 saphirs, 11 émeraudes, 273 perles et 5 rubis. Ne manquez pas le **Sovereign's Sceptre**, où est enchâssé le Cullinan I, le plus gros diamant jamais taillé, ni la couronne de feu la Reine Mère, la seule de la collection en platine, ornée du fabuleux diamant Koh-i-Noor. La légende voulant que ce diamant porte malheur aux hommes, il ne fut jamais serti que sur des couronnes de reines.

Pour en savoir plus sur l'histoire étonnante des joyaux de la Couronne et de leur fabrication, visitez l'exposition *Crowns &*

Diamonds de la Martin Tower, à laquelle on accède par la Salt Tower, dont les murs portent encore la marque des graffitis laissés par les anciens prisonniers.

Tower Green

Cet endroit tranquille en apparence fut le lieu d'exécution de 7 prisonniers de haut rang, les plus célèbres étant Anne Boleyn et Catherine Howard, respectivement deuxième et cinquième femmes d'Henry VIII – toutes 2 furent décapitées pour adultère et trahison. Ce lieu d'exécution était réservé aux condamnés illustres – les autres étaient mis à mort d'une manière beaucoup plus lente et cruelle non loin de là, à Tower Hill. La hache et le billot du bourreau sont exposés dans la White Tower.

Ci-dessus : exposition guerrière dans la Royal Room de la White Tower.

La White Tower (Tour blanche)

Ce bâtiment, le plus ancien et le plus imposant de la Tour, fut commencé en 1078, et sa forme initiale n'a pas été modifiée depuis plus de 9 siècles. On peut aujourd'hui y voir une impressionnante collection d'armures, dans une exposition qui parvient étrangement à inspirer dans le même temps terreur et émerveillement. Le clou en est l'armure personnelle d'Henry VIII, mais de nombreuses pièces plus modestes, telles que les armures destinées aux jeunes garçons, valent également le coup d'œil. Ne manquez pas la superbe St John's Chapel, dont l'intérieur est l'un des plus anciens du royaume, et n'oubliez pas non plus de jeter un œil aux *garderobes* – nom anglais des toilettes du 11e siècle.

La Bloody Tower (Tour sanglante)

Vivre – et mourir – dans d'horribles conditions ne fut pas le lot de tous les prisonniers. Certains passèrent leur captivité dans des geôles plus humaines, tel Sir Walter Raleigh, explorateur, philosophe et scientifique, qui fut emprisonné dans la Bloody Tower de 1603 à 1616, après avoir été accusé de complot contre James I (Jacques Ier). Les captifs les plus célèbres de cette tour, à qui elle doit d'ailleurs en partie son nom, furent

Les corbeaux de la Tour

Les corbeaux sont liés à l'histoire de la Tour depuis les origines. La légende dit que le roi Charles II voulut un jour s'en débarrasser, et qu'on lui annonça alors que si les corbeaux disparaissaient de la White Tower, le royaume s'effondrerait. Aujourd'hui, on ne prend plus aucun risque de ce côté : on leur rogne une des ailes pour qu'ils ne puissent pas s'envoler.

cependant les "princes de la Tour". Après la mort du roi Edward IV, en 1483, les 2 princes – son fils Edward, héritier du trône, et son jeune frère Richard – furent internés dans la Tour sous la "protection" de leur oncle Richard, duc de Gloucester. Toutefois, les 2 princes disparaîtront mystérieusement et, en leur absence, leur oncle accédera au trône pour devenir Richard III. Deux corps de jeunes garçons, peut-être ceux des princes, seront retrouvés dans un recoin de la White Tower 2 siècles plus tard. Aujourd'hui encore, ces morts restent une énigme, et la culpabilité du futur Richard III, bien que sérieusement évoquée depuis, n'a jamais pu être formellement établie…

Ci-dessus : de la Tamise, la vue est majestueuse.

À droite : Traitors' Gate, l'accès fluvial de la Tour.

Le Medieval Palace (Palais médiéval)

L'entrée du Medieval Palace se trouve juste à côté de la tristement célèbre Traitors' Gate (porte des Traîtres), l'entrée côté fleuve par où de nombreux prisonniers pénétraient dans la Tour pour être exécutés. Ce palais est aménagé sur le modèle exact

Ci-dessous : des murailles contre les envahisseurs et les traîtres…

Les Beefeaters

Gardes au costume coloré, les Yeomen of the Guard sont couramment appelés Beefeaters (mangeurs de bœuf), sans doute en raison de leur droit de manger du bœuf en provenance de la table du roi. Ils sont environ 35, ont suivi une carrière militaire, et participent à diverses cérémonies. Ils sont à votre service pour vous renseigner et vous orienter.

de ce qu'il était sous le règne d'Edward I (1272-1307) avec des guides en costumes d'époque.

Du palais, faites la promenade le long du **Wall Walk** (chemin de ronde) sur le côté sud de la Tour, d'où vous aurez une belle vue sur Tower Bridge (► 78). Ce chemin vous fera également passer par la Wakefield Tower, au niveau supérieur de laquelle vous pourrez admirer une magnifique reconstitution du trône d'Edward I.

FAITES UNE PAUSE

Pour déjeuner, vous aurez le choix entre le **New Armouries Restaurant**, à l'intérieur de la Tour, et l'**Apostrophe**, un snack situé sur le quai, à moins que vous ne dévoriez les provisions que vous aurez faites au Leadenhall Market (► 86).

---

210 C3 · Tower Hill, EC3 · 0844 482 7777, www.hrp.org.uk · mars-oct. mar.-sam. 9h-17h30, dim.-lun. 10h-17h30 ; nov.-fév. mar.-sam. 9h-16h30, dim.-lun. 10h-16h30 (dernière admission 30 min avant la fermeture) · café et restaurant · £££ · Tower Hill · 15, 25, 42, 78, 100, RV1

ENTRE NOUS

- **Attente** Il vaut mieux arriver tôt pour éviter la foule.
- **Réservations** Achetez vos tickets d'entrée en ligne sur www.hrp.org.uk pour éviter les longues files d'attente au guichet principal.
- **Joyaux de la couronne** En arrivant, dirigez-vous de suite vers la Jewel House qui abrite les joyaux de la Couronne. C'est l'attraction la plus populaire de la Tour, et la plus rapidement prise d'assaut par la foule.
- **Pour les enfants** Des activités – puzzles, énigmes, dessins – à effectuer pendant la visite sont disponibles gratuitement à l'accueil.
- **Visite en costume** Suivez une des visites guidées gratuites (1h, toutes les 30min. à partir de 15h30 en été, de 14h30 en hiver) des Yeomen of the Guard (voir ci-dessus) . Ils savent rendre l'histoire du lieu particulièrement vivante.

Et aussi…

Leadenhall Market 20

Cette halle victorienne de fonte et de verre bâtie sur le site d'un ancien marché médiéval abrite de quoi satisfaire tous les besoins des employés de la City : bars et restaurants, tailleurs et chausseurs, librairies, pharmacies et épiceries. La grande verrière, dont la structure s'élève au-dessus d'une foule animée, fait de ce lieu un des plus agréables de la City pour faire des achats, déjeuner sur le pouce ou s'attarder autour d'une bonne table.

210 B4 · Leadenhall Street, EC3
lun.-ven. 10h-18h · Monument · 25, 40

Bank of England Museum 21

Vous n'y verrez pas des montagnes de lingots, mais les pièces exposées sont d'un intérêt surprenant, et l'audioguide fort bien conçu. Si de nombreux visiteurs viennent évidemment s'amasser autour des quelques lingots d'or, les salles les plus intéressantes sont celles où l'on vous explique comment sont imprimés les billets de banque, et toutes les mesures de sécurité prises pour décourager les faux-monnayeurs. Des bornes interactives vous permettront de vous prendre pendant quelques instants pour un petit génie de la finance. Très vite, vous comprendrez les rouages du système qui permet aux grandes stars de la City de gagner des salaires annuels si élevés.

210 A4 · Bartholomew Lane, EC2
020 7601 5545, www.bankofengland.co.uk
lun.-ven. 10h-17h ; fermé j. fér. · Bank
8, 11, 23, 25, 26, 47, 48, 133, 141, 149, 242
entrée libre

Museum of London 22

Ce musée fascinant retrace en détail l'histoire de Londres des temps préhistoriques à nos jours, auxquels 5 salles les **Galleries of Modern London**, sont consacrées. Organisées de manière chronologique et débutant avec **London before London**, les diverses expositions vous donneront une image vivante de l'évolution de la ville au cours des âges. De nombreuses reconstitutions les émaillent, d'une cuisine romaine à une boutique des années 1920 en passant par une salle à manger sous les Stuart ou même une cellule de la prison de Newgate.

Les enfants seront fascinés par les détails de la vie quotidienne au 17e siècle : Comment étaient traités les malades de la Grande Peste ? Comment les habitants ont-ils vécu le Grand Incendie de 1666 ? Coiffés d'un casque de pompier de l'époque, plongés dans une animation multimédia, les plus jeunes pourront vivre en grand cet épisode impressionnant. L'ère victorienne est, quant à elle, représentée à travers des cartes interactives des différents quartiers, des costumes ou des

Les Galleries of Modern London du Museum of London.

reconstitutions de boutiques et de vitrines. L'accent est également mis sur le rôle central de la Tamise, avec un **River Wall** présentant plus de 300 objets repêchés dans le fleuve, dont des épées de bronze et d'acier.

201 F5 150 London Wall, EC2
020 7001 9844, www.museumoflondon.org.uk
tlj. 10h-18h (dernière admission 17h30)
café entrée libre St Paul's, Barbican 4, 8, 25, 56, 100, 172, 242, 521

Les Inns of Court 23

Les étroits porches d'entrée des 4 Inns of Court (collèges d'avocats) sont peu visibles de la rue. À l'intérieur règne une atmosphère feutrée, mais néanmoins affairée, entre les bâtiments anciens et les jardinets bien entretenus. Ces Inns furent créés au 14e siècle pour héberger les jeunes avocats. Jusqu'au 19e siècle, la seule manière d'intégrer la profession était d'être apprenti dans l'un ou l'autre de ces collèges ; aujourd'hui encore, les avocats doivent être membres d'un de ces Inns.

Si, pour l'essentiel, ces bâtiments sont privés, on peut en visiter quelques-uns, et le lieu vaut le détour ne serait-ce que pour une promenade. Le mieux est de commencer par Temple, avant de se diriger vers Lincoln's Inn et Gray's Inn.

Inner & Middle Temple

Tous les lecteurs du *Da Vinci Code* se précipitent vers **Temple Church**, à la recherche des 10 fameux tombeaux de templiers. Effectivement, Temple Church, consacrée en 1185, était à l'origine l'église des Templiers. C'est d'ailleurs peut-être ce qui explique le plan circulaire inhabituel de ce bâtiment, calqué sur celui de l'église du Saint-Sépulcre à Jérusalem.

La légende, popularisée par *Henri VI*, de Shakespeare, veut que, durant la guerre des Deux Roses, les partisans de chacune des factions s'affrontant pour le trône d'Angleterre aient manifesté leur préférence en cueillant dans le jardin une rose rouge ou blanche, selon leur choix.

L'église de Middle Temple Hall, toujours en activité après 450 ans, reçut pour sa part la visite de la reine Elizabeth I et de Sir Walter Raleigh, pour la première de *La Nuit des rois*, de Shakespeare. Vous pourrez également y admirer une table, taillée dans une trappe provenant du *Golden Hind*, le navire de Francis Drake.

200 C4 entrée sur Fleet Street, juste en face du croisement de Chancery Lane
Middle Temple Hall : lun.-ven. 10h-12h, sauf si une audience s'y tient Temple

Lincoln's Inn

Lincoln's Inn est un superbe ensemble de bâtiments de brique rouge vastes et bien entretenus. De nos jours encore,

St Olave's Church Recitals

Rare témoin de l'architecture médiévale, cette minuscule église a échappé miraculeusement au Grand Incendie de 1666 (► 16) et a été restaurée après le Blitz. Fidèle paroissien, le fameux chroniqueur et mémorialiste Samuel Pepys (1633-1703), célèbre pour avoir décrit le Grand Incendie, y est enterré. L'église accueille depuis près de 50 ans des concerts de musique classique à l'heure du déjeuner, sauf en août (mer.-jeu. 13h05).

202 B3 Hart Street, EC3
sep.-juil lun.-ven. 10h-17h
Aldgate, Tower Hill
entrée libre (dons bienvenus)

la Lawyers Guild utilise ces bâtiments, notamment le Great Hall victorien et la bibliothèque. Cette Inn a donné au royaume pas moins de 15 Premiers Ministres, de Pitt à Tony Blair, et compte également, parmi ses anciens étudiants, William Penn (futur fondateur de la Pennsylvanie), et John Donne (un des plus grands poètes du 17e siècle). La magnifique chapelle, dont les vitraux sont dus aux maîtres hollandais Abraham et Bernard Linge, est l'œuvre d'Inigo Jones (1573-1652).

208 C5 · entrées à côté de Chancery Lane et par Lincoln's Inn Fields, WC2 · chapelle : lun.-ven. 12h-14h30 · Holborn

Gray's Inn

Entrez par High Holborn, Gray's Inn Road ou Theobald's Road. Si ce bâtiment date du 14e siècle, il a été largement restauré après les dégâts subis pendant les bombardements du Blitz. Parmi les grands hommes qu'il a accueillis entre ses murs, citons Charles Dickens, qui y travailla comme simple clerc de 1827 à 1828. Son attrait principal tient à ses vastes jardins, les **Walks** (lun.-ven. 12h-14h30), qui ont jadis servi de cadre à quelques duels de triste mémoire, et où Samuel Pepys, le célèbre diariste, aimait à se reposer en regardant se promener les dames. La chapelle est ouverte au public, mais elle n'a pas le cachet de son homologue de Lincoln's Inn (voir plus haut).

208 C5 · High Holborn, WC1 · chapelle : lun.-ven. 10h-17h ; jardins : 10h-14h30 · Holborn

Sir John Soane's Museum 24

Quand l'architecte et collectionneur d'art Sir John Soane mourut en 1837, il légua son hôtel particulier et son contenu à la nation. Son unique exigence, entérinée par un Act of Parliament, était que rien n'y soit modifié. Ce musée est donc une sorte de cabinet d'amateur au charme tout à fait fascinant, conservé exactement tel qu'il était il y a 175 ans.

Soane, architecte de la Bank of England et professeur à la Royal Academy, avait la passion des objets, mais aussi les moyens de l'assouvir. Il a pu ainsi constituer sa collection en achetant tout ce qui lui tapait dans l'œil, d'une toile de Canaletto au sarcophage de Seti Ier en passant par des céramiques chinoises. Les diverses pièces de ce musée abritent donc un extraordinaire capharnaüm d'objets les plus divers – quoique souvent splendides –: céramiques, tableaux, livres, sculptures, et même un squelette.

L'une des pièces maîtresses de sa collection se dissimule derrière un paravent ; demandez au gardien de vous dévoiler les 8 tableaux de William Hogarth qui composent *A Rake's Progress (La Carrière d'un roué)*. Réalisée en 1733, cette série figure un conte moral relatant la faillite de Tom Rakewell, un jeune héritier qui dilapide sa fortune par

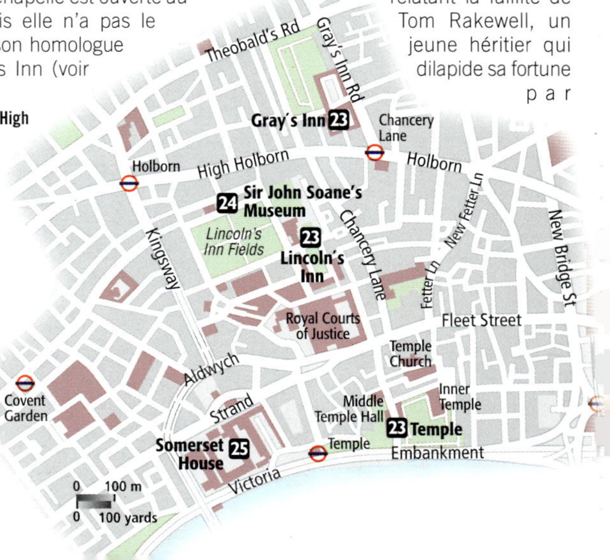

oisiveté. Autre trésor, mais plus macabre, le masque funéraire de l'actrice Sarah Siddons (1755-1831).

Le musée bénéficie actuellement d'un programme de restauration, "Opening up the Soane", qui a pour but, entre autres, d'ouvrir les appartements privés de la famille de John Soane : sa chambre, sa salle de bains, les salons et la lingerie de Mrs. Soane, etc.

208 B5 13 Lincoln's Inn Fields, WC2
020 7405 2107, www.soane.org
mar.-sam. 10h-17h ; 1er mar. du mois 18h-21h (avec certaines salles éclairées à la bougie) ; pas de réservation, donc venez tôt entrée libre (dons bienvenus)
Holborn 1, 8, 25, 68, 91, 168, 171, 188, 242, 521

Somerset House 25

Jadis dépositaire des registres de naissance, de mariage et de décès des citoyens britanniques, ce majestueux hôtel particulier au bord du fleuve abrite aujourd'hui une superbe galerie d'art.

La célèbre et vénérable Courtauld Institute Gallery doit une bonne part de sa réputation à sa collection d'œuvres impressionnistes et postimpressionnistes : Cézanne, Seurat, Gauguin, Renoir, Monet, Manet *(Le Bar des Folies-Bergère)*, Toulouse-Lautrec, Van Gogh (*Autoportrait à l'oreille bandée*, 1889)... Les salles du bas regroupent des toiles plus anciennes, dont de nombreuses œuvres religieuses. Le *Seilern Triptych* du Maître de Flémalle (salle 1) et *Adam et Ève* de Lucas Cranach l'Ancien (1526) sont particulièrement remarquables.

Les fabuleuses collections de la Courtauld Gallery ont trouvé un écrin à leur hauteur avec Somerset House.

La Courtauld Gallery programme également des expositions temporaires d'art et de photographies. Vous y trouverez aussi une galerie entièrement consacrée à la céramique contemporaine (tlj. 10h30-18h) où vous pourrez tout à la fois admirer ou acquérir des pièces d'une des plus importantes collections de Grande-Bretagne en la matière.

Par ailleurs, des événements musicaux ont régulièrement lieu à Somerset House, avec de grands noms de la pop. En hiver, aux alentours du mois de novembre, vous pourrez contempler ou rejoindre les amateurs glissant sur la patinoire spécialement installée dans les jardins. Durant l'été, le Film4 Summer Screen propose des séances de cinéma en plein air.

208 B4 Strand, WC2
020 7845 4600 (informations enregistrées), www.somersethouse.org.uk
tlj. 10h-18h café et restaurants
Courtauld Institute Gallery : ££ ; -18 ans et étudiants : gratuit ; lun. 10h-14h : entrée libre
Temple (fermé dim.), Embankment, Covent Garden
1, 4, 6, 9, 11, 13, 15, 23, 77, 91, 176

Où...
se restaurer

Gamme des prix
Il s'agit du prix moyen d'un repas complet, boissons, taxes et pourboire non compris.
£ moins de 25 £ **££** de 25 à 50 £ **£££** plus de 50 £

Le Comptoir Gascon £-££

Le petit frère du Club Gascon, récompensé par une étoile Michelin, sert une belle cuisine française : rillettes de canard, ou encore cassoulet. Ne manquez pas de goûter aux frites coupées à la main, épaisses, croquantes, frites dans de la graisse de canard et assaisonnées de sel marin. Les vins proviennent de régions françaises rarement représentées sur les cartes des vins britanniques. Avec ses briques apparentes, l'intérieur minimaliste est moderne, confortable, romantique, même.

209 E5 63 Charterhouse Street, EC1
020 7608 0851, www.comptoirgascon.com
mar.-sam. 12h-14h, 19h-22h (jeu.-ven. jusqu'à 23h) Farringdon, Barbican

The Eagle £

The Eagle fut l'un des premiers pubs à se convertir à la gastronomie, et n'a jamais abandonné sa place de leader dans le domaine. La carte, succincte, propose essentiellement des plats d'inspiration méditerranéenne et asiatique, tous d'un excellent rapport qualité/prix.
Cet établissement toujours très prisé et très animé ne prend pas de réservation. Pour être sûr d'avoir une table, mieux vaut arriver de bonne heure. Comme dans tous les pubs, on commande et on paye au comptoir.

209 D5 hors plan
159 Farringdon Road, EC1
020 7837 1353 lun.-sam. 12h-23h, dim. 12h-17h Farringdon

Granger & Co £-££

Cette deuxième adresse de l'Australien Bill Granger se niche dans le quartier à la mode de Clerkenwell. Doté d'une salle lumineuse et spacieuse, il vous propose de commencer la journée par un hotcake (sorte de crêpe fourrée à la ricotta), de déjeuner de pâtes et de salades ou de dîner d'une bonne pizza ou d'une grillade. Bonne carte des vins, cocktails et même un soda maison.

209 E5 hors plan
50 Sekforde Street, EC1
020 7251 9032, grangerandco.com
restaurant : lun.-ven. 8h-23h, sam. 9h-23h, dim. 10h-18h Farringdon

Northbank ££

Blotti sous le Millennium Bridge, ce bar-restaurant vous offre une belle vue sur la Tamise. Dans ce cadre apaisant, vous dégusterez des plats Modern British préparés avec un amour du détail, comme du bœuf du Devon, de l'échine de porc grillée, du poisson et du fromage artisanal.

209 E4
Millennium Bridge, 1 Paul's Walk, EC4
020 7329 9299, www.northbankrestaurant.com
lun.-sam. 12h-23h
St Paul's, Mansion House

Rucoletta ££

Cet établissement s'enorgueillit de vous servir une excellente cuisine napolitaine, où les fruits de mer occupent une place de choix. Vous aurez également la possibilité de choisir des plats à emporter.

209 E4 6 Foster Lane, EC2
020 7600 7776, www.www.rucoletta.co.uk
lun.-mer. 12h-15h, 17h30-21h30,
jeu.-ven. 12h-15h, 17h30-22h St Paul's

St John Bar & Restaurant £-££

"Retour aux sources" est le mot d'ordre de cette excellente adresse de Clerkenwell, non loin de Smithfield. Le décor, minimaliste, de cette ancienne fumerie de bacon est en phase avec l'atmosphère détendue du lieu. Au menu, recettes traditionnelles anglaises revisitées et plats d'inspiration méditerranéenne.
209 E5 hors plan 26 St John Street, EC1
020 7251 0848,
www.stjohngroup.uk.com/smithfield
lun.-sam. 12h-15h, 18h-23h ; dim. 13h-15h
Farringdon

St Paul's Café & Restaurant £-££

St Paul's Cathedral a, elle aussi, embrassé la philosophie du "best of British", en privilégiant les produits locaux pour son restaurant : *Ploughman's lunch* (déjeuner du laboureur, avec pain fromage, jambon et pickles), sandwichs au concombre accompagnant l'*afternoon tea*, *Chelsea buns* (à la cannelle et au cassis), *shortbreads* maison.
209 E4 St Paul's Cathedral, EC4
020 7248 2469,
www.restaurantatstpauls.co.uk
déjeuner 12h-14h15, brunch sam. 10h30-14h, *afternoon tea* lun.-sam. 15h-16h15
St Paul's

Sweetings £-££

Ouverte depuis 1889, cette institution a conservé le charme d'antan. On vous y servira – uniquement le midi – des plats de poisson copieux, tels des coquilles Saint-Jacques, des cocktails de crevettes, de l'anguille fumée, des filets de poisson ou une exquise *fish pie*. Et s'il vous reste un peu d'appétit, vous pourrez choisir en dessert parmi des classiques britanniques comme l'*apple pie* ou le pudding au pain et au beurre.
209 F4 39 Queen Victoria Street
020 7248 30 62 lun.-ven. 11h30-15h,
pas de réservation possible Mansion House

BARS & PUBS

Hung, Drawn & Quartered £

Si vous mettez de côté le nom ("pendu, traîné et coupé en quatre", un rappel des supplices infligés entre les murs de la Tower of London toute proche) et la corde de pendu accrochée au-dessus du bar, vous pourrez profiter de ce pub accueillant et déguster tranquillement votre bière ou votre verre de vin. Les employés des bureaux alentour plébiscitent cet établissement, qui sert également à manger.
210 B3 26-27 Great Tower Street, EC3
020 7626 6123,
hung-drawn-and-quartered.co.uk
lun.-ven. 11h-23h, sam.-dim. 12h-18h
Tower Hill

Vinoteca £

À la fois bar et caviste, Vinoteca vous propose évidemment une belle carte des vins : 285 références du monde entier. Vous pourrez les accompagner de tapas ou d'un plat plus consistant comme une crêpe au parmesan ou un risotto au saumon.
209 E5 hors plan 7 St John Street, EC1
020 7253 8786, www.vinoteca.co.uk
lun.-sam. 12h23h Farringdon

Ye Olde Cheshire Cheese £

Cette véritable institution (350 ans d'existence) est l'archétype du pub tel que l'on ne se l'imagine même plus : solides plats britanniques, plafonds bas, escaliers étroits, sol couvert de sciure, le tout sous le regard d'un perroquet empaillé vieux d'un siècle !
209 D1 Wine Office Court, 145 Fleet Street, EC4 020 7353 6170
lun.-ven. 11h-23h, sam. 12h-23h, dim. 11h-19h
Temple

Où... acheter

Avec l'ouverture du **One New Change** (www.onenewchange.com) à l'est de St Paul's Cathedral, la City marque sa volonté de se métamorphoser en quartier commercial. Cet élégant centre conçu par Jean Nouvel abrite plus de 60 enseignes internationales et britanniques, des boutiques aux restaurants et aux bars. Parmi les fleurons du commerce *made in England*, **L.K. Bennett** (prêt-à-porter féminin), **T.M. Lewin** (chemises) et **Hotel Chocolat**, qui ne se contente pas de vendre des chocolats haut-de-gamme, mais possède même sa propre plantation. Au 6e étage, la Roof Terrace offre de belles vues sur la cathédrale.

Columbia Road Flower Market (✉ Columbia Road, E2 ⌚ dim. 9h-14h 🚇 Old Street), où bon nombre de Londoniens font leurs provisions de plantes et fleurs pour leurs balcons et patios, vaut le coup d'œil, même si vous n'êtes pas en quête de quoi que ce soit.

Petticoat Lane Market (✉ Middlesex Street et environs, E1 ⌚ lun.-ven. 10h-14h30, dim. 9h-14h 🚇 Aldgate) est une véritable institution de la partie est de la ville : c'est le marché incontournable de tous les amateurs de fripes.

L'immense marché couvert victorien de **Spitalfields Market** (✉ entre Lamb Street et Brushfield Street, E1 ⌚ étals : dim.-ven. 10h-17h, sam. 11h-17h ; boutiques : en général, tlj. 10h-19h ; restaurants lun.-ven. 8h-23h, sam.-dim.9h-23h 🚇 Liverpool Street) regorge d'étals d'artisans et de divers stands de fast-food – crêpes, sushis, tandooris... Beaux étals de produits bio les jeu., ven. et dim. de 10h à 17h sur Crispin Place. Présence d'antiquaires le jeudi.

Où... se divertir

La City, dans l'ensemble, est très calme le soir – mais elle se rattrape en journée ! De nombreuses églises, comme St Michael Cornhill, St Sepulchre-without-Newgate, St Olave Hart Street et St Stephen Walbrook, organisent vers 13h des concerts *lunch-time*.

Aux mois de juin et juillet (voire parfois en août), le **City of London Festival** (www.colf.org), l'un des meilleurs festivals artistiques du pays, constitue le temps fort de l'année : 3 semaines durant, des lieux historiques comme Mansion House ou St Paul's Cathedral accueillent des artistes de renommée mondiale, de tous les genres, dans le cadre d'un programme composé de cinéma, de théâtre et de musique. L'entrée est payante pour environ 50 événements, gratuite pour près de 100 manifestations en plein air.

Chaque 2e week-end de septembre, **Totally Thames** (totallythames.org), qui se tient entre Westminster Bridge et Tower Bridge, est le plus grand festival artistique gratuit en plein air de Londres, incluant musique, marchés et bien plus encore.

Les amateurs de danse trouveront leur compte au **Peacock Theatre**, une filiale de Sadler's Wells (Portugal Street, WC2, www.peacock-theatre.com 🚇 Holborn).

L'éclectique **Barbican Centre** (Silk Street, EC2, www.barbican.org.uk 🚇 Barbican, Moorgate) propose arts plastiques, musique, théâtre, danse et cinéma. Le Barbican, plus grand centre artistique et culturel d'Europe, héberge également le **London Symphony Orchestra**, dirigé par Valery Gergiev, et le **BBC Symphony Orchestra**.

Westminster et South Bank

D'un coup d'œil 94
En 1 jour 96
Top 10 98
Ne manquez pas 102
Et aussi... 110
Où... 116

Découvrez autrement

Plaisir de gourmet

Ce n'est pas une surprise pour les connaisseurs, mais il existe d'exquis fromages anglais ! Découvrez-les au **Borough Market** (➤ 114).

Turner et Monet l'ont peint

Qu'y a-t-il de plus romantique que de contempler le coucher du soleil, posté sur le **Waterloo Bridge** (➤ 111) ?

Café avec vue

Sirotez votre café à l'Espresso Bar de la **Tate Modern** (➤ 109), face à la Tamise et St Paul's Cathedral, avant de revenir à l'art moderne.

D'un coup d'œil

Arrêtez-vous quelques instants, sur un pont ou sur un quai, et regardez la Tamise couler lentement à vos pieds... Vous serez frappé par le contraste saisissant entre le flot majestueux du fleuve et l'incessant bourdonnement de la ville autour de vous.

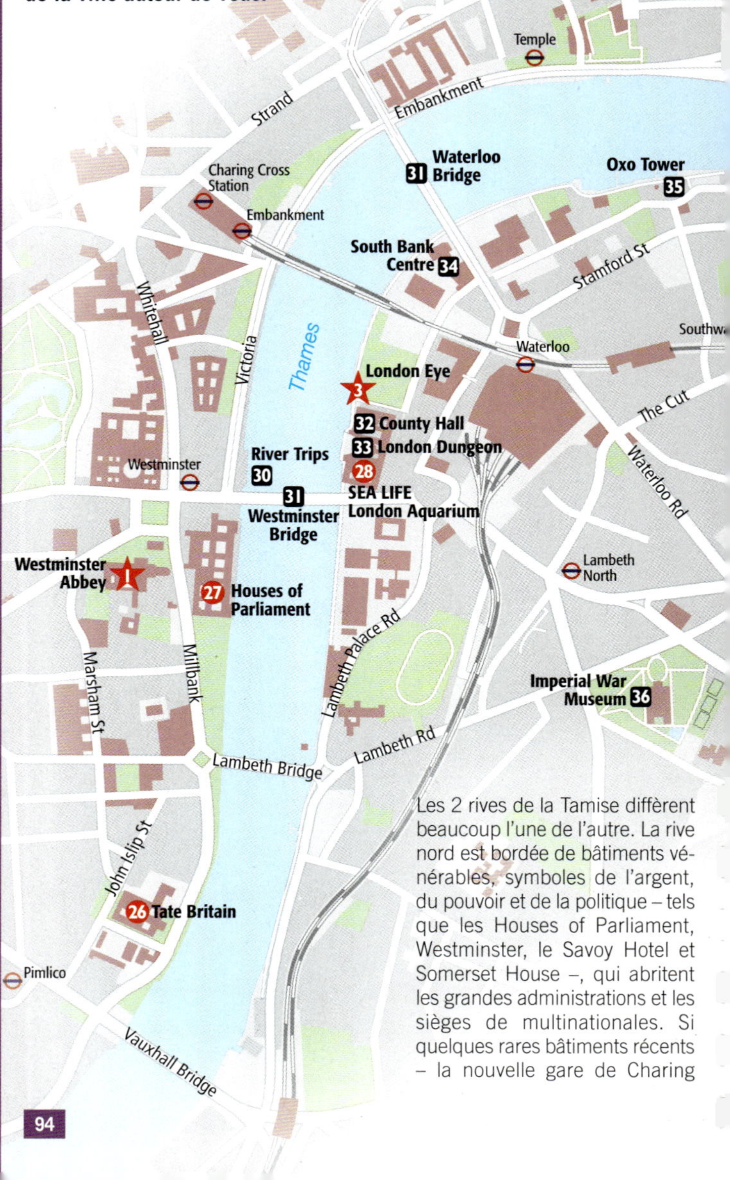

Les 2 rives de la Tamise diffèrent beaucoup l'une de l'autre. La rive nord est bordée de bâtiments vénérables, symboles de l'argent, du pouvoir et de la politique – tels que les Houses of Parliament, Westminster, le Savoy Hotel et Somerset House –, qui abritent les grandes administrations et les sièges de multinationales. Si quelques rares bâtiments récents – la nouvelle gare de Charing

Cross par exemple – ont légèrement modifié le paysage, l'horizon architectural y est stable : il reflète aujourd'hui, et pour longtemps, l'importance historique, politique et religieuse que ces quartiers ont eue depuis des siècles.

L'histoire de la South Bank (rive sud) a une saveur toute différente. À l'époque de Shakespeare, les acteurs y trouvèrent refuge et le théâtre naissant y prit son essor – ainsi la salle du Globe, reconstruite, permet-elle de remonter 400 ans en arrière. Au début du 20e siècle, la South Bank n'était qu'une longue alternance de terrains vagues et de grosses usines. Après la Seconde Guerre mondiale,

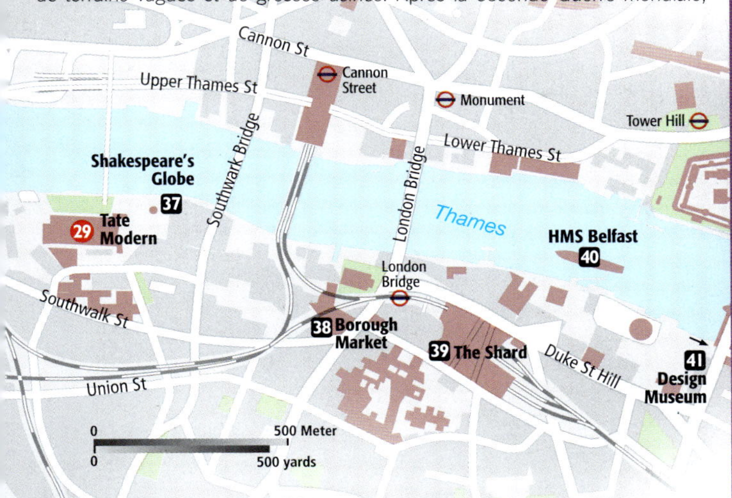

la construction du centre culturel de Southbank – avec, notamment, le Royal Festival Hall – marqua le début du renouveau de la zone. Poursuivant cette évolution, tandis que Londres entrait dans le nouveau millénaire, l'ancienne centrale électrique de Bankside est passée du statut de mastodonte industriel à celui de joyau culturel, sous la forme de la Tate Modern Gallery, dont la popularité a déjà été éclipsée par la réussite inattendue du London Eye, qui est aujourd'hui l'une des attractions les plus courues de la ville et offre un bon point de vue pour planifier son itinéraire.

Top 10

Westminster Abbey ➤ 98 — 1
London Eye ➤ 101 — 3

Ne manquez pas

Tate Britain ➤ 102 — 26
House of Parliament ➤ 104 — 27
SEA LIFE London Aquarium ➤ 105 — 28
Tate Modern ➤ 108 — 29

Et aussi…

River Trips ➤ 110 — 30
Westminster & Waterloo Bridge ➤ 111 — 31
County Hall ➤ 111 — 32
London Dungeon ➤ 112 — 33
Southbank Centre ➤ 112 — 34
Oxo Tower ➤ 112 — 35
Imperial War Museum ➤ 113 — 36
Shakespeare's Globe ➤ 114 — 37
Borough Market ➤ 114 — 38
The Shard ➤ 115 — 39
HMS Belfast ➤ 115 — 40
Design Museum ➤ 115 — 41

En 1 jour

Cette promenade d'une journée dans le monde de l'art et de la religion sera minutée par l'horloge la plus célèbre du monde ! Attention : Westminster Abbey ferme tôt le samedi et n'est ouverte que pour l'office le dimanche.

9h00

Comptez 2 heures pour profiter pleinement de **Westminster Abbey** 1 (➤ 98). N'y manquez pas les nombreux monuments en l'honneur des grandes figures de la royauté et des lettres, mis en valeur dans des écrins architecturaux – notamment les Royal Chapels – d'une beauté saisissante.

11h30

Admirez les **Houses of Parliament** et **Big Ben** 27 (➤ 104, ci-dessous), traversez **Westminster Bridge** 31 (➤ 111), puis tournez à gauche vers

le **London Eye** 3 (➤ 101). Vous n'avez que l'embarras du choix : le London Eye, le **SEA LIFE London Aquarium** 28 (➤ 105) ou les attractions du **County Hall** 32 (➤ 111). Attention : pour le London Eye, il est préférable de réserver à l'avance.

13h30

Flânez le long de la Tamise jusqu'à l'**Oxo Tower** 35 (➤ 112), prenez l'ascenseur jusqu'au sommet pour apprécier la vue sur la Tamise et attablez-vous à la brasserie (➤ 117) pour un merveilleux déjeuner.

14h30

Déambulez dans les ateliers de créateurs de l'Oxo Tower (➤ 112), puis rendez-vous à la **Tate Modern** 29 (➤ 108, ci-dessus), le musée d'art moderne aménagé dans l'ancienne centrale électrique de Bankside. S'il vous reste un peu d'énergie, le **Shakespeare's Globe** 37 (➤ 114) – reconstitution à l'identique du théâtre du poète – ou le **Borough Market** 38 (➤ 114) vous attendent à quelques pas de là.

Westminster Abbey

Le plus grand édifice religieux de Grande-Bretagne est à la fois une église, une châsse nationale, un lieu de couronnement et un lieu de sépulture pour les plus illustres personnages de l'histoire britannique depuis plus de mille ans. De Guillaume le Conquérant en 1066 à Elizabeth II en 1953, la plupart des souverains du royaume furent couronnés à Westminster. C'est également là qu'eut lieu le mariage du prince William et de Kate Middleton, en 2011. Bien qu'ayant des racines plus anciennes, le bâtiment actuel, chef-d'œuvre d'architecture religieuse médiévale, vit sa construction commencer au 13e siècle. Depuis, cet édifice a évolué et s'est agrandi, en un processus qui se poursuit de nos jours au fur et à mesure que l'on y érige de nouvelles stèles.

Site touristique parmi les plus visités de Londres, Westminster Abbey attire chaque jour des foules innombrables. Comme il est impossible d'en apprécier toutes les richesses en une seule visite, nous vous conseillons de vous concentrer sur les points les plus remarquables, indiqués ci-dessous.

Suivez le guide

Les visiteurs doivent suivre un trajet prédéterminé. De l'entrée nord, un déambulatoire, sur la gauche, mène jusqu'à l'extrémité est de l'abbaye. La chapelle à gauche en haut des marches abrite la **tombe d'Elizabeth I** (1533-1603) **et de sa demi-sœur Mary Tudor** (1516-1558), toutes 2 filles d'Henry VIII. Si elles reposent côte à côte aujourd'hui, elles ne furent pas aussi proches de leur vivant : Mary était catholique, Elizabeth protestante, à une époque où les tensions entre ces 2 communautés religieuses étaient particulièrement fortes.

Vous passez ensuite par la **chapelle d'Henry VII**, construite en 1512, mais commandée par le roi dès 1503, peut-être pour soulager une conscience mise à mal par une trop violente conquête du trône. C'est la plus belle de l'abbaye – décrite par un commentateur de l'époque comme un *orbis miraculum* (merveille du monde). L'ornement des voûtes en rosaces, très fin dans le détail et superbement doré, est remarquable, tout comme les étendards des chevaliers de l'ordre de Bath (titre honorifique décerné par le souverain) au-dessus des stalles du chœur. Derrière l'autel se trouvent les tombes et effigies dorées d'Henry VII et de sa femme Elizabeth, réalisés d'après des dessins d'Henry VII lui-même.

À la sortie, une chapelle latérale abrite la **tombe de Mary, reine d'Écosse** (1542-1587), rivale d'Elizabeth I pour le trône, et emprisonnée 19 ans sur l'ordre de cette dernière,

Poets' Corner

Y sont commémorés :

- Alfred, Lord Tennyson
- Dylan Thomas
- Henry James
- T. S. Eliot
- George Eliot
- William Wordsworth
- Jane Austen
- Les sœurs Brontë
- Charles Dickens...

avant d'être exécutée. Son fils, James VI, roi d'Écosse, devint James I (Jacques Ier), roi d'Angleterre, quand Elizabeth mourut sans héritier. Il fit alors exhumer le corps de sa mère pour l'inhumer dans l'abbaye, 25 ans après sa mort, et ériger des monuments à la mémoire des 2 rivales – celui de sa mère étant de loin le plus somptueux.

Vient ensuite le **Poets' Corner** (coin des Poètes), où sont réunies tombes et stèles à la mémoire des grandes figures de la littérature. Y sont célébrés Geoffrey Chaucer, auteur des *Contes de Canterbury*, Shakespeare –enterré à Stratford-upon-Avon) –, Charles Dickens, inhumé ici contre son gré sur ordre de la reine Victoria.

Du Poets' Corner, rejoignez le centre de l'abbaye, son **autel** et ses stalles magnifiquement ouvragées. De l'autel vous jouirez d'une belle vue d'ensemble sur l'intérieur de l'abbaye ; laissez votre regard s'élever vers la nef et les vitraux qui dominent l'entrée ouest. Entrez ensuite dans le cloître du 18e siècle ; son splendide patio entoure un petit cloître du 13e siècle où les moines venaient jadis méditer. Enfin, vous pourrez à votre tour méditer sur la **Tomb of the Unknown Soldier** (tombe du Soldat

Le chœur, les stalles et la nef, une vue à couper le souffle.

inconnu), dédiée à tous les combattants tombés au champ d'honneur lors de la Première Guerre mondiale.

Avant de sortir de l'abbaye, Ne manquez pas la **St George's Chapel**, où la **Coronation Chair** (trône du Couronnement) vous attend depuis sa restauration. Ce modeste trône de bois, qui date de 1296, fut utilisé lors du couronnement de la plupart des monarques anglais depuis 1308.

Les vitraux de la bataille d'Angleterre (1940-1941) présentent les armes des 65 escadrilles qui prirent part aux combats.

FAITES UNE PAUSE

Dans un bâtiment du 14e siècle, le **Cellarium Cafe** (20 Dean's Yard lun.-ven. 8h-18h, sam. 9h-17h, dim. 10h-16h) propose aux visiteurs des breakfasts, des déjeuners et même un *afternoon tea*.

---

207 F4 Broad Sanctuary, SW1
020 7222 5152, www.westminster-abbey.org
abbaye : lun.-ven. 9h30-16h30 (mer. jusqu'à 19h) ; sam. 9h30-14h30 ; dim. réservé au culte / College Garden mar.-jeu. : avr.-sept. 10h-18h ; oct.-mars 10h-16h / Chapter House tlj. 10h30-16h (selon la lumière du jour) / Abbey Museum et Pyx Chamber : lun.-sam. 10h30-16h
£££ cafétéria dans le cloître et dans le Broad Sanctuary
Westminster, St James's Park 3, 11, 24, 53, 159, 211

ENTRE NOUS

- **Offices et chorales** Pour profiter au mieux de l'abbaye, assistez à un **Choral Service** (messe chantée), à 17h en semaine (sauf mer.) et à 15h le week-end. Les horaires des autres offices sont affichés ou consultables par téléphone.
- **Visites** Plusieurs **visites guidées** (90 min, supplément à l'entrée) sont organisées quotidiennement. Réservations au guichet d'information. Un audioguide de 60 min en plusieurs langues est également disponible (inclus dans le prix d'entrée).
- **Trésors annexes** Au-delà du cloître, ne manquez pas la superbe **Chapter House** (13e siècle), la **Pyx Chamber**, ancien trésor et fonderie de la Couronne, et l'**Abbey Museum** et ses fascinantes effigies en cire des monarques britanniques.

London Eye

3

Dominant l'horizon à des kilomètres à la ronde, la grande roue – plusieurs fois récompensée – constitue la plus belle réussite du Millennium Project. Avec son diamètre de 135 m, elle se classe en tête de sa catégorie dans le monde. Ses 32 nacelles vitrées sont fixées à l'extérieur – et non suspendues à la structure –, ce qui permet d'avoir une vue à 360° sur la capitale.

Une attraction vite devenue un symbole de la ville.

Le **London Eye** ne cesse jamais de tourner – en son centre, la rotation équivaut à 26 cm par seconde. Le tour complet dure 30 minutes. Chaque nacelle symbolise un *borough* (arrondissement) de Londres et, par temps clair, vous offre un panorama sur la plupart d'entre eux, avec une vue qui s'étend au-delà des limites de la ville, embrassant quelque 40 km à la ronde.

La roue peut transporter jusqu'à 800 passagers en même temps et reçoit, chaque année, la visite de près de 3,5 millions de candidats à une mise en orbite inoubliable. Les périodes de pointe se concentrent en juillet et août, et se situent le plus souvent entre 11h et 15h – pensez à réserver sur place ou par téléphone et, même ainsi, préparez-vous à patienter 30 min – ou 15 min seulement si vous avez acheté un ticket Fast Track. Vous pourrez aussi acquérir des billets combinés avec des circuits sur la Tamise ou d'autres attractions.

FAITES UNE PAUSE

Cafés ou restaurants, vous aurez l'embarras du choix, le plus proche étant le **Zen Café**.

208 B2 County Hall Riverside Buildings, SE1
achat de tickets : 0871 781 3000, www.londoneye.com
sept.-juin tlj. 10h-20h30 ; juil.-août tlj. 10h-21h30
£££ nombreux cafés
Westminster, Waterloo
1, 4, 26, 59, 68, 76, 77,168, 171, 172, 176, 188, 211, 243, 341, 381, 507, 521, X68, RV1

Tate Britain

26

Jusqu'en 2000, la galerie de Millbank abritait toute la collection de Sir Tate, même si l'exiguïté des lieux contraignait à n'exposer qu'une partie des œuvres à la fois. Une solution s'imposa alors : répartir la collection sur 2 sites. L'ouverture de la Tate Modern (► 108) permettra de rénover et d'agrandir la Tate Britain, demeurée sur place, pour le plus grand bonheur des critiques et des amateurs d'art.

Quelques joyaux

La Tate Britain couvre 5 siècles d'histoire de l'art britannique, depuis *A Man in a Black Cap* de John Bettes (1545) jusqu'aux œuvres plus récentes de Francis Bacon, Henry Moore, Gilbert & George, Damien Hirst et Rachel Whiteread. Le musée renouvelle régulièrement son exposition permanente, certaines œuvres regagnant la réserve, faute de place - un problème bien moins aigu depuis 2000. D'autres, en revanche, restent exposées en permanence, comme celles de Hogarth, Reynolds, Gainsborough, Constable et, il va sans dire, J. M. W. Turner (1775-1851). Considéré comme le plus grand talent engendré par la Grande-Bretagne, ce dernier dispose d'une aile spécifique, la **Clore Gallery**, où trônent notamment 2 de ses chefs-d'œuvre : *The Battle of Trafalgar, as Seen from the Mizen*

Espace et lumière, tout est réuni pour mettre en valeur les collections du musée.

À gauche : l'imposante entrée de la Tate Britain.

Starboard Shrouds of the Victory et *Snow Storm : Hannibal and his Army Crossing the Alps.*

Pour bien des visiteurs, les grands favoris restent les œuvres incroyablement romantiques des préraphaélites, à la fin du 19e siècle, notamment John Everett Millais, William Holman Hunt et, en particulier, Dante Gabriel Rossetti, fondateur de cette confrérie d'artistes d'avant-garde. Vous pourrez admirer bon nombre des chefs-d'œuvre de ce mouvement à la Tate Britain, mais intéressez-vous surtout à l'impressionnante *Ophelia* de Millais - le personnage d'Hamlet en train de chanter tandis qu'elle se noie dans la rivière -, l'*Ecce Ancilla Domini! (L'Annonciation)* de Rossetti et *The Haunted Manor (Le Manoir hanté)* de William Holman Hunt.

Les amoureux des chevaux se régaleront devant les tableaux de George Stubbs dont l'incroyable sens du détail s'inspire, en partie, de ses recherches scientifiques.

FAITES UNE PAUSE

Le **Djanogly Cafe** remédiera aux petits creux, tandis que, pour un repas et un bon verre de vin, vous choisirez plutôt le **Rex Whistler** (rez-de-chaussée de la galerie).

207 F2 · Millbank, SW1 · 020 7887 8888, www.tate.org.uk
tlj. 10h-18h (jusqu'à 22h le vendredi)
entrée libre (expositions payantes) · café et restaurant Rex Whistler
Westminster, Pimlico
2, 9, 36, 87, 88, 159, 185, 436, 507, C10
le Tate Boat relie toutes les 40 min la Tate Britain et la Tate Modern

ENTRE NOUS

À savoir Le **lundi** est généralement un jour plus calme. Préférez-le pour visiter les galeries sans être pressé par la foule. Commencez par les salles consacrées à Turner, vous pourriez presque être seul à les admirer. Pour les expositions temporaires, évitez les jours suivant l'ouverture et les derniers jours, toujours bondés.

- Une fois entré, en cas d'affluence dans les premières salles, envisagez de faire une **visite à contresens** pour plus de fluidité.

Houses of Parliament

27

Superbement situées sur les rives de la Tamise, à côté du Westminster Bridge, les Houses of Parliament (palais de Westminster) sont le plus emblématique des monuments londoniens. Le palais abrite notamment la Chambre des communes et la Chambre des Lords.

À la suite d'un incendie en 1834, il faudra reconstruire presque tout l'édifice au 19e siècle, exception faite du Westminster Hall, qui date de 1097 et fut rénové au 14e siècle. La Victoria Tower (98,5 m) se dresse à l'extrémité sud tandis que l'Elizabeth Tower (96 m), qui abrite la célèbre cloche Big Ben, se tient à l'opposé.

Durant la très formelle State Opening of Parliament Ceremony (cérémonie d'ouverture de la session parlementaire), en novembre ou en décembre, la Reine préside l'assemblée des pairs – non élus – de la Chambre des Lords, puis les membres "subalternes", les élus de la Chambre des communes, y sont conviés. Avant d'obtempérer, les députés claquent la porte de la Chambre des communes au nez du Black Rod, le représentant de la Couronne, afin de signifier leur indépendance vis-à-vis des Lords.

Le symbole absolu du régime parlementaire : les Houses of Parliament et Big Ben.

FAITES UNE PAUSE

Entre le 10 Downing Street et les Houses of Parliament, le vénérable **Red Lion** (48 Parliament Street) sert depuis plus de 1 siècle, à toute heure. Ce pub possède une "division bell" qui signale aux parlementaires l'heure du vote

208 A1 Parliament Square, SW1
020 7219 4272, www.parliament.uk
lun.-sam. horaires variables, vérifiez sur le site
entrée libre
Westminster 3, 11, 24, 53, 159, 211

Suivre un débat

Ils sont ouverts à tous. Les Britanniques peuvent être invités par leur représentant, tandis que les visiteurs étrangers doivent s'adresser à leur ambassade ou faire la queue (longtemps…) devant St Stephen's Entrance.

SEA LIFE London Aquarium

28

Après une rénovation complète en 2009, l'aquarium mérite plus que jamais le détour. Vos enfants vont adorer la visite, notamment le fascinant tunnel en verre qui passe sous le squelette d'une baleine bleue, le lagon des raies et le Shark Walk (promenade des requins), qui permet de tester son sang-froid.

Vous commencerez votre périple sous les mers par l'une des attractions les plus spectaculaires de cet aquarium ultramoderne, le Shark Walk, qui vous donne l'occasion de voir de plus près d'impressionnants squales, tels les requins-taureaux. À partir de cet instant, vous êtes plongés dans la vie marine sous toutes ses formes, des eaux du Pacifique (Pacific Wreck) aux profondeurs de l'Atlantique (Atlantic Depths), sans oublier ce qui se cache sous la Tamise (The River Thames Story). Les plus jeunes seront sans doute séduits par les poissons-clowns des Nemo's Coral Caves ou par les facéties des pingouins d'Ice Adventure. Votre visite sera également l'occasion d'observer le nourrissage des différents pensionnaires de l'aquarium – pieuvres, requins, hippocampes, parmi d'autres (consultez les horaires sur le site) –, dont une bonne part figurent sur la liste des espèces menacées.

FAITES UNE PAUSE

Derrière l'aquarium, **Troia** (3F Belvedere Road), une excellente table turque, propose salades, pâtes et assiettes végétariennes.

208 B2 County Hall, Westminster Bridge Road, SE1
achat de tickets : 0871 663 1678, www2.visitsealife.com
tlj. 10h-19h £££
nombreux cafés dans le County Hall
Westminster, Waterloo 12, 53, 77, 148, 171, 211, 341

Quand les requins vous observent de très près, dans le Shark Walk.

Focus sur...

Au cœur du pouvoir

Les importantes décisions politiques sont prises dans la Chambre des communes, et la Chambre des Lords n'a qu'une influence fort réduite de nos jours. Le Parlement vit son grand jour lors du "State Opening of the Parliament", cérémonie solennelle présidée par la Reine – après des élections générales ou avant une session parlementaire.

1 Victoria Tower À l'époque de sa construction, en 1858, elle était la plus haute tour carrée au monde – 102 m de hauteur.

2 House of Lords Elle réunit des membres issus de la noblesse et des personnalités nommées par la Reine.

3 St Stephen's Hall L'ancien siège de la Chambre des communes, de 1547 à 1834.

4 Westminster Hall L'un des derniers vestiges de l'ancien Westminster Palace fut le théâtre des procès de Richard II et Thomas More, entre autres.

5 Elizabeth Tower Emblème de Londres, bâtie en 1858-1859, elle s'élève à 96,3 m de hauteur. Les cadrans de l'horloge atteignent presque 8 m de diamètre, ses aiguilles mesurent près de 4 m et Big Ben, sa célèbre cloche, pèse 13,8 t.

6 House of Commons Dans cette assemblée des représentants du peuple, une distance de "2 épées" sépare les bancs de la majorité de ceux de l'opposition...

State Opening of the Parliament : une cérémonie solennelle entre toutes.

Le calme avant la tempête des débats – aperçu de la House of Commons, vide.

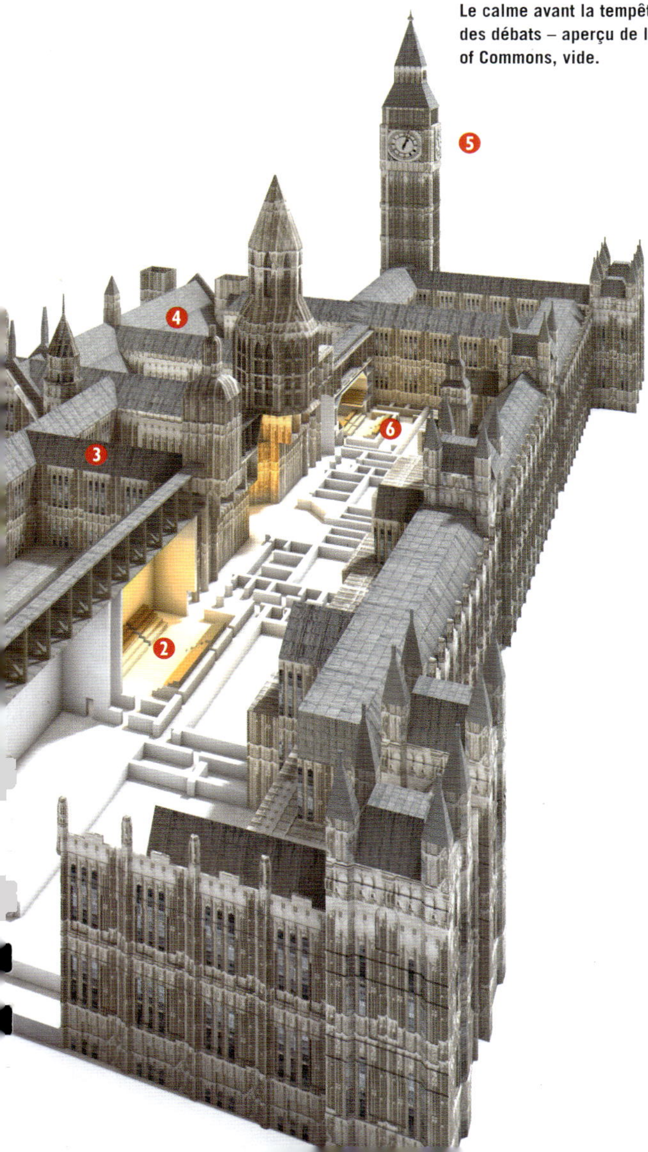

Tate Modern

29

Bien qu'ayant rejoint les rangs des musées d'art assez récemment, la Tate Modern jouit d'une belle réputation internationale et figure parmi les principales attractions londoniennes. Elle se consacre à l'art moderne, depuis l'impressionnisme du 19e siècle jusqu'aux œuvres avant-gardistes de jeunes talents britanniques de la fin du 20e siècle et du début du 21e siècle.

Le **Turbine Hall** qui occupe la majeure partie de cette étonnante centrale électrique reconvertie ne manque jamais d'impressionner ses visiteurs. Long de 152 m et haut de 35 m, il fait penser à une immense cathédrale. Cet espace accueille en partie des œuvres réalisées sur commande pour le musée.

À travers les salles

La collection permanente se répartit sur 2 niveaux, les Levels 2 et 4. Placée sous l'angle du "Rêve et de la poésie" (Dream & Poetry), l'aile ouest du Level 2 se consacre aux travaux des surréalistes. Vous y trouverez également des œuvres de Picasso, de Giorgio de Chirico ou de Kounelis. L'aile est de ce même niveau s'organise autour des Seagram Murals de Mark Rothko et du thème "Laisser des traces" (Making Traces). De son côté, l'aile ouest du Level 4, intitulée "Avec structure et clarté" (With Structure & Clarity), présente des œuvres de Piet Mondrian et d'Ellsworth Kelly, entre autres. Enfin, l'aile est de ce même niveau, "Énergie et processus" (Energy & Process) rassemble des pièces de Malevich, Serra et Cy Twombly. Le Level 3 est, quant à lui, réservé aux expositions temporaires.

Ci-dessus : le Millennium Bridge, trait d'union entre la Tate Modern et St Paul's Cathedral.

À gauche : parmi les sculptures de la collection, *Le Baiser* (1901-1904) de Rodin.

Un panorama à couper le souffle

Pour de nombreux visiteurs, la vue panoramique depuis le dernier étage justifie la visite de la Tate Modern au même

ENTRE NOUS

- **Affluence** Pour éviter la foule, venez le matin en semaine, ou profitez des nocturnes du vendredi et du samedi, surtout après 20h30.
- **Multimediaguides (£)** Ces supports ultramodernes vous donnent accès, en plus d'explications sur les œuvres exposées, à des vidéos, notamment des interviews d'artistes ou de critiques, à de la musique et même à des jeux.
- **Photos** Elles sont autorisées, mais pas l'usage du flash.
- **Clore Learing Centre (Level 0)** Il propose des activités autour de la création, tant pour les adultes que pour les enfants.
- **Millennium Bridge** Cette passerelle qui relie St Paul's Cathedral à la Tate Modern, est la meilleure manière d'accéder au musée, amenant directement les visiteurs au cœur du lieu en passant au-dessus de la Tamise.

titre que les œuvres exposées ! Au niveau 7, les fenêtres nord de la salle Est s'ouvrent sur le Millennium Bridge et St Paul's Cathedral ; vers l'est, vous pourrez admirer le Shakespeare's Globe (► 114) et les Docklands ; et côté sud, la vue donne sur le London Eye (► 101).

FAITES UNE PAUSE

Le **Restaurant** du Level 6 vaut surtout pour sa vue sur la Tamise et la ville – beau panorama également du côté de l'**Espresso Bar** du Level 3. Moins onéreux, le **Tate Café** du Level 1 et les snacks en vente aux 2 entrées.

---

209 E3
Bankside, SE1 020 7887 8008, www.tate.org.uk
dim.-jeu. 10h-18h, ven.-sam. 10h-22h (dernière admission 45 min avant la fermeture)
entrée libre, sauf les expositions temporaires du Level 3
café et restaurant Southwark, Blackfriars, London Bridge
Waterloo (East) 45, 63, 100, 344, 381, RV1

Ici, les œuvres et les visiteurs ont la place de respirer.

Et aussi...

Croisière sur la Tamise, un bon moyen de découvrir les monuments emblématiques.

De Westminster Millennium Pier

- **Vers l'amont** Kew (1h30), Richmond (3h) et Hampton Court (4h30)
  ☎ **020 7930 2062, www.wpsa.co.uk**
- **Vers l'aval** Tower Millennium Pier (35-45 min) et Greenwich (65-75 min)
  ☎ **020 7740 0400, www.citycruises.com**
  208 B2

De Embankment Pier

- **Vers l'aval** Greenwich (1 h)
  ☎ **www.thamesclippers.com**
  208 B3

River Trips (excursions) 30

Les excursions en bateau sur la Tamise sont une excellente manière de voir la ville – de jour comme de nuit –, bien loin de la cohue du métro et du tumulte des artères embouteillées. Les *piers* (quais) de départ du centre de Londres se trouvent à Embankment, Bankside, Festival, Tower Millennium, London Eye (Waterloo) et Westminster Millennium. Les excursions vers l'est vous font passer au cœur de paysages surtout industriels et urbains, mais offrent une vue splendide sur Greenwich (➤ 184). Une connexion est possible vers la Thames Barrier (➤ 11). Les trajets qui mènent à Hampton Court par Kew (➤ 170), Putney, Richmond et Kingston sont plus ruraux et suivent le fleuve au long de lents méandres bordés de quartiers résidentiels aux allures de villages et de parcs. Une "croisière de nuit" est aussi une façon originale de découvrir Londres, avec les rives magnifiées par un million de lumières scintillantes. Les horaires varient de mois en mois. Il vous faudra absolument les vérifier sur place ou par téléphone.

De Tower Millennium Pier

- **Vers l'amont** Embankment (25 min)
- **Vers l'aval** Greenwich (30-40 min)
  210 C3
  ☎ **www.thamesclippers.com**

Plus original ou plus décoiffant : DuckTours

Voici une formule de visite des plus originales : cette excursion à bord d'un véhicule amphibie DUKW, datant de la Seconde Guerre mondiale, débute sur la terre ferme, derrière le London Eye, passe par divers sites majeurs du centre-ville, puis revient vers Vauxhall avant enfin de plonger dans la Tamise pour s'achever par une croisière sur le fleuve de 30 à 35 minutes.Réservation indispensable

☎ **020 7928 3132, www.londonducktours.co.uk**

Thames Rib Experience

Visitez les berges du fleuve avant d'attaquer le point fort de la croisière, une remontée à pleins gaz (les cirés sont fournis...).

☎ **020 3613 2311, www.thamesribexperience.com**

Westminster Bridge et les Houses of Parliament.

Westminster Bridge et Waterloo Bridge 31

Plus de 30 ponts enjambent la Tamise. Construit en 1862, le Westminster Bridge a pris la place d'un pont bâti en 1750, qui n'était que le deuxième point de passage par ordre chronologique après le London Bridge. À Westminster Pier, vous obtiendrez toutes les informations relatives aux horaires, aux tarifs et aux destinations des excursions sur le fleuve.

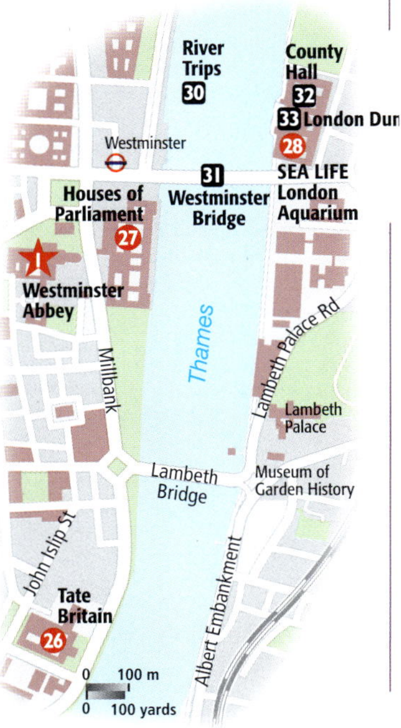

Le Waterloo Bridge vous réserve l'une des plus belles vues de Londres avec, à l'est, d'imposants monuments comme **St Paul's Cathedral** (➤ 74), **St Bride's Church** et sa flèche, la **Tower 42**, le **Leadenhall Building** (la "râpe à fromage"), l'étonnant **20 Fenchurch Street** (le "talkie-walkie") et son Sky Garden, le **Lloyd's Building** (➤ 181) et, dans le lointain, **Canary Wharf** tandis que, plus près, sur la droite, se dressent l'**Oxo Tower** (➤ 112) et **The Shard** (➤ 115).

Vers l'extrémité nord du pont, vous pourrez admirer, sur votre droite, **Somerset House** (➤ 89), unique vestige des luxueuses demeures du 18e siècle qui bordaient le Strand. Elle héberge, aujourd'hui, l'exposition permanente de la Courtauld Institute Gallery.

Westminster Bridge 208 B2
Waterloo Bridge 208 B3

County Hall 32

Les anciens bureaux du Greater London Council donnant sur la Tamise abritent désormais un ensemble de commerces incluant des hôtels, des restaurants et des activités ludiques, parmi lesquelles le **Sea Life London Aquarium** (➤ 105), **London Dungeon** (➤ 112) ou une grande plateforme de jeux vidéo dernier cri, **Namco**.

Le **London Film Museum** y offre également un regard amusant sur l'histoire du cinéma britannique en montrant combien de blockbusters ont été – et sont encore– réalisés en Grande-Bretagne, de *Superman* et *Indiana Jones* à *Sherlock Holmes* et *Harry Potter*. *Charlie Chaplin: The Great Londoner* retrace la vie de ce héros londonien miséreux qui devint une icône hollywoodienne. D'autres expositions permanentes sont consacrées à *Alien, The Borrowers* et *Dr Who* Une section du musée a ouvert ses portes à Covent Garden en 2011 (Russell Street et Wellington Street, WC2. FCovent Garden).

208 B2
County Hall, Riverside Buildings, SE1
café Westminster, Waterloo 12, 24, 26, 76, 77, 148, 176, 243, 341, 381, 507, X68

London Film Museum
0207 202 7040, www.londonfilmmuseum.com
tlj. 10h-17h (sam jusqu'à 18h)
£££

London Dungeon 33

Si vous aimez les poussées d'adrénaline, aventurez-vous dans les bas-fonds macabres de la capitale. Une parenthèse angoissante mais divertissante, à condition de supporter l'hémoglobine… Au programme des réjouissances : *Boat Ride to Hell* (*Traversée vers l'enfer*, tout un programme !) qui vous plonge dans une obscurité totale, peuplée de personnages effrayants. Vous y rencontrerez Jack l'Éventreur, le meurtrier qui terrorisa la capitale au 19e siècle, et Sweeney Todd, le barbier diabolique. Vous serez plongé dans une reconstitution plus vraie que nature du Grand Incendie, où vous ne devrez votre salut qu'à la fuite. Enfin, vous partagerez les projets de Guy Fawkes, qui voulait faire sauter le Parlement. En tout, 90 min de frissons garantis.

208 B2 County Hall, Westminster Bridge Road 0871 423 2240, www.the-dungeons.com
horaires variables (consultez le site) £££
Waterloo 12, 24, 26, 76, 77, 148, 176, 243, 341, 381, 507, X68

Ci-dessous : l'Oxo Tower.
Page suivante : l'Imperial War Museum

Southbank Centre 34

Depuis ses débuts embryonnaires en 1951, avec la construction du Royal Festival Hall à l'occasion du Festival of Britain, ce site de la rive sud n'a cessé de se développer. Le Southbank Centre (► 118), ouvert 364 jours par an, propose une large palette d'activités, pour tous les goûts : flâner parmi les boutiques, se restaurer, boire un verre en attendant d'assister à l'un des nombreux spectacles prenant place dans le **Royal Festival Hall**, le **Queen Elizabeth Hall** ou la **Purcell Room**, ou de se rendre à la dernière exposition de la **Hayward Gallery**.

208 C3 0844 875 0073, www.southbankcentre.co.uk
Waterloo Waterloo 1, 4, 26, 59, 68, 76, 77, 168, 171, 172, 176, 188, 211, 243, 341, 381, 507, 521, N68, RV1

Oxo Tower 35

Cette tour abrite un mélange très vivant de locaux publics et privés, de bars et de restaurants (► 117), de lieux d'exposition, comme la Gallery@OXO, et d'ateliers de créateurs. Sur sa façade, l'emplacement des fenêtres a été subtilement conçu pour former le mot

"OXO" (nom d'une marque), ruse habile des architectes pour contourner la législation interdisant toute publicité sur les rives de la Tamise. Vaut le détour, ne serait-ce que pour la vue superbe sur la ville depuis la plateforme d'observation.

209 D3 **Barge House Street, SE1**
020 7021 1686, www.oxotower.co.uk
Observation area, niveau 8: tlj. 11h-22h; ateliers et boutiques mar.-dim. 11h-18h
entrée libre
Blackfriars, Waterloo
45, 63, 100, 381

Imperial War Museum 36

Ce musée, loin d'être un simple étalage de puissance militaire ou une glorification des valeurs guerrières – malgré son nom, les énormes canons sur le parvis et l'allure martiale des véhicules exposés dans le hall principal – réussit le tour de force de fasciner autant que de donner à réfléchir.

En effet, son véritable propos est de mettre l'accent sur les conséquences de la guerre moderne, telle que l'a connue le 20e siècle, pour les soldats comme pour les civils. À travers d'innombrables objets, photos, documents, œuvres d'art, films et enregistrements d'époque, il restitue l'atmosphère de ces temps troubles de manière passionnante. Certaines archives sonores, témoignages de citoyens ordinaires durement confrontés aux réalités de la guerre, sont poignantes. À voir pour qui veut comprendre ce qu'est vraiment la guerre.

Bien que situé au-delà de South Bank proprement dit, l'Imperial War Museum ne se trouve qu'à une seule station de métro de Waterloo.

209 D1 **Lambeth Road, SE1**
020 7416 5000, www.iwm.org.uk
tlj. 10h-18h
entrée libre
café **Lambeth North, Elephant & Castle, Waterloo**
1, 12, 45, 53, 63, 68, 168, 171, 172, 176, 188, 344, C10

Le Globe, reconstitution à l'identique du théâtre de William Shakespeare.

Shakespeare's Globe 37

À l'origine, on doit le projet de cette reconstruction à l'acteur et réalisateur américain Sam Wanamaker, décédé avant d'avoir vu son souhait se réaliser. Le résultat l'aurait sans doute comblé au-delà de ses espérances. Cette salle, bâtie à 300 m du site originel, restitue parfaitement l'atmosphère à la fois intime et bouillonnante qui pouvait régner dans un théâtre élisabéthain. Entièrement constitué d'éléments de chêne brut maintenus ensemble par plus de 9500 chevilles, ce bâtiment est couvert par le tout premier toit de chaume jamais posé à Londres depuis le Grand Incendie de 1666. À l'image de l'original, ce théâtre est en partie à ciel ouvert, avec un parterre de places debout d'où le public peut haranguer les acteurs exactement comme à l'époque.

Visitez ce théâtre, ou le Rose Theatre tout proche, vous ne le regretterez pas. Vous risquez de n'avoir qu'une seule envie en sortant : y obtenir des places pour la prochaine pièce. Cette visite aborde les lieux, les pièces en projet et les costumes de productions déjà jouées.

✚ 209 E3 ✉ 21 New Globe Walk, Bankside, SE1
☎ 020 7902 1400, réservations 020 7401 9919, www.shakespearesglobe.com
⏲ expositions : tlj. 10h-17h (plus tard en été) ; visites guidées : consultez le site ; lors des matinées, visites du site du Rose, la première scène de Bankside £££
café, brasserie et restaurant
Mansion House, London Bridge
Blackfriars 45, 63, 100 ; Southwark Street 381, RV1

Borough Market 38

Borough Market illustre parfaitement le rapport de la Grande-Bretagne à la nourriture. Occupant le même site depuis plus de 800 ans, le marché, maintenant coincé sous les arches du viaduc du chemin de fer entre Borough High Street et la Tamise, a conservé son aspect médiéval avec son dédale d'étals. Aujourd'hui consacrés exclusivement à l'alimentation, ses 70 stands présentent les meilleures viandes, poissons, fromages, pains, pâtisseries et bières britanniques, ainsi que de l'épicerie fine en provenance de toute l'Europe. Goûtez aux confitures et miels, aux jambons et fromages de pays et prenez bonne note des conseils culinaires du chef Hayley – chaque jeudi à 11h. Enfin, les affamés ne résisteront pas à un sandwich gourmand et à un bon verre de cidre. Un must pour les visiteurs !

✚ 210 A3 ✉ Southwark Street, SE1
☎ 020 7407 1002, www.boroughmarket.org.uk

jeu. 11h-17h, ven. 12h-18h, sam. 8h-17h London Bridge 21, 35, 40, 43, 47, 48, 133, 141, 149, 344

The Shard 39

Achevé en 2012 et inauguré par un spectacle laser, le plus célèbre des gratte-ciel londoniens offre une vue fantastique sur la capitale. Cette impressionnante et vertigineuse pyramide de verre, nouvelle attraction de la ville conçue par le fameux architecte Renzo Piano, atteint 310 m de hauteur et 11 000 vitres la revêtent. Deux ascenseurs à grande vitesse vous conduisent aux terrasses panoramiques qui se répartissent entre les 68e et 72e étages, à 244 m de hauteur. Pour y accéder, il est indispensable de réserver à l'avance vos tickets, pourvus de la date et de l'heure exactes de votre visite – ne soyez pas en retard ! Votre sac ne doit pas dépasser les dimensions standard – sinon, on vous refusera l'entrée (pas de vestiaire). Pour des raisons de sécurité, vous et votre équipement passerez par un scanner à l'entrée.

210 A2 Joiner Street 0844 499 7111, www.theviewfromtheshard.com été 9h-22h ; dès le mois d'oct. dim.-mer. 10h-19h, jeu.-sam. 10h-22h (dernière entrée 60-90 min avant) £££ (réductions en ligne, au moins 24 heures à l'avance) London Bridge 17, 43, 47, 48, 141, 149, 343, 381, CV1

HMS Belfast 40

Ce croiseur de la Seconde Guerre mondiale, le plus grand jamais construit par la Royal Navy, prit part au débarquement de Normandie, et resta en service jusqu'en 1963. Aujourd'hui amarré entre Tower Bridge et London Bridge, sur les quais sud de la Tamise, ce bâtiment a été conservé tel qu'il était en service actif. Des expositions relatent l'histoire récente de la Royal Navy, mais c'est bien sûr le navire lui-même qui vaut le détour. Vous pourrez le visiter entièrement, du pont supérieur à la salle des machines, 9 niveaux plus bas, en passant par les quartiers des officiers et de l'équipage – où chaque centimètre carré est compté –, les cellules de discipline et l'infirmerie, sans oublier les tourelles de canon et les armureries.

210 B3 amarré face à Morgans Lane, Tooley Street, SE1 020 7940 6300, www.iwm.org.uk mars-oct. tlj. 10h-18h (dernière admission à 17h) ; nov.-fév. 10h-17h (dernière admission à 16h) £££ ; gratuit pour les moins de 16 ans nombreux alentour London Bridge, Tower Hill, Monument 42, 47, 78, 381, RV1

Design Museum 41

À 2 pas du Tower Bridge est présentée sur 2 étages une exposition consacrée au design moderne, de l'objet industriel au graphisme en passant par la mode ou le mobilier. Le musée accueille aussi des expositions temporaires et itinérantes. Enfin, il organise régulièrement des conférences sur certains grands noms du design. En 2016, les quelque 2 000 pièces de la collection devraient déménager sur le site de l'ancien **Commonwealth Institute** (Kensington High Street) pour prendre leurs aises dans un nouvel écrin conçu par John Pawson (consultez le site).

210 C2 28 Shad Thames, SE1 020 7403 6933, www.designmuseum.org fermeture prévu en 2016, avant déménagement ££ London Bridge 42, 47, 78, 188, 381

Le repos du guerrier : le *HMS Belfast* à l'ancre sur la Tamise.

Où...
se restaurer

Gamme des prix
Il s'agit du prix moyen d'un repas complet, boissons, taxes et pourboire non compris.
£ moins de 25 £ **££** de 25 à 50 £ **£££** plus de 50 £

The Archduke £-££
Sous les arcades, près de la station de Waterloo : voilà un lieu qui attire aussi bien les visiteurs de South Bank que les Londoniens pour écouter les concerts de jazz qui s'y tiennent 6 soirs par semaine. Déjeuners légers le midi, dîners décontractés le soir. Même si vous pouvez y manger omelettes et salades, poisson et plats végétariens, la maison bichonne tout particulièrement les amateurs de steaks, passés sur le gril et servis avec une sauce de votre choix.
208 C2 Concert Hall, South Bank, SE1 020 7928 9370, www.blackandbluerestaurants.com dim.-jeu. 12h-23h, ven.-sam. 12h-23h30 Waterloo, sous les arcades

Butler's Wharf Chop House £-££
Sur l'agréable terrasse donnant sur la Tamise, dégustez steaks grillés sur du charbon de bois aux chips faites maison ou cocktail de crevettes aux huîtres, sans compter les plats végétariens. Prix moins élevés au Chop House Bar.
210 C2 36e Shad Thames, SE1 020 7403 3403, www.chophouse-restaurant.co.uk lun.-sam. 12h-15h, 18h-23h, dim. 12h-21h45 London Bridge, Tower Hill

Cantina del Ponte £-££
Situé en bord de Tamise non loin de Tower Bridge, ce restaurant animé et détendu, au sobre décor de style italien, offre une vue fabuleuse sur la City. C'est le moins cher de tous les restaurants du Butler's Wharf. La carte propose un choix de plats simples – viandes et poissons grillés ou rôtis. L'été, demandez une table en terrasse.
210 C2 Butler's Wharf Building, 36c Shad Thames, SE1 020 7403 5403, www.cantinadelponte.co.uk lun.-sam. 12h-15h, 18h-23h ; dim. 12h-15h, 18h-22h London Bridge, Tower Hill

Fish! Restaurant ££-£££
Commencez votre journée avec un *breakfast* et du hareng fumé. Chez Fish!, vous vous régalerez de recettes classiques de produits de la mer : noix de Saint-Jacques grillées, salade de fruits de mer ou encore *fish & chips*. Venez donc au brunch du dimanche et dégustez, au cœur du Borough Market, du haddock fumé, un sandwich à l'espadon ou un burger au thon.
210 A3 Cathedral Street, Borough Market, SE1 020 7407 3803, www.fishkitchen.com Petit déjeuner ven.-sam. 9h-11h, brunch dim. 10h-14h ; restaurant : lun.-jeu. 11h30-23h, ven.-dim. 12h-22h30 London Bridge

Oxo Tower ££-£££
Pas évident de trouver l'entrée des restaurants de cette tour, mais vos efforts seront récompensés lorsque vous embrasserez du 8e étage la vue sur la capitale. Selon votre humeur – et votre bourse –, vous aurez le choix entre un restaurant à la carte Modern British, une brasserie aux parfums

asiatiques et un bar aux cocktails et aux tapas alléchants, tous gérés par le grand magasin Harvey Nichols (► 142).

209 D3 OXO Tower Wharf (8e étage), Barge House Street, SE1 020 7803 3888, www.harveynichols.com lun.-sam. 12h-14h30, 17h30-23h ; dim. 12h-15h, 18h30-22h-30 Blackfriars

The Red Lion £££

Ce pub historique est indissociable de Westminster et vous offre l'occasion de goûter quelques-unes des spécialités emblématiques britanniques, dans un somptueux décor fraîchement rénové.

208 A2 48 Parliament Street, SW1 020 7930 5826, www.redlionwestminster.co.uk lun.-ven. 8h-23h, sam. 8h-21h, dim. 9h-21h Westminster

RSJ ££

"RSJ" fait référence à la poutrelle d'acier *(steel joist)* qui court d'un bout à l'autre du plafond de ce restaurant familial. Un décor contemporain, sobre, chaleureux, confortable et une bonne cuisine moderne d'inspiration franco-anglaise, qui met l'accent sur les produits de saison et propose un bon choix de plats végétariens, et une superbe carte des vins. Le menu du déjeuner est d'un excellent rapport qualité-prix.

209 D3 33 Coin Street, SE1 020 7928 4554, www.rsj.uk.com lun.-ven. 12h-14h30, 17h30-23h ; sam. 17h30-23h Waterloo

The Table Café £-££

L'architecte qui a conçu son propre restaurant lui a donné une agréable sobriété. Venez pour goûter petits déjeuners et brunchs, burgers et salades – tous les plats, copieux, incluent des ingrédients ou mélanges originaux et locaux.

209 E3 83 Southwark Street, SE1 020 7401 2760, www.thetablecafe.com lun. 7h30-16h, mar.-ven. 7h30-22h ; brunch le week-end 8h30-16h30 Southwark, London Bridge

Swan £-££

Ce bâtiment géorgien, qui fait partie du complexe du Shakespeare's Globe (► 114), offre des points de vue époustouflants sur le fleuve. Le bar, aéré et lumineux, sert des déjeuners et dîners légers. Au 1er étage, le restaurant-grill propose des menus d'avant ou d'après spectacle d'un excellent rapport qualité-prix.

209 F3 21 New Globe Walk, Bankside, SE1 0333 122 1170, www.swanlondon.co.uk bar : lun.-mer. 7h30-23h30, jeu.7h30-0h, ven. 7h30-0h30, sam. 11h-0h30, dim. 11h-22h30 ; restaurant : lun.-ven. 12h-14h30, 18h-22h (17h30 les soirs de spectacle), sam. 11h-15h30, 18h-22h, dim. 11h-17h Cannon Street, London Bridge, Mansion House

BARS & PUBS

Anchor & Hope £

Si vous arrivez aux heures d'affluence, armez-vous de patience car ce gastropub très couru ne prend pas de réservation, en particulier le soir. Outre la bonne et généreuse cuisine anglaise, la carte dévoile quelques mets créatifs. Bonne carte des vins.

209 D2 36 The Cut, SE1 020 7928 9898 lun. 17h-23h, mar.-sam. 11h-23h, dim. 12h30-17h Southwark, Waterloo

Gordon's Wine Bar £

L'adresse idéale pour les amateurs de véritables pubs anglais. Sombre et poussiéreux à souhait, cet estaminet de 1890 se targue d'être le plus vieux bar à vins de Londres. Venez y déguster un verre de vin, de madère ou de porto, et vous repaître de salades et de plats chauds, mets traditionnels, tel le *sunday roast*, mais aussi vous imbiber de l'atmosphère de l'endroit.

208 A3 47 Villiers Street, WC2 020 7930 1408, www.gordonswinebar.com lun.-sam. 11h-23h; dim. 12h-22h Embankment, Charing Cross

Où... acheter

Oxo Tower Wharf et **Gabriel's Wharf** sont les 2 centres commerciaux (www.coinstreet.org ⌚ mar.-dim. 11h-18h) les plus originaux de Londres : artisans, designers et artistes de renommée internationale y alternent avec de nombreux cafés, pubs, bistrots ou restaurants.

À Oxo Tower Wharf, vous dénicherez d'amusants cadeaux. Ainsi, chez **Joseph & Joseph**, les frères jumeaux Antony et Richard Joseph créent une vaisselle qui emplira toute cuisine de gaieté ; ces articles sont également disponibles dans d'autres grands magasins (1.20-1.21, niveau 1, côté cour, www.josephjoseph.com). Jetez aussi un œil sur les créations de **Whitbread Wilkinson W2 Products** (2.01-2.02 niveau 2, côté cour ☎ 020 7922 1444), **Mr Jones Design** (1.11 niveau 1, côté fleuve ☎ 020 7401 3636, mrjoneswatches.com), Joseph Kroppmann (1.22 niveau 1, côté cour ☎ 020 7928 6252), **J-me** (1.20-1.21 niveau 1, côté cour ☎ 020 7928 8828, www.j-me.com) ou **Suck UK** (103 niveau 1, côté fleuve ☎ 020 7928 0855, www.suck.uk.com), spécialiste du détournement d'objets !

À Gabriel's Wharf (56 Upper Ground, SE1), intéressez-vous à **Studio 1/2** (1/2 Gabriel's Wharf ☎ 020 7620 1802), **Jianhui London** (16 Gabriel's Wharf, www.jianhui.co.uk), **Henrietta Park** (The Pagoda ☎ 020 7928 2019, www.henriettapark.co.uk), **Vendula** (9 Gabriel's Wharf ☎ 020 8385 2587, www.vendula.co.uk) ou aux chapeaux de **Heads Rule Hearts** (8 Gabriel's Wharf ☎ 020 7928 1122).

Où... se divertir

Le Southbank Centre (► 112 Waterloo), le principal complexe d'arts d'expression de Londres, abrite le **Royal Festival Hall**, le **Queen Elizabeth Hall**, et la **Purcell Room** – tous 3 axés sur la musique et sur la danse.

Le **Royal National Theatre** (☎ 020 7452 3000, www.nationaltheatre.org.uk) comprend en fait 3 salles : la Lyttleton, l'Olivier et la Cottesloe ; et le **BFI South Bank** (☎ 020 7928 3232, www.bfi.org.uk) propose aussi bien des films en V.O. sous-titrée que les dernières productions d'Hollywood.

Les amateurs d'art ne manqueront pas les expositions d'art contemporain de la **Hayward Gallery** (Belvedere Road, SE1 ☎ 0871 663 2519 , www.haywardgallery.org.uk Waterloo).

Le **British Film Institute London IMAX Cinema** (1 Charlie Chaplin Walk, SE1 ☎ 0870 787 2525, www.bfi.org.uk Waterloo) projette des films en 2D et 3D sur le plus grand écran du pays.

L'autre géant de South Bank est **Shakespeare's Globe** (► 113). À côté, 2 lieux partagent nom et renommée : l'**Old Vic** (☎ 0844 871 7682, www.oldvictheatre.com), dont Kevin Spacey est l'administrateur, et le **Young Vic** (☎ 020 7922 2922, www.youngvic.org) qui présente des productions à des tarifs abordables.

L'été, ne manquez pas de faire un tour à l'**E4 Udderbelly**. Ce lieu de manifestations présente des comédies alternatives, du cirque, de la musique et des performances dans les Jubilee Gardens, près du Royal Festival Hall. En décembre, découvrez-y le marché de Noël.

Knightsbridge, Kensington et Chelsea

D'un coup d'œil	120
En 1 jour	122
Top 10	124
Ne manquez pas	130
Et aussi...	137
Où...	140

Découvrez autrement

Back to the Sixties

Partez sur les traces d'Austin Powers devant les vêtements colorés de l'exposition de mode du **V&A Museum** (➤ 126) !

Prêt au décollage ?

Jeune ou moins jeune, entrez dans la peau d'un pilote de jet grâce au simulateur de vol du **Science Museum** (➤ 131).

Gestes d'architecte

Conçu chaque année par un artiste différent, le pavillon de la Serpentine Gallery de **Hyde Park** (➤ 138) écrit des chapitres d'histoire architecturale.

D'un coup d'œil

Ces quartiers résidentiels et huppés étaient jadis des villages verdoyants, loin de la crasse et de la pollution du centre de la capitale. Ils gardent aujourd'hui leur caractère exclusif et bourgeois : immeubles majestueux, rues bordées d'arbres, espaces verts… Rien d'étonnant à ce que la plupart des consulats et ambassades y aient élu domicile.

Kensington a commencé à être un quartier à la mode à la fin du 17e siècle, lorsque la famille royale emménagea à Kensington Palace, au bord de Kensington Gardens. Même si certains appartements sont ouverts au public, ce palais reste une résidence royale, dont les jardins comptent parmi les plus ravissants de la capitale. Séparé de Kensington Gardens par un lac artificiel (la Serpentine), Hyde Park, immense espace vert au cœur de Londres, s'étend jusqu'à Marble Arch.

Kensington regorge de monuments érigés à la mémoire du prince Albert, le mari de la reine Victoria, décédé en 1861. Le principal est bien sûr l'Albert Memorial, en bordure de Kensington Gardens, mais vous en trouverez beaucoup d'autres, plus petits et plus élégants, au gré de vos promenades. Le prince Albert lui-même avait décidé que les profits dégagés par l'Exposition universelle – qui eut lieu à Hyde Park en 1851 – serviraient au développement d'un complexe éducatif dans le quartier. Les nombreuses institutions à vocation pédagogique (collèges, musées) de South Kensington en sont le résultat. Parmi celles-ci, 3 des plus grands musées de la capitale : le V&A Museum, le Natural History Museum, et le Science Museum.

Plus à l'est, Knightsbridge est un quartier résidentiel encore plus chic que son voisin. C'est aussi une zone commerciale très distinguée, avec Harrods, commerce de proximité pour les riches habitants du quartier, mais que la plupart des Londoniens et des touristes se contentent d'admirer, pour sa splendeur, la richesse et la variété des produits, et l'opulence des étals d'alimentation.

Top 10

Kensington Palace ➤ 124 — 6

V&A Museum ➤ 126 — 8

Ne manquez pas

Harrods ➤ 130 — 42

Science Museum ➤ 131 — 43

Natural History Museum ➤ 134 — 44

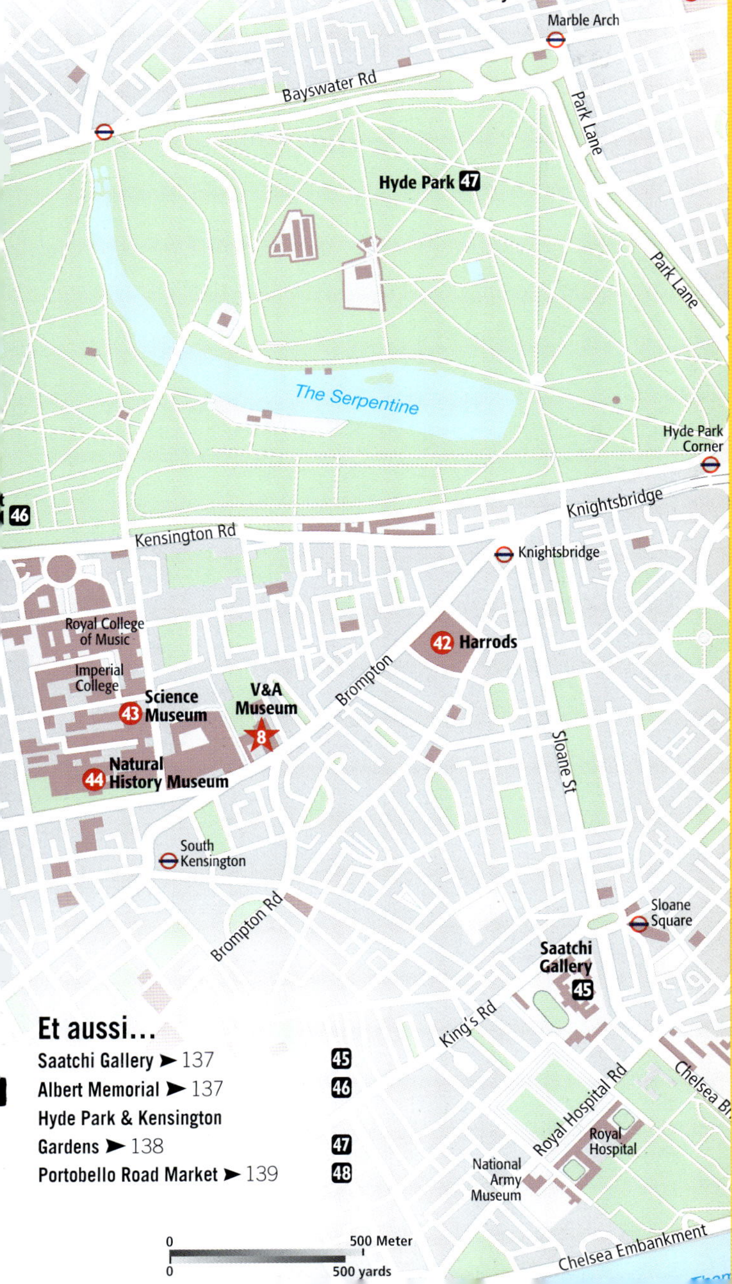

Et aussi…

Saatchi Gallery ➤ 137 — 45

Albert Memorial ➤ 137 — 46

Hyde Park & Kensington Gardens ➤ 138 — 47

Portobello Road Market ➤ 139 — 48

En 1 jour

Programmez-vous une journée bien remplie en commençant par flâner à travers les luxueux rayons de Harrods avant de vous attaquer aux 3 grands musées de South Kensington, et à un palais royal posé sur un écrin de verdure, Kensington Palace.

10h

Harrods 42 (➤ 130, à gauche) vaut absolument le détour, même si vous n'avez pas l'intention d'y dépenser le moindre penny. Ne manquez pas les étals d'alimentation, le rayon des animaux de compagnie, et le grand Hall égyptien. Ce grand magasin abrite également de nombreux cafés, très agréables.

11h30

Promenez-vous le long de Brompton Road et ses boutiques de luxe jusqu'au **Victoria & Albert Museum** 8 (➤ 117). Sinon, vous pouvez également prendre le bus : les n°s 14, 74 et C1 vous conduiront tous 3 au pied du musée. Les autres musées sont en face. Le V&A Museum, musée national des arts et des arts appliqués, regorge d'objets splendides. Le **Natural History Museum** 44 (➤ 134) est consacré à la faune, la flore et la géologie de la planète. Enfin, le **Science Museum** 43 (➤ 131) vous fera explorer toutes les facettes du monde de la science. La meilleure option consiste sans doute à consacrer 2 bonnes heures à l'un de ces musées, plutôt que d'essayer de voir les 3.

13h30

Les cafés des musées, les pâtisseries et les pubs de Brompton Road sont autant de lieux qui vous attendent pour une agréable pause déjeuner.

14h45

Empruntez Exhibition Road vers le nord, puis tournez à droite dans Kensington Gore pour vous rendre au Royal Albert Hall, qui fait face à l'**Albert Memorial** 46 (➤ 137) et ses dorures foisonnantes. Si le temps s'y prête, faites quelques pas dans Kensington Gardens ; traversez le Round Pond (Bassin rond) et rendez-vous à Kensington Palace. Sinon, les bus 9, 10 et 52 vous mèneront de Kensington Gore à Kensington High Street. Descendez à "Broad Walk" (2 ou 3 arrêts plus loin), et dirigez-vous tout droit vers les jardins qui bordent le palais. En hiver, les dernières admissions à Kensington Palace se font à 16h.

15h30

Kensington Palace 6 (➤ 124) est moins majestueux que Buckingham, mais c'est un lieu où l'on peut imaginer que des gens habitent vraiment. Sa collection d'habits royaux vaut tout particulièrement le détour, ainsi que ses nouvelles expositions sur la reine Victoria et la princesse Diana.

17h

Promenez-vous tranquillement de **Kensington Gardens** à **Hyde Park** 47 (➤ 138, ci-dessous). Et que diriez-vous d'un tour en barque sur la Serpentine (excepté en hiver) puis d'un *afternoon tea* au Serpentine Bar & Kitchen pour clore cet après-midi en beauté ?

Kensington Palace 6

Si Kensington Palace fut la résidence de nombreux membres de la famille royale au cours des siècles, c'est avec l'arrivée de feue la princesse Diana qu'il a acquis une notoriété internationale. Palais historique aux charmes nombreux, foyer de la reine Victoria, il vaut le détour pour ses jardins, ses appartements et ses collections. Depuis sa restauration, de nouveaux espaces sont devenus accessibles.

La façade sud de Kensington Palace, conçue en 1695 par Nicholas Hawksmoor.

Construite en 1605, cette demeure fut d'abord un manoir rural. Le bâtiment fut ensuite transformé en palais par Sir Christopher Wren pour le roi William III et la reine Mary II après leur accession au trône en 1689. À cette occasion, ils décidèrent de quitter l'enceinte de Whitehall, située au bord de la Tamise. Si la reine Anne et les rois George I et George II y résidèrent, la reine Victoria y vit le jour, et y fut baptisée et éduquée. C'est donc ici que, un matin de juin 1837, elle apprit que son oncle, William IV, venait de décéder et qu'elle était désormais reine.

La visite du palais

Depuis sa rénovation, le palais offre de nouvelles expositions, telle ***Victoria Revealed***, qui présente la vie et le règne de la grande reine et ouvre des espaces jusqu'ici fermés, comme le **Red Saloon**, où Victoria tint son premier conseil d'État.

Une autre exposition rencontrant un franc succès est ***Fashion Rules*** (Les règles de la mode), qui vous propose de plonger votre regard dans les garde-robes de la reine actuelle, Elizabeth II, de sa sœur, la princesse Margaret, qui vécut dans ce palais, et de Lady Diana, la défunte princesse de Galles.

La visite commence au rez-de-chaussée par la **Royal Ceremonial Dress Collection** (Collection royale d'habits d'apparat), et

Si vous voulez contempler le célèbre portrait de Charles I par Van Dyck, rendez-vous dans la King's Gallery.

se poursuit à l'étage avec les **State Appartements** (Appartements royaux). Vous pourrez admirer au passage les somptueuses tenues portées par les courtisans au début du 19e siècle.

À l'étage, les appartements du roi William III et de la reine Mary II – beaucoup moins somptueux – ont été restaurés tels qu'ils étaient au 18e siècle. La pièce la plus impressionnante est la **Cupola Room**, entièrement décorée dans le style romain antique. C'est dans cette pièce que la reine Victoria fut baptisée en 1819.

Si le temps le permet, promenez-vous dans les jardins autour du **Round Pound** (Bassin rond) ou des jardins italiens, ou tout simplement le long de Broad Walk, où se dresse une statue de la reine Victoria dessinée par sa fille, la princesse Louise.

FAITES UNE PAUSE

Au cœur des jardins, l'**Orangery** (mêmes horaires que le palais) du 18e siècle offre un élégant cadre où se détendre le temps d'un repas ou d'un *afternoon tea*.

---

202 B3
The Broad Walk, Kensington Gardens, W8 020 7937 9561, www.hrp.org.uk tlj. : mars-sept. 10h-18h (dernière admission à 17h) ; oct.-fév. 10h-17h (dernière admission à 16h) £££, gratuit -16 ans
café et restaurant l'Orangery
High Street Kensington, Queensway, Notting Hill
Bayswater Road : 94, 148, 390 ; Kensington High Street 9, 10, 49, 52, 70, 452

ENTRE NOUS

À savoir L'entrée du palais se fait par l'arrière du bâtiment, sur Broad Walk, dans Kensington Gardens.

- **Billets** Achetez vos billets en ligne afin de bénéficier de réductions et d'éviter de faire la queue.
- **Diana mania** Une exposition présente les robes de la princesse Diana et révèle beaucoup sur sa personnalité.

À découvrir L'**Orangery**, construite pour la reine Anne et aménagée en restaurant, et le très joli jardin en contrebas, le **Sunken Garden**, dessiné voilà plus d'un siècle.

V&A Museum

8

De son nom complet Victoria & Albert Museum, le V&A fut créé en 1852 dans le but de rendre l'art accessible à tous, d'éduquer les masses laborieuses, et d'inspirer artisans et manufacturiers. Fort de figurer parmi les plus importants musées d'Europe, le V&A expose, sur 4,8 ha, d'innombrables objets et œuvres d'art de toutes les époques et de toutes les origines.

C'est typiquement le genre d'endroit que l'on a envie de dévaliser : ne serait-il pas agréable de rentrer chez soi avec quelques superbes tapis persans, ou bien un trône indien, ou encore le célèbre joyau Heneage, qui appartint jadis à la reine Elizabeth I ? La multiplicité et la variété des objets exposés – porcelaines, verres, mobilier, tissus, tableaux, gravures, bijoux, costumes anciens, instruments de musique… – sont littéralement époustouflantes. Tous ces trésors sont en outre exposés dans un cadre tranquille et raffiné, et le V&A possède l'une des boutiques les plus intéressantes de tous les musées londoniens.

Derrière sa façade néo-Renaissance de 1899, les collections sont organisées par thématiques dans les quelque 140 salles réparties sur 7 niveaux : mouvements artistiques, aires géographiques ou périodes historiques. Au gré des rénovations d'es-

Une entrée par la grande porte dans l'univers du V&A.

Sur la copie de la colonne trajane, les reliefs sont parfois plus nets que sur l'originale, à Rome.

paces, des salles ferment leurs portes périodiquement pour ne rouvrir au public qu'une fois restaurées, telles les Fashion Galleries, de nouveau accessibles depuis 2012.

Pour éviter de vous perdre dans la profusion d'espaces et de collections, il vous faudra faire halte à l'accueil pour vous munir d'un plan du musée indiquant les points forts de la collection (don bienvenu) et obtenir la liste des expositions temporaires du moment. La plupart des visiteurs se contentent d'explorer le 1er niveau et ne montent pas dans les étages. Une bonne solution pour venir à bout de ce gigantesque espace peut consister au contraire à commencer par les niveaux les plus élevés pour descendre tranquillement en parcourant les salles qui auront éveillé votre attention.

Les Medieval & Renaissance Galleries

Réparties sur 3 niveaux, les 10 salles couvrent la période entre 300 et 1600. L'une des pièces maîtresses en est le **Becket Casket**, reliquaire en porcelaine de Limoges datant de 1180, décoré d'images illustrant la mort de saint Thomas Becket, assassiné par 4 chevaliers, affidés du roi Henry II que Becket s'était aliéné. Selon la légende, ce reliquaire contenait un morceau de tissu taché du sang de saint Thomas Becket. Ne manquez pas non plus le jubé de la cathédrale Saint-Jean-l'Évangéliste de 's-Hertogenbosch (1600-1613) ou les sculptures de Donatello (1386-1466).

Les Raphael Cartoons (cartons de Raphaël, Level 1)

Ils furent commandés par le pape Léon X en 1515, pour servir de modèles aux tapisseries de la chapelle Sixtine, au Vatican. Stricto sensu, le terme de “carton” désigne les études préparatoires à des œuvres créées sur d'autres supports. Ceux de Raphaël, représentant des scènes de la vie de saint Pierre et de saint Paul, sont en eux-mêmes de véritables chefs-d'œuvre.

Moulages et copies se succèdent dans la Dorothy & Michael Hintze Gallery.

La Nehru Gallery of Indian Art (Level 1)

Elle présente une très belle collection de tissus et de tableaux, d'objets et d'ustensiles fascinants – tels qu'un verre à vin de jade blanc et une bague de pouce ayant appartenu à Shah Jahan (l'empereur moghol qui fit construire le Taj Mahal). Vous verrez également le **Tipu's Tiger** (Tigre de Tipu), un automate grandeur nature datant des années 1790, et représentant un tigre en train de dévorer un homme. Caché dans le corps du tigre, un mécanisme sonore conçu sur le principe des boîtes à musique imite les grognements du tigre et les hurlements de sa victime.

La Jameel Gallery (Level 1)

Elle présente des œuvres d'art islamique – du 8e au 20e siècle. Parmi celles-ci, ne manquez surtout pas le gigantesque – plus de 50 m^2 – **Ardabil Carpet**, l'un des plus beaux et plus célèbres tapis persans. Réalisée en Iran au 16e siècle, cette merveille dont la qualité est due, entre autres, à la densité de ses nœuds, n'est éclairée que 2 fois par heure (à l'heure et à la demi-heure), pour d'évidentes raisons de conservation.

Les Cast Courts (salles des moulages, Level 1)

Elles abritent la plus grande collection du musée, mais aucune des œuvres présentées n'est originale ! Toutes les sculptures exposées sont des répliques – souvent des moulages – effectuées au 19e siècle, à une époque où les étudiants des beaux-arts pouvaient difficilement aller voir les originaux sur place – ils continuent d'ailleurs de fréquenter ces salles où l'on peut voir, entre autres des morceaux de la colonne Trajane de Rome, l'énorme Portico de la Gloria de Saint-Jacques-de-Compostelle, en Espagne, ou le *David* de Michelange, de Florence.

Dans les étages (Level 2 à 6)

C'est dans ces salles que vous pourrez mesurer la démesure et l'éclectisme des collections du V&A. Vous pourrez y contempler, par exemple, le costume de marié du roi James II, dont les broderies de fil d'argent scintillent de mille feux (**Fashion Galleries**, salle 40), mais aussi l'impressionnant Great Bed of Ware, un lit monumental de 10 m², réalisé en 1590 pour une auberge du Hertfordshire (**British Galleries**, salle 57).

Un autre point fort du musée est constitué par les **Jewelry Galleries** (salles 91-93), qui explorent les relations passionnées que les hommes et femmes de tout temps ont entretenu avec leurs parures, des bijoux celtiques aux bijoutiers modernes. Ne manquez pas ainsi la sublime Manchester Tiara, réalisée par Cartier en 1903.

Les **Theatre & Performance Collections** (salles 103-106) vous présenteront, pour leur part, 5 siècles d'histoire théâtrale britannique, des sculptures sur bois du Moyen Âge à la salle de maquillage de Kylie Minogue, le tout illustré de nombreuses séquences vidéo.

Les **Ceramic Galleries** (salles 136-146) ont toujours été l'une des grandes attractions du V&A. Entièrement rénovées, elles présentent l'une des plus importantes collections mondiales en la matière. Ce sont ainsi pas moins de 4500 ans d'histoire qui vous attendent, des magnifiques productions d'Extrême-Orient aux porcelaines de Saxe et de Delft. Vous pourrez également admirer des céramiques dans de nombreux autres espaces d'exposition comme les British Galleries, la Jameel Gallery of Islamic Art, et la Toshiba Gallery of Japanese Art.

D'innombrables autres galeries thématiques attendent de vous surprendre et de vous séduire, à l'instar des **Glass Galeries** (verrerie, salles 129 et 131), des **Silver Galleries** (argenterie, salles 65-71) ou bien encore de la **Photographs Gallery** (salle 100), pour n'en citer que quelques-unes.

FAITES UNE PAUSE

Les élégantes salles Morris, Gamble & Poynter accueillent le **V&A Café** (sam.-jeu. 10h-17h15, ven. 10h-21h30). Aux beaux jours, préférez le **Garden Café** (tlj. 10h-17h15), situé à l'extérieur.

---

203 E1 Cromwell Road, SW7 020 7942 2000, www.vam.ac.uk sam.-jeu. 10h-17h45, ven. 10h-22h entrée libre (payant pour certaines expositions temporaires) South Kensington C1, 14, 74, 414

ENTRE NOUS

- **Visite guidée** Une visite guidée d'introduction gratuite (1 h) a lieu 4 fois par jour (nocturne le vendredi). D'autres visites gratuites ont lieu dans les Theatre & Performance Collections (lun.-ven. 14h sauf les jours fériés).
- **Ateliers de création** Dans le cadre du programme **Create**, les jeunes de 16 à 24 ans peuvent assister à des ateliers et des cours sur des thèmes comme la mode, où ils reçoivent de précieux conseils de la part de professionnels.
- **Enfants** Renseignez-vous au guichet d'informations sur les événements pour les familles ; on vous y prête gratuitement de petits sacs à dos *(backpacks)* remplis de jeux, d'énigmes, de puzzles et de pièces de construction, qui permettent aux enfants de découvrir tant les pièces exposées que le bâtiment lui-même. Les Theatre & Performance Collections accueillent également des expositions interactives.

Harrods

42

Harrods est un monument de la vie londonienne. Son histoire commence en 1849, lorsque Charles Henry Harrod, épicier et marchand de thé, ouvre une petite boutique. Aujourd'hui, le magasin compte plus de 300 rayons, 7 niveaux, et s'efforce de respecter sa devise : *Omnia omnibus ubique*, "de tout, pour tous, partout".

Harrods fait tout pour tenir son rang de grand magasin le plus chic de la capitale. Des portiers en livrée (appelés Green Men, les "hommes en vert") surveillent les entrées, et vous feront poliment rebrousser chemin si vous n'avez pas l'heur d'être vêtu décemment – les sacs à dos, les survêtements ou les shorts ne sont pas les bienvenus...

Les rayons les plus convoités sont les **étals d'alimentation** du rez-de-chaussée, avec leurs céramiques murales, leurs voûtes majestueuses, et, bien sûr, les étals eux-mêmes, véritables cornes d'abondance de poissons, de fruits, de chocolats et de milliers d'autres produits tous plus appétissants les uns que les autres. Thés, cafés et biscuits de toutes sortes joliment emballés dans des boîtes portant le logo du magasin sont autant de petites tentations bon marché pour ressortir avec le célèbre sac Harrods !

Ne manquez pas le fameux **Hall égyptien** et ses sphinx (au rez-de-chaussée également), ainsi que l'escalator de même facture qui mène aux étages supérieurs. Au quatrième niveau, le **rayon des animaux de compagnie** est une attraction majeure du magasin ; l'achat le plus célèbre fut celui d'un éléphanteau, en 1967. De nos jours, les animaux proposés sont de dimensions plus raisonnables.

Enfin, complétez votre visite de Harrods à la nuit tombée : sa magnifique façade de brique rouge est alors illuminée de mille feux.

Harrods, temple de la consommation et, en même temps, *so british*.

FAITES UNE PAUSE

Vous n'aurez que l'embarras du choix parmi les 25 *corners* et restaurants du magasin. Alors, cornet de glace au yaourt, sandwich, repas complet ou caviar et champagne ?

206 A4
87-135 Brompton Road, SW1
020 7730 1234,www.harrods.com
lun.-sam. 10h-20h, sam. 12h-18h
25 bars et restaurants dont un deli, une pizzeria et une rôtisserie
Knightsbridge C1, 9, 10, 14,19, 22, 52, 74, 137, 414

Science Museum 43

Que les technophobes ne s'enfuient pas : la science est ici présentée de manière simple et plaisante, avec de nombreuses expositions interactives qui raviront petits et grands, et d'ingénieuses expériences conçues pour mettre les phénomènes les plus simples comme les plus complexes à la portée de tous. Ce musée embrasse tous les domaines de la science pure et appliquée, et les parsème d'attractions comme l'IMAX et les simulateurs. Si vous êtes accompagné d'enfants, laissez-les explorer librement les nombreuses zones interactives du musée.

L'exposition *Who Am I ?* (Qui suis-je ?).

Le Science Museum est vaste, et vous pouvez aisément y passer toute une journée sans pour autant en faire le tour. Avant de partir à l'aventure, procurez-vous un plan du musée au bureau d'information et renseignez-vous sur les visites et circuits du jour.

Rez-de-chaussée

Au rez-de-chaussée sont exposées les inventions phares de l'ère moderne et de nombreux "pionniers", de la locomotive de Stephenson, The Rocket, détentrice du record de vitesse en 1829, à la capsule Apollo 10 qui fut mise en orbite autour de la Lune en mai 1969 en prélude à de futurs alunissages – pour l'histoire complète des vols spatiaux, dirigez-vous vers l'**Exploring Space** voisin. Mais les machines favorites de nombreux visiteurs restent les énormes moteurs à roues géantes qui ont fourni la puissance nécessaire à la Révolution industrielle et reprennent du service dans le cadre du musée.

La Wellcome Wing

Derrière un mur de verre bleu foncé, cette aile, entièrement rénovée à l'occasion du centenaire du musée, met en scène les technologies les plus modernes. Ainsi, l'Antenna, au rez-de-chaussée, recense les progrès technologiques les plus récents, ainsi que l'actualité scientifique. C'est aussi là que vous pourrez prendre vos billets pour l'**IMAX** et **Legend of Apollo**, une expérience spatiale en 4D. À l'étage, l'exposition ***Who Am I ?*** (Qui suis-je ?) explore le corps, le cerveau et les gènes. Regardez-vous vieillir, ou changer de sexe ! Au dernier niveau, l'**Atmosphere Gallery** est consacrée à la climatologie, Mais vous trouverez d'autres thèmes comme l'histoire de la Terre, l'énergie ou les technologies du futur.

Découpez un atome en famille.

Le troisième niveau

Vous ne saurez plus où donner de la tête parmi les attractions de cet espace. Les simulateurs de la Fly Zone (payants) côtoient la fascinante exposition ***Flight***, qui raconte l'histoire du vol habité depuis les frères Montgolfier jusqu'aux avions supersoniques. Des engins volants sont suspendus partout et des passerelles surélevées vous permettront de les approcher. Le **Launch Pad** est l'occasion de mettre littéralement les mains dans la science et d'apprendre en s'amusant. Pédalez pour créer vous-même de l'électricité ou essayez de comprendre les principes élémentaires de la poulie, de la vis, du levier ou de la manivelle.

Mais encore…

Vous êtes-vous déjà demandé comment fonctionnait un aspirateur, un grille-pain, un four micro-ondes ? **The Secret Life of Home** répond à toutes ces questions et à bien d'autres. Vous découvrirez même les dessous de l'invention de la chasse d'eau ! Par ailleurs, les merveilles de la collection d'horloges auparavant exposée dans le Guildhall Museum (➤ 182) ont trouvé un écrin à leur hauteur avec le **Clockmakers' Museum** du 2e niveau. D'autres espaces vous initieront aux secrets de la médecine, des télécommunications ou de la science au 18e siècle.

FAITES UNE PAUSE

Malgré son appellation de café, le **Deep Blue Café** est un restaurant haut de gamme, où l'on vous servira des plats très "tendance", dans un

Avec vos enfants

Ce musée fait d'importants efforts pour intéresser les enfants et des animateurs les attendent dans les galeries qui leur sont consacrées.

- **Garden** (jardin, sous-sol) : pour les 3-6 ans.
- **Pattern Pod** (Wellcome Wing, rez-de-chaussée) : pour les 5-8 ans, qui pourront toucher et manipuler pour comprendre.
- **Fly Zone** (zone de vol, 3e niveau) : sur les mystères de l'aéronautique, avec ses simulateurs 3D.
- **Launch Pad** (base de lancement, sous-sol) : de nombreux principes scientifiques y sont expliqués d'une manière amusante et interactive.

Pensez à prendre le guide ***World Wonder's Trail*** à la boutique du musée.

Le hall d'accueil vu du 2e niveau.

cadre dégagé d'où vous pouvez admirer la Wellcome Wing. Le **Revolution Café** est situé au rez-de-chaussée, près d'une superbe machine à vapeur ancienne.

203 E1 Exhibition Road, SW7 020 7942 4000, www.sciencemuseum.org.uk tlj. 10h-18h entrée libre ; IMAX, simulateurs et certaines expositions : £-££ restaurant et cafés South Kensington C1, 9, 10, 14, 49, 52, 70, 345, 360, 414

ENTRE NOUS

- **Interactivité** Sur le plan, cherchez le symbole de la main noire à l'index relevé : il indique les éléments interactifs. Si vous parcourez le musée par vous-même, des employés sont à votre disposition pour répondre à vos questions.
- **Animations gratuites** Tout au long de la journée, des shows scientifiques incluant des expériences sont présentés dans le Launchpad. Presque chaque jour, vous pouvez choisir parmi 3 visites guidées : ***Flight*** à 13h, ***Challenge of Materials*** à 14h, ***Making the Modern World*** à 15h. Le week-end est réservé à des présentations spéciales, comme ***Spaced Out***, une visite permettant de découvrir la Space Gallery.
- **Activités payantes** L'entrée du musée est gratuite, mais des activités tels le cinéma IMAX et les simulateurs sont payantes. Le billet d'entrée **Explorer** comprend tous les extras (**££**).

Natural History Museum

44

Avec son époustouflante collection de 72 millions de pièces – dont la plupart sont exposées –, ce musée est dédié à la Terre et à toutes les formes de vie qui ont pu l'habiter depuis les temps les plus anciens. Rien de ce qui concerne notre planète n'est délaissé : la flore et la faune – des dinosaures, baleines et papillons aux êtres humains en passant par les arbres, les insectes et les singes – dans les Green Zone et Blue Zone Galleries, et la géologie dans les Red Zone Galleries. Les expositions sont à la fois distrayantes et interactives, et il y a tant à voir que vous pourriez facilement y passer la journée.

Avant d'entrer, jetez un coup d'œil au bâtiment lui-même. Construit au 19e siècle dans le style des cathédrales, il mesure 200 m de long et fut le premier bâtiment anglais à posséder une façade intégralement en terre cuite.

La visite que nous vous suggérons ci-dessous dure environ 2 h ; le plan (£) proposé à l'entrée liste une quinzaine d'expositions d'expositions à ne pas manquer *(Don't miss)*.

Une entrée de cathédrale pour ce temple du savoir et ses 72 millions d'objets.

Le Central Hall (Green Zone)

Cette superbe galerie constitue le hall d'entrée des **Life Galleries** (Galeries du vivant) et abrite les pièces les plus fascinantes du musée. Le moulage de 26 m de long d'un squelette de diplodocus y occupe le centre de la scène depuis plus d'un siècle. À l'extrémité du hall, dans les escaliers, se trouve une statue de Charles Darwin : plongé dans une profonde réflexion, le père de l'évolution se prête sans sourciller aux incessantes photos souvenir.

La Blue Zone

Dinosaurs (Dinosaures) Cette galerie très spectaculaire est dédiée à la plupart des espèces de dinosaures, et aux théories concernant leur disparition. Une passerelle permet de se rapprocher des pièces exposées, telles le Triceratops et le Dromaeosaurus, un carnassier, et d'une animation robotisée de dinosaures en action, avec un Tyrannosaurus Rex des plus convaincants !

Mammals (Mammifères) Nombre de pièces exposées dans ces galeries sont des animaux empaillés, du rhinocéros à l'ours blanc en passant par les chats et les souris. Cela dit, ces vitrines toutes simples sont presque reposantes après l'époustouflante variété des autres galeries. La réplique d'une baleine bleue de 28 m de long est un des clous de cette section.

La Dinosaur Gallery exhibe fièrement ses plus grands pensionnaires comme le diplodocus.

L'Orange Zone Darwin Centre

Repassez par le Central Hall et récupérez une carte **NaturePlus** pour vos enfants avant de grimper au dernier niveau de l'Orange Zone pour entrer dans le **Cocoon**, une structure de verre, d'acier et de béton en forme de cocon. À l'intérieur, des guides virtuels

vous feront découvrir les étonnantes collections entomologiques et botaniques, des gigantesques tarentules aux fleurs géantes.

La Green Zone

Ecology (Écologie) L'une des sections les plus impressionnantes du musée, avec notamment une étonnante animation vidéo en miroir sur le cycle de l'eau, et une feuille géante illustrant le rôle crucial des plantes. Les problèmes d'écologie y sont expliqués de manière simple et plaisante, ainsi que le besoin d'une attitude responsable en matière d'environnement.
Creepy Crawlies (Sales petites bestioles) Vous ne porterez plus le même regard sur votre maison après avoir découvert toutes les petites bêtes qu'elle peut abriter. Vous en apprendrez bien plus que vous ne voudriez sur les insectes, les araignées et les mille-pattes... À déconseiller aux petites natures.

La Red Zone

Un escalator vous conduit depuis l'impressionnant hall d'entrée au niveau supérieur de la Red Zone en traversant une énorme maquette creuse de la Terre.
The Power Within (La puissance intérieure) Cette galerie très visuelle vous fera tout comprendre sur les volcans et les tremblements de terre. Son attraction principale est la simulation du tremblement de terre qui fit 6000 victimes en 1995 à Kobe.
Earth's Treasury (Le trésor de la Terre) La beauté et la variété des objets présentés sont telles qu'il vous faudra un certain temps pour comprendre qu'il ne s'agit là que de spécimens de pierres, de cristaux et de minéraux. Des diamants, saphirs et autres émeraudes aux simples grains de sable, vous ne regarderez plus jamais une simple pierre comme avant.

FAITES UNE PAUSE

Le Restaurant, un self-service, vous servira à toute heure de la journée, du petit déjeuner à l'*afternoon tea*. Pour un encas, rendez-vous au Central Hall Café, près de l'entrée principale, mais, pour une pause plus tranquille, préférez le Deli Café, à côté de l'entrée sur Exhibition Road.

---

203 D1 Cromwell Road, SW7 020 7942 5000, www.nhm.ac.uk
tlj. 10h-17h50 (dernière admission à 17h30) entrée libre
café, restaurant et snack-bar South Kensington
C1, 14, 49, 70, 74, 345, 360, 414

ENTRE NOUS

À savoir La visite de ce musée enchantera les enfants avides de savoir ; voici quelques astuces pour en tirer le maximum :

- **Commencez votre visite de bonne heure** afin d'éviter les groupes scolaires.
- Découvrez sur le **site internet** les événements proposés pour les familles.
- Empruntez un **Explorer Backpack** avec passeport, loupe et livre d'activités.
- La visite guidée de la **Spirit Collection** (tlj., 30 min), où les visiteurs font la connaissance d'Archie, la pieuvre géante, ravira les enfants à partir de 8 ans.

Et aussi...

Saatchi Gallery 45

Saatchi, l'une des galeries d'art les plus réputées de la planète, est installée tout près de Sloane Square. Avec ses expositions temporaires gratuites, la galerie revendique l'"ouverture de l'art contemporain au public le plus large possible". Sur 3 niveaux et dans 15 vastes salles à l'architecture dépouillée brute permettant de grandes installations, Saatchi met en avant de jeunes artistes venant de tous horizons et du monde entier. La galerie a eu le mérite d'exposer des artistes comme Andy Warhol, Richard Serra et Damien Hirst. Ses expos sont parfois déroutantes mais, la plupart du temps, tout à fait enthousiasmantes.

206 A2
Duke of York's HQ, King's Road, SW3
020 7811 3085, www.saatchigallery.com
tlj. 10h-18h (dernière admission 17h30)
entrée libre café Sloane Square
11, 19, 22, 49, 137. 211. 319

Albert Memorial 46

Ce monument brille aujourd'hui de toutes ses dorures après une restauration intensive. Conçu par Sir George Gilbert Scott, lauréat du concours d'architecture lancé pour l'édification d'un monument en l'honneur du prince Albert de Saxe-Cobourg-Gotha (1819-1861), le mari de la reine Victoria, il fut achevé en 1872, mais dévoilé au public seulement 4 ans plus tard. Victoria et Albert s'étaient mariés en 1840; Albert mourut de la typhoïde à l'âge de 41 ans – choc dont Victoria ne se remit jamais tout à fait.

Albert avait toujours refusé qu'on lui érigeât un monument, et il est difficile de savoir ce qu'il aurait pensé de cette assemblage néogothique abritant une statue dorée de plus de 3 fois sa taille réelle et dont le sommet, couronné par les allégories de la Foi, de la Charité et de l'Espérance, culmine à près de 55 m. Les statues qui l'entourent illustrent des thèmes scientifiques et artistiques, ainsi que les domaines plus chers au cœur du monarque : l'agriculture, la manufacture et le commerce. Les 169 sculptures qui ornent

La Saatchi Gallery, sur King's Road.

le socle représentent des personnages historiques, parmi lesquels vous seriez bien en peine de trouver la moindre femme – celles qui s'en détachent sont des allégories des 4 continents: Europe, Afrique, Amérique et Asie.

Juste en face se trouve le Royal Albert Hall, célèbre pour son festival d'été, The Proms (► 144).

203 D2 ✉ à l'entrée Kensington Gore, Kensington Gardens, SW7
☎ 020 7298 2000, www.royalparks.org.uk
High Street Kensington, Knightsbridge
9, 10, 52

Hyde Park et Kensington Gardens 47

Cette grande tache verte qui saute aux yeux dès qu'on ouvre une carte de Londres, c'est surtout Hyde Park, et aussi, à l'ouest de la Serpentine, Kensington Gardens, les anciens jardins de Kensington Palace (► 124).

Hyde Park, à l'origine vaste terrain laissé à l'état sauvage pour qu'Henry VIII vienne y chasser, fut ouvert au public par le roi James I, au début du 17ᵉ siècle. Aujourd'hui, c'est un superbe parc de 253 ha où il fait bon se promener loin du tumulte de la ville. **Speakers' Corner**, un lieu de prise de parole ouvert à tous – et où chacun peut s'exprimer comme il l'entend, dans certaines limites toutefois –, est situé tout près de Marble Arch et surtout animé le dimanche après-midi. Un peu plus à l'ouest, la **Serpentine** est un lac artificiel créé en 1730 par Caroline, la femme du roi George II. On peut s'y baigner (à certaines époques, dans une zone balisée sur la rive sud), et y canoter (location de barques et de pédalos sur la rive nord).

Non loin, se trouve la ***Diana, Princess of Wales, Memorial Fountain***, fontaine ovale de 80 m en granit d'où jaillissent des jeux d'eau rythmés, et la **Serpentine Gallery**, qui organise des expositions temporaires d'art contemporain, souvent controversées.

En vous promenant dans le parc, vous découvrirez un certain nombre d'œuvres d'art, la plus connue étant la statue de Peter Pan (1912), commanditée par J. M. Barrie, l'auteur de ce conte, qui habitait le quartier. Elle se trouve près d'une allée, sur la rive ouest de la Serpentine, vers l'extrémité nord de la pièce d'eau.

Hyde Park
203 F3 tlj. 5h-0h
Hyde Park Corner, Knightsbridge, Lancaster Gate, Marble Arch

Le très coloré immeuble Alice's, Portobello Road Market.

Kensington Gardens

203 D3 · tlj. 5h-crépuscule · High Street Kensington, Bayswater, Queensway, Lancaster Gate

Serpentine Gallery

203 D3 · 020 7402 6073, www.serpentinegallery.org · tlj. 10h-18h pendant les expositions · entrée libre · Lancaster Gate

Portobello Road Market 48

C'est le plus grand marché de Londres. On y trouve une multitude de produits alimentaires, de vêtements, d'artisanat, des puces, ainsi que les petits magasins et étals d'antiquaires à qui il doit sa renommée. Chaque samedi s'y tient un des plus grands marchés d'antiquités du monde, avec plus de 1 000 antiquaires, dont la plupart se regroupent à l'extrémité sud de Portobello Road, après le carrefour de Westbourne Grove – rue elle-même bordée de boutiques d'antiquaires. Les étals d'alimentation sont rassemblés au-delà d'Elgin Crescent, tandis que les puces, les fripes et toutes sortes de boutiques originales se trouvent essentiellement de l'autre côté de l'autoroute aérienne "Westway".

Les produits, de prix et de qualité très variables, répondent à toutes les demandes. Ils sont souvent aussi chers qu'ailleurs, mais on peut encore faire de bonnes affaires ou dénicher l'oiseau rare. Même si l'on ne désire rien acheter, cet endroit reste un lieu de promenade plaisant et animé.

Aux beaux jours, la rue est rapidement très encombrée – faites attention aux pickpockets.

202 A4 · marché : lun.-mer. 9h-18h, jeu. 9h-13h, ven.-sam. 9h-19h ; antiquités, puces : ven.-sam. 9h-19h · www.portobelloroad.co.uk/the-market · Notting Hill Gate, Ladbroke Grove · 7, 23, 27, 28, 31, 52, 70, 328

***Diana Memorial Fountain*, Hyde Park.**

Où...
se restaurer

Gamme des prix
Il s'agit du prix moyen d'un repas complet, boissons, taxes et pourboire non compris.
£ moins de 25 £ **££** de 25 à 50 £ **£££** plus de 50 £

Amaya ££
Ce restaurant indien vous fera partager une expérience originale dans un cadre raffiné. Dans votre assiette, les épices et les aromates de cette cuisine traditionnelle revisitée magnifient des plats – viandes, poisson, préparations végétariennes – dont la liste change au gré des envies du chef.
206 B4 Halkin Arcade, Motcomb Street, SW1 020 7823 1166, www.amaya.biz lun.-sam. 12h30-14h15, 18h30-23h30, dim. 12h45-14h45, 18h30-22h30 Knightsbridge

Babylon £-££
Une occasion unique de combiner un excellent repas et une vue saisissante. Perché au 6e étage, Babylon vous attend, pour une pause déjeuner – la formule du samedi midi est particulièrement intéressante –, un repas au son d'un orchestre de jazz – le mardi soir – ou un dîner raffiné. Réservation recommandée.
202 B2 99 Kensington High Street, W8 020 7368 3993, www.roofgardens.virgin.com lun.-sam. 12h-14h30, 19h-22h; dim. 12h-14h30 High Street Kensington

Bluebird ££
Ce lieu de restauration branché inclut un magasin de fleurs, un café, un bar et une épicerie fine. La carte propose un large choix éclectique de plats Modern European, allant des poissons et fruits de mer à des mets beaucoup plus rustiques tels que la tourte au poulet. Le dimanche, un déjeuner spécial vous sera proposé.
206 A2 hors plan 350 Kings Road, SW3 020 7559 1000, www.bluebird-restaurant.co.uk lun.-sam. 12h-15h30, 18h-22h30; dim. 12h-15h30, 18h-21h30 Sloane Square

The Botanist £-££
Dans ce restaurant lumineux aux murs décorés de motifs floraux, vous pourrez savourer un bon *breakfast*, confortablement installé sur une banquette. À la carte, des classiques britanniques et des influences européennes, de la Shepard's Pie (agneau) au *fishcake*. Belle carte des vins et des cocktails. Le Pre-Theatre Menu est d'un bon rapport qualité-prix.
206 A/B2 7 Sloane Square, SW1 020 7730 0077, sloanesquare.thebotanistlondon.com lun.-ven. 8h-22h45, sam.-dim. 9h-16h, 17h30-22h45 Sloane Square

Gallery Mess ££
Ce restaurant appartient aujourd'hui à la Saatchi Gallery. L'art contemporain caractérise son intérieur aux voûtes élevées. Venez vous régaler de plats tels le saumon fumé avec pain complet et confiture au concombre, les *fish & chips*, le filet de boeuf, et, pour le dessert, la délicieuse crème aux mûres.
206 A2 Saatchi Gallery, King's Road, SW1 020 7730 8135, www.saatchigallery.com/gallerymess/ lun.-sam. 10h-23h30, dim. 10h-19h Sloane Square

Hereford Road £-££

Un restaurant qui s'inscrit dans le courant culinaire moderne "nose-to-tail", où toutes les parties de l'animal sont préparées, sans aucune déperdition, et qui met l'accent sur le "best of british". Même des morceaux de viande et des abats rarement servis sont préparés avec délicatesse. Vous en aurez pour votre argent !

202 B5 3 Hereford Road, W2
020 7727 1144, www.herefordroad.org
tlj. 12h-15h, 18h-22h30 (dim. 22h)
Notting Hill Gate

Iddu £

Ce petit établissement vous régalera de spécialités siciliennes, au premier rang desquelles la caponata d'aubergines et céleri et les canolli sucrés à la canelle. Vous pourrez également y savourer des muffins aux bleuets et de délicieux jus de fruits fraîchement pressés.

203 D1 44 Harrington Road, SW7
020 7589 1991, www.iddulondon.com
tlj. 7h30-22h South Kensington

Le Pain Quotidien £

Même si vous venez seul, vous mangerez en compagnie d'autres convives, attablé à la grande table en bois. À l'origine une boulangerie fondée par un Belge, ce restaurant vous servira une sélection de tartines de pain frais bio et de tartelettes sucrées aux fruits ou au chocolat. Dès 17h, vous avez le choix entre des plats à la viande ou végétariens. Sélection de plats sans gluten.

206 A2 201–203 Kings Road (Ecke Oakley Street), SW3
020 3657 6941, www.lepainquotidien.co.uk
lun.-ven. 7h-21h, sam. 8h-21h, dim. 8h-19h
Sloane Square, South Kensington

The Shed £

Dans un décor de briques blanches et de poutres apparentes, les frères Gladwin mitonnent une cuisine originale à partir des produits de la ferme familiale du West Sussex, comme le porc à l'estragon et moutarde maison. Régalez-vous !

202 B4 122 Palace Gardens Terrace, W2
020 7229 4024, www.theshed-restaurant.com
mar.-sam. 12h-15h, lun.-sam. 18h-23h
Notting Hill Gate

Zafferano £££

Salle à manger au charme discret, murs unis, sol carrelé de terre cuite, chaises confortables et tables soigneusement dressées : tout ici contribue à créer une atmosphère de convivialité chic. Les mets sont de haute qualité, et l'accent est mis sur la simplicité des plats et la qualité de produits, traités avec une maîtrise sans faille. Pour un dîner romantique, réservez une table dans la première salle.

206 B3 15 Lowndes Street, SW1
020 7235 5800, www.zafferanorestaurant.com
lun.-sam. 12h-23h, dim. 12h-22h30
Knightsbridge

BARS & PUBS

Au **Boisdale of Belgravia** (15 Eccleston Street, SW1 Victoria), 170 whiskys single malt sont à déguster, de préférence en soirée, en écoutant les musiciens de jazz. Si vous préférez opter parmi une vaste sélection de bières, installez-vous à l'**Anglesea Arms** (15 Selwood Terrace, SW7 South Kensington), à l'intérieur ou en terrasse. Les amateurs de vin se dirigeront plutôt vers les **Kensington Wine Rooms** (127-129 Kensington Church Street, W8 High Street Kensington), à la fois bar et caviste qui sert près de 40 vins différents au verre.

Le gin est la grande spécialité du **Portobello Star** (171 Portobello Road, W11 Ladbroke Grove), un bar très fréquenté par les habitants de Notting Hill. Vous pourrez parfaire vos connaissances en la matière au "Ginstitute", à l'étage...

Où... acheter

La plupart des magasins n'ouvrent pas avant 10h, et ferment souvent à 18h (parfois plus tard). Le dimanche, les heures d'ouverture se situent en général entre 12h et 17h. Les nocturnes ont lieu le mercredi (le jeudi sur Kensington High Street) : en général, les magasins repoussent alors la fermeture de 1 h.

KNIGHTSBRIDGE

Harvey Nichols (109-125 Knightsbridge, SW1 ☎ 020 7235 5000, www.harveynichols.com lun.-sam. 10h-20h, dim. 12h-18h Knightsbridge). Ce paradis des fashion victims s'étend sur 3 étages de mode féminine, 2 de mode masculine, et un étage dédié aux accessoires dernier cri – lingerie, lunettes de soleil, écharpes, parfums, cosmétiques... Ce temple au design minimaliste abrite également un 5e étage tout de verre et d'acier, voué à la restauration : bar à sushis, café, bar et restaurant.

Si les grands couturiers italiens – **Salvatore Ferragamo**, **Missoni**, **Versace**, **Valentino**, **Pucci** – ont jeté leur dévolu sur Sloane Street, les créateurs anglais – plus abordables – se sont installés dans Brompton Road, notamment **Jigsaw** (au n° 31, www.jigsaw-online.com), L.**K. Bennet** (n° 39-41, www.lkbennett.com), **Monsoon** (n° 49, www.monsoon.co.uk) et **Mulberry** (n° 171, www.mulberry.com).

Harrods (87-135 Brompton Road, SW1 ☎ 020 7730 1234, www.harrods.com), le plus célèbre grand magasin londonien, est un incontournable de la capitale (► 130), célèbre aussi bien pour la mode que pour l'alimentation.

Harrods n'est que le premier d'une série de magasins. Faites une pause dans le café d'**Emporio Armani** (n°191, www.armani.com). Et prenez, sur la droite, **Beauchamp Place**, petite rue dans laquelle s'alignent une multitude de boutiques – une aubaine pour les adeptes du lèche-vitrines.

Revenez sur Brompton Road et longez-la sur la gauche jusqu'à Brompton Cross : vous y trouverez des boutiques comme le **Conran Shop Chelsea**, aménagé dans la belle Michelin House, de 1909. Le magasin phare de Sir Terence Conran, véritable gourou des créateurs, vend des objets d'aménagement modernes et amusants, mais aussi d'autres articles au design plus classique.

SLOANE SQUARE ET KING'S ROAD

Voilà où l'élégant Sloane Square rencontre King's Road, où des boutiques indépendantes survivent malgré les diverses chaînes.

C'est au nord de la place, dans Sloane Street, que les achats se révéleront les plus onéreux. Furetez chez le Britannique **Thomas Pink** (n° 162, www.thomaspink.com), qui confectionne des chemises pour femmes et pour hommes, chez **Pringle of Scotland** (n° 141, www.pringlescotland.com), qui vend de la maille, notamment en cachemire, et **Hackett** (n° 137-138, www.hackett.com), spécialisé dans la mode masculine classique.

Quelques boutiques vendent aussi des articles de design italiens et français. Du côté est de Sloane Square, jetez un coup d'œil dans les grandes vitrines de **David Mellor** (n° 4, www.davidmellordesign.com) : elles exposent de magnifiques ustensiles de cuisine et de la vaisselle, le tout fait main, sans compter l'étage inférieur, où vous trouverez aussi des couverts.

À l'ouest, faites donc un tour dans le grand magasin **Peter Jones** (www.johnlewis.com/our-shops/peter-jones), qui appartient au groupe John Lewis – dont le magasin phare se trouve dans Oxford Street –, réputé pour ses prix raisonnables. Sur 7 étages s'étalent la mode pour hommes, femmes et enfants, des articles ménagers ainsi qu'un secteur dédié à l'électronique et au high tech. Tout en haut, un self-service offre une vue splendide sur la ville.

L'extrémité ouest de King's Road débouche sur Sloane Square. En face de Peter Jones s'ouvre l'accès au Duke of York's Square. Jouxtant la Saatchi Gallery (► 137), cet espace piétonnier paisible est pourvu de terrasses et de boutiques de tout genre, du magasin tendance **Allsaints** (n° 14, www.allsaints.com) à celui de mode enfantine espagnole **Neck & Neck** (n° 34, www.neckandneck.com).

Tout comme dans King's Road, l'offre est grande et variée – chacun y trouvera son compte. L'enseigne française **Kooples** (n° 36, www.thekooples.co.uk) vise la clientèle des jeunes ; **Hobbs** (n° 84, www.hobbs.co.uk), un groupe britannique, propose des looks pour adultes. Les grands classiques de Jermyn Street se trouvent chez **Hawes & Curtis** (n° 39, www.hawesandcurtis.com), qui vend chemises et accessoires pour hommes et femmes. D'abord uniquement spécialisé dans la mode masculine, **Reiss** (n° 114, www.reiss.com) a désormais ajouté la mode féminine à ses collections. Autre enseigne anglaise, **Jack Wills** (n° 72, www.jackwills.com) propose des vêtements plus décontractés. Dans la boutique **Ad Hoc** (n° 153, www.adhoclondon.co.uk), la *street fashion* est au rendez-vous – une mode très populaire chez les ados – bonnets, bijoux fantaisie, tops, jupes, shorts, chaussettes, etc.

Les femmes appréciant les tenues de sport chic et coquettes trouveront leur compte pour courir, nager, faire du vélo et du yoga chez **Sweaty Betty** (n° 125, www.sweatybetty.com). Les boutiques s'alignent aussi dans King's Road. Allez-y à pied ou prenez le bus. Un petit creux ? Dirigez-vous vers le **Bluebird** (n° 350 ► 140) pour une pause reconstituante.

KENSINGTON HIGH STREET ET KENSINGTON CHURCH STREET

Kensington High Street se prête elle aussi au lèche-vitrines. À l'ouest de la station Kensington High Street se regroupent les succursales de marques célèbres, comme **Topshop**, **Zara**, le géant espagnol de la mode, et **Uniqlo**, l'enseigne japonaise bon marché, mais on y trouve aussi des denrées alimentaires, ainsi que le magasin discount **TK Maxx**.

À l'ouest de **Marks & Spencer** s'alignent des enseignes appréciées comme **Gap** et de nombreuses bonnes boutiques de chaussures, parmi lesquelles **Sole Trader** (n° 96a, www.soletrader.co.uk), **Clarks** (n° 98, www.clarks.co.uk), **Ecco** (n° 102, www.ecco.com) et **Aldo** (n° 141, www.aldoshoes.com). Tout aussi nombreux, les magasins de vêtements de sport et de plein air. Si vous poursuivez votre chemin vers l'ouest, vous tomberez sur **Columbia Sportswear** (n° 170, www.columbia.com), **Snow & Rock** (n° 188, www.snowandrock.com) et **Rohan** (n° 204-206, www.rohan.co.uk).

Dans Kensington Church Street, jusqu'à Notting Hill Gate, boutiques de mode, antiquaires et galeries d'art se relayent. Le samedi, la station de métro grouille de monde : les gens s'y pressent pour se rendre au **Portobello Road Market**, l'un des marchés les plus renommés de la capitale (► 139).

Où... se divertir

CLUBS

Deux clubs en un, à vous de choisir : la programmation d'**AAA** va du rock et de la folk à l'alternatif ; à l'étage, plus calme, l'**Archangel** permet de savourer de délicieux cocktails (11-13 Kensington High Street, W8 ☎ 020 7938 4137 Ⓜ High Street Kensington).

Les amateurs de jazz pourront jeter un œil à la programmation du **606 Club** (90 Lots Road, SW10 ☎ 020 7352 5953, www.606club.co.uk Ⓜ Earl's Court), qui accueille des formations telles que le Julian Siegel Quartet (jazz moderne bluesy).

Nottinghillartsclub (21 Notting Hill Gate ☎ 020 7598 5226, www.nottinghillartsclub.com Ⓜ Notting Hill Gate) fait la part belle à tous les arts. Expositions d'avant-garde, spectacles de cirque, world musique, latin funk ou disco, le choix est si vaste qu'il lui est impossible de tomber dans la routine. Les sessions du samedi après-midi sont parfois gratuites.

MUSIQUE & THÉÂTRE

Depuis sa construction en 1871, le **Royal Albert Hall** (Kensington Gore, SW7 ☎ 0845 401 5034, www.royalalberthall.com Ⓜ South Kensington) est l'une des scènes les plus polyvalentes au monde. On y va aussi bien pour des concerts – tant de classique que de rock –, que pour des événements sportifs – de la boxe au tennis –, des cérémonies et des conférences. Frank Sinatra, les Beatles, Elton John, Nelson Mandela, le Dalaï Lama et Bill Clinton sont quelques-unes des célébrités passées sur cette scène.Au programme, 2 spectacles par jour.

Mais le temps fort de l'année, ce sont **The Proms**, les Henry Wood Promenade Concerts, qui comptent parmi les festivals de musique les plus renommés au monde. Sept semaines durant, à partir de mi-juillet, orchestres, solistes et chefs d'orchestres internationaux se produisent avec l'orchestre symphonique de la BBC. Les places debout sont assez bon marché, mais vous pouvez aussi vous offrir places assises et loges, plus onéreuses. Treize bars et 3 restaurants ouvrent 2 h avant les représentations.

Choquant, déroutant ou – le plus souvent – tout simplement brillant, le **Royal Court** (Sloane Square, SW1 ☎ 020 7565 5000, www.royalcourttheatre.com Ⓜ Sloane Square), résidence de l'English Stage Company, a accompagné le développement et la maturation de certains des plus grands dramaturges anglais modernes, et c'est la meilleure salle de Londres pour assister à du théâtre contemporain. Depuis sa rénovation, on peut y suivre les spectacles dans des conditions de confort optimales.

Le **Holland Park Theatre** (☎ 0845 230 9769 Ⓜ Holland Park), ouvert uniquement l'été, est un théâtre de plein air très populaire, dont les ruines de Holland House, un manoir du 17e siècle, constituent la toile de fond – les cris des paons qui errent librement dans le parc s'y font parfois entendre. Le théâtre accueille la troupe du Royal Ballet et propose une saison d'opéra tout à fait réputée.

Malgré son faible nombre de places (70 sièges), **The Gate Theatre** (11 Pembridge Road, W11, ☎ 020 7229 0706, www.gatetheatre.co.uk Ⓜ Notting Hill Gate) est une scène plébiscitée par les artistes ambitieux, tels Jude Law et Rachel Weisz.

Covent Garden, Bloomsbury et Soho

D'un coup d'œil	146
En 1 jour	148
Top 10	150
Ne manquez pas	154
Et aussi…	160
Où…	164

Découvrez autrement

Flâner parmi les fleurs

Petit plaisir d'une journée estivale : s'installer avec un bon livre au **Regent's Park** (➤ 160).

Délices sous la voûte étoilée

Un banquet français royal, c'est ce que vous offre la cour intérieure du restaurant de la **Wallace Collection** (➤ 162), les vendredi et samedi.

Immortalisé par Hitchcock

Tourné sur le marché de **Covent Garden** (➤ 150), *Frenzy* a immortalisé la frénésie des halles avant qu'elles ne déménagent – le père d'Hitchcock y vendait des légumes.

D'un coup d'œil

Explorer ces quartiers, c'est découvrir l'incroyable diversité de la cité, qui, en l'espace de quelques rues, peut changer radicalement de caractère, passant du chic au délabré, du commerçant au résidentiel, et l'animation frénétique à la plus grande tranquillité.

Jusque dans les années 1970 se tenait là le marché de gros de fruits et légumes. Lorsque celui-ci déménagea vers le sud de la Tamise, les halles de Covent Garden furent transformées en centre commercial, tandis que le quartier était rénové. C'est aujourd'hui un lieu bourdonnant d'animation avec ses innombrables boutiques, étals, musées, bars, cafés et restaurants.

À l'ouest de Covent Garden, Chinatown et Soho fourmillent de restaurants,

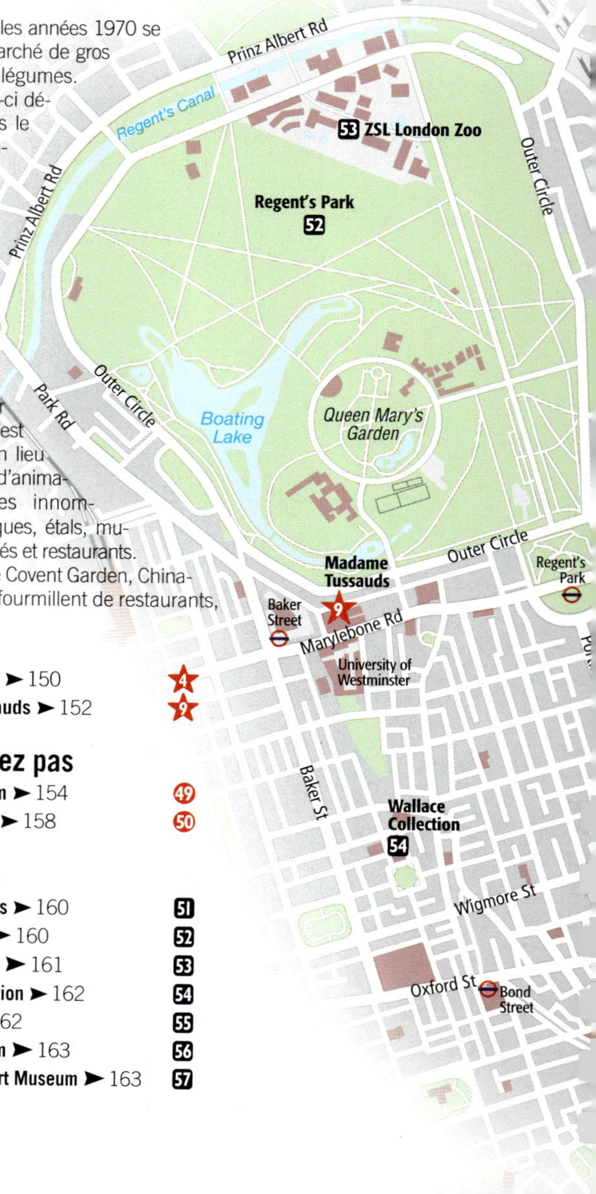

Top 10

Covent Garden ➤ 150 — 4
Madame Tussauds ➤ 152 — 9

Ne manquez pas

British Museum ➤ 154 — 49
British Library ➤ 158 — 50

Et aussi…

Camden Markets ➤ 160 — 51
Regent's Park ➤ 160 — 52
ZSL London Zoo ➤ 161 — 53
Wallace Collection ➤ 162 — 54
Chinatown ➤ 162 — 55
Cartoon Museum ➤ 163 — 56
London Transport Museum ➤ 163 — 57

de bars et de clubs. Marqué par les poètes et leur vie de bohème au 19e siècle, puis par les Swinging Sixties au 20e siècle, Soho est désormais le haut lieu des "people" et autres oiseaux de nuit venus du monde entier pour faire la fête.

En revanche, au nord de Covent Garden, le paisible Bloomsbury, qui donna son nom à un groupe d'auteurs et d'artistes du début du 20e siècle, abrite, au sein de ses rues bordées de beaux immeubles, le British Museum. Au nord, Bloomsbury se fond dans le quartier sordide de King's Cross qui accueille tout de même la nouvelle British Library (équivalent de la Bibliothèque nationale), bâtiment public parmi les plus chers de Londres. À l'ouest de Bloomsbury, les jolies rues et squares de Marylebone abritent l'une des attractions les plus populaires de Londres : Madame Tussauds. Mais peut-être préférerez-vous la Wallace Collection, trésor de tableaux et objets d'art exposés dans un bel hôtel particulier du 18e siècle.

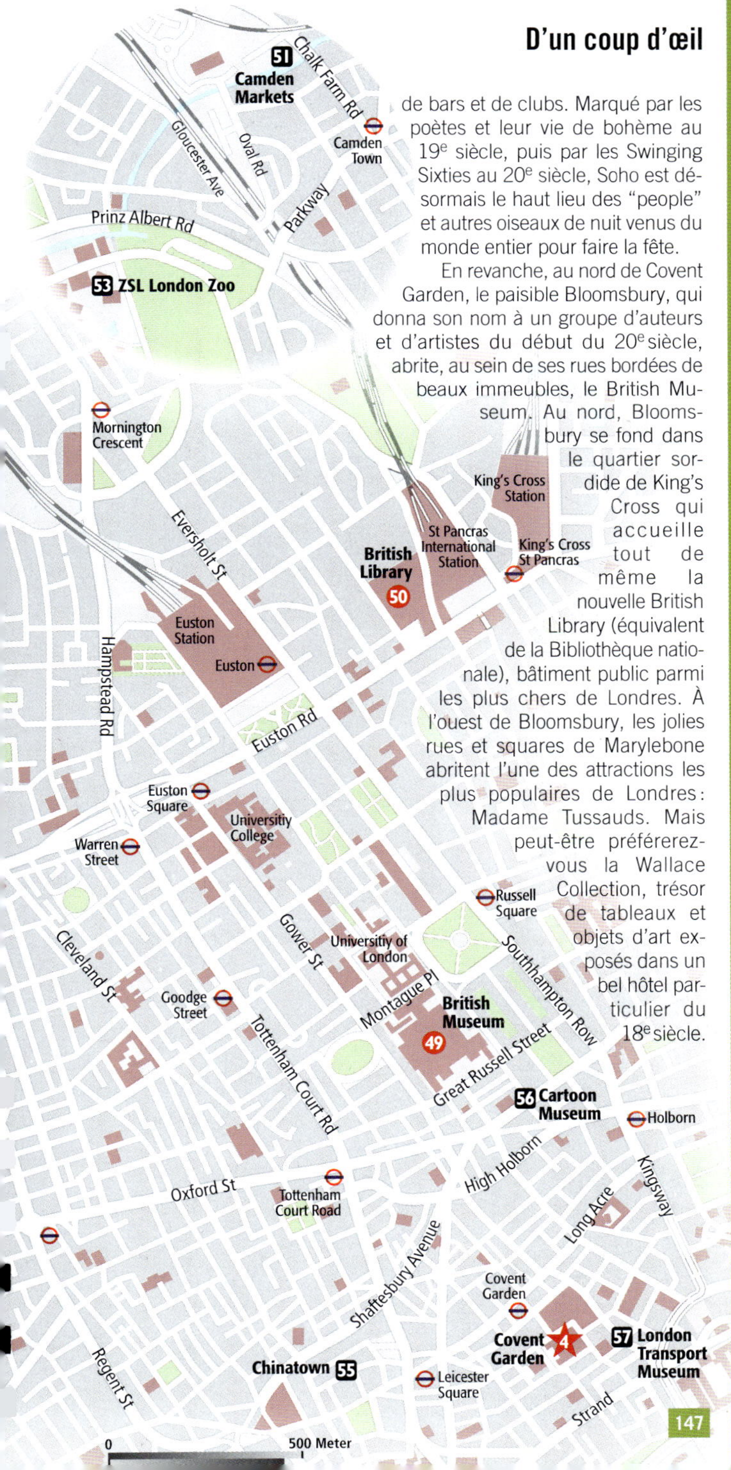

En 1 jour

Un joli programme pour une journée pleine d'expériences culturelles variées qui vous feront passer des antiques trésors du British Museum aux inestimables manuscrits médiévaux de la British Library, en passant par les répliques de cire des célébrités chez Madame Tussauds.

9h

En arrivant à l'heure d'ouverture du Great Court ("parvis") du **British Museum** 49 (➤ 154, ci-dessus), vous aurez tout le temps de vous procurer un plan du musée, de choisir une visite commentée ou une conférence, et de prendre un café. Puis, à 10h, entamez votre visite.

12h

Arrêtez-vous pour déjeuner dans l'un des cafés et pubs qui bordent le British Museum, ou bien allez pique-niquer dans la verdure de Russell Square. Du parc, marchez (environ 30 min.) ou prenez le bus n°91 jusqu'à la **British Library** 50 (➤ 158), son vaste parvis, son architecture moderne et ses manuscrits médiévaux. Une pause café sera sans doute la bienvenue.

14h30

Le bus n°30 vous mènera jusqu'à **Madame Tussauds** 9 (➤ 152) par Euston Road et Marylebone Road, près de la station Baker Street. Ses statues de cire sont vraiment plaisantes et valent le détour: achetez donc vos billets à l'avance pour y éviter les files d'attente (Entre nous, ➤ 153).

16h30

Prenez le bus n°13 de Baker Street jusqu'au Strand pour vous rendre à **Covent Garden** 4 (➤ 150, Neal's Yard, page de droite). Là, flânez entre les marchés,

les boutiques, les spectacles de rue et les pubs et restaurants, en profitant du spectacle permanent de la foule londonienne. N'hésitez pas à franchir le seuil du **London Transport Museum** **57** (➤ 163) pour découvrir, outre l'évolution des modes de transport urbain, à quel point la croissance démesurée de Londres a transformé à la fois la ville et la société. Vous pourrez ensuite finir la soirée dans l'un des nombreux **théâtres du West End** (➤ 168), à quelques pas de là.

Covent Garden

4

Quand les grandes halles de Londres, conçues par l'architecte Inigo Jones dans les années 1630, déménagèrent de Covent Garden dans les années 1970, ce quartier devint l'un des plus vivants et des plus populaires de la capitale. Le week-end est le meilleur moment pour arpenter ses rues, quand l'activité bat son plein. Il recèle aussi quelques musées admirables, plusieurs des grands théâtres de Londres et la Royal Opera House, de renommée mondiale.

Un spectacle qui ne cesse jamais.

Le vrai cœur du quartier, c'est la Piazza, parvis bordant les halles du 19e siècle où ont été aménagées boutiques et petits stands d'artisanat. L'**Opera House** rénovée et le **Jubilee Market** (marché couvert de vêtements, d'artisanat et de cuir) sont proches, alors que le **Cartoon Museum** (➤ 163) et le **London Transport Museum** (➤ 163) sont tout prêts à vous accueillir pour quelques heures.

L'un des attraits de ce parvis tient aux nombreux spectacles de rue qui l'animent, de la musique chinoise traditionnelle aux flûtistes des Andes en passant par les acrobates, mimes et joueurs de didgeridoo, et qui confèrent au quartier son atmosphère si attachante. Hommage aux enfants de la balle, **Saint Paul's Church**, à l'ouest de la Piazza, est plus communément appelée Actor's Church (l'église des Acteurs) pour les films qui y ont été tournés et les acteurs qui y sont passés – elle abrite des mémoriaux en l'honneur de Vivian Leigh et Edith Evans.

De gauche à droite : statue devant la Royal Opera House ; les marchés couverts.

FAITES UNE PAUSE

Une pléthore de lieux où manger ou grignoter vous attendent non loin. **Bill's Produce Store** (➤ 164) et le **Café des Amis** (➤ 164) seront parfaits pour une halte.

208 B4 Covent Garden sur le Strand 6, 9, 11, 13, 15, 23, 91, 176

ENTRE NOUS

- **Dans les ruelles** Même si la plupart des visiteurs limitent leur exploration aux abords de la Piazza, ne manquez pas de jeter un coup d'œil aux ruelles des alentours : Drury Lane, à l'est, Shorts Gardens et le carrefour surnommé Seven Dials, au nord, St. Martin's Lane/Monmouth Street, à l'ouest.
- **Neal's Yard** Cette enclave de maisons colorées évoque un vestige de l'époque hippie. Une culture alternative s'est installée dans les anciens entrepôts du grand marché, représentée par exemple par **Neal's Yard Remedies** (15 Neal's Yard, WC2, www.nealsyardremedies.com), ses huiles essentielles et ses cosmétiques, **Neal's Yard Diary** (17 Shorts Garden, WC2, www.nealsyarddairy.co.uk) , qui s'enorgueillit de proposer les meilleurs fromages anglais, et le **Wild Food Café** (1er étage, 14 Neal's Yard, wildfoodcafe.com), où l'on vous vous servira de délicieux plats végétariens.
- **Le goût du voyage** Fondé en 1901, Stanfords (12–14 Long Acre, WC2, www.stanfords.co.uk) se vante d'être la plus grande librairie de voyage au monde. Célèbre pour ses plans de ville et ses cartes géographiques de toute la planète, elle vend également des plans cadastraux de Grande-Bretagne.

Madame Tussauds 9

Décidément l'une des attractions touristiques les plus populaires de Londres, Madame Tussauds peut vous donner l'occasion de croiser James Bond, de vous mesurer (littéralement) à Arnold Schwarzenegger ou de vous faire prendre en photo avec la légende de la boxe, Mohamed Ali... – à volonté selon vos goûts parmi plus de 400 statues de cire. Deux heures de vraie détente pour les petits et les grands.

L'exposition à proprement parler commence par la **Party**, qui regroupe les personnalités les plus en vue du moment. N'hésitez pas à enlacer Brad Pitt, à faire rougir J-Lo – il faut visiter pour savoir de quelle manière procéder –, de participer à une séance photo avec Kate Moss pour un magazine de luxe ou de vous soumettre à une interview pour Madame T's TV.

Vient ensuite le glamour avec **Bollywood** et **Film**, une sélection de choix de stars du cinéma d'hier et d'aujourd'hui, d'ici et d'ailleurs, dont Salman Khan, Daniel Craig ou Audrey Hepburn.

À l'étage

En haut des marches, le **World Stage** met en scène les leaders politiques, les chefs religieux, les chefs d'État, les membres de la famille royale et les personnalités qui sont entrés dans l'Histoire dont Picasso, Beethoven, les Beatles et David Beckham.

Si vous n'êtes pas accompagné de jeunes enfants, vous pourrez poursuivre en plongeant dans la salle la plus célèbre, mais la plus morbide du musée, la **Chamber of Horrors**. Tortures, exécutions et meurtres y sont accompagnés d'une bande-son ad hoc ainsi que des acteurs vivants pour augmenter l'effet frayeur. Sachez, néanmoins, qu'il faut payer un supplément pour cette zone.

En haut, à droite: Johnny Depp.

À droite : Barack Obama, président des États-Unis.

Ci-dessous : John, Paul, George et Ringo, tels que vous auriez pu les voir à l'aube de leur carrière.

Quelques données

- **Modèles** Les premières techniques impliquaient que le moule soit réalisé sur le visage du modèle. Napoléon dut ainsi respirer au moyen de pailles dans les narines pendant la confection du sien, et fut si désemparé qu'il tint la main de Joséphine durant toute l'opération !
- **Chevelures** Elles sont toutes véritables et régulièrement lavées et coiffées.
- **Protection** Le musée n'a pas de fenêtres, afin que la cire – la même que celle des bougies – ne fonde pas au soleil.

L'attraction **Spirit of London** vous fera monter dans un taxi londonien pour traverser en 10 min 4 siècles d'histoire de la capitale, de Shakespeare et la Grande Peste à nos jours.

Enfin, après avoir admiré leurs reproductions, retrouvez vos super héros favoris en pleine action au **Marvel Super Heroes 4D** : quand Hulk, Wolverine, Iron Man et Spider Man s'allient pour lutter contre le mal.

FAITES UNE PAUSE

Tout proche, **Natural Kitchen** (77 Marylebone High Street ☎ 020 3012 2123) vous proposera ses salades et ses sandwichs aux produits frais et de saison.

---

204 B4
Marylebone Road, NW1 ☎ 0871 894 3000, www.madametussauds.co.uk
horaires variables, consultez le site £££
snacks sur place ; préférez cependant les pubs et restaurants de Baker Street
Baker Street
13, 18, 27, 30, 74, 82, 113, 139, 274, 453

ENTRE NOUS

- **Réservations sur internet** Le musée est très souvent bondé et la file d'attente peut atteindre jusqu'à 3 heures en haute saison. Pour éviter cette attente, achetez en ligne vos billets sur le site www.madametussauds.co.uk, vous pourrez ainsi entrer par l'accès prioritaire. Vous bénéficierez en outre d'une réduction pouvant atteindre 25 %.
- **Heure de viste** Le meilleur moment pour visiter le musée est la **fin d'après-midi**. En arrivant vers 16h, vous avez encore le temps de tout voir tranquillement.
- **Billets combinés** Des **Combined Tickets** sont disponibles si vous prévoyez de visiter d'autres sites comme le London Eye (► 101) ou le SEA LIFE London Aquarium (► 105).

British Museum

49

Le British Museum, un des plus grands musées du monde, possède une très riche collection d'art antique illustrant l'histoire de toutes les cultures et civilisations de la planète. Inauguré en 1753 à partir du fonds privé de Sir Hans Sloane, il détient aujourd'hui plus de 6 millions d'objets exposés dans un superbe bâtiment de style classique. Parmi les trésors qu'il recèle, des bas-reliefs antiques, des bijoux sublimes, des tableaux extraordinaires, des sculptures, et d'innombrables pièces plus magnifiques les unes que les autres.

L'actuel bâtiment et ses colonnades classiques datent de 1844. Il fut construit pour remplacer l'ancienne Montagu House, devenue trop exiguë pour abriter une collection en expansion constante.

Plusieurs visites ne suffiraient pas à épuiser les merveilles de ce vaste musée : si vous n'avez que peu de temps, mieux vaut ne pas essayer de tout voir. Sachez que les salles sont ordonnées de façon chronologique et géographique, à l'exception de quelques thématiques.

Le Great Court

Commencez votre visite par le **Queen Elizabeth II Great Court**. En son centre, la salle de lecture qui date du 19e siècle et abritait encore récemment la British Library (► 158) mais qui est maintenant ouverte au public. Le Great Court est, pour les visiteurs, le point central d'information, notamment sur les expositions temporaires : n'oubliez pas d'y prendre un plan du musée (1£) avant de vous lancer dans l'exploration des collections.

Rez-de-chaussée

Vous y découvrirez la pièce peut-être la plus marquante du musée, au sein des galeries égyptienne (salle 4), la **Rosetta Stone** (pierre de Rosette, vers 196 av. J.-C.). Découverte par hasard en 1799, son importance historique tient au fait qu'elle porte le même message inscrit en 3 langues différentes – de bas en haut : grec, égyptien cursif et égyptien hiéroglyphique –, ce qui permit à Champollion, notamment, de déchiffrer les hiéroglyphes, et à l'égyptologie de faire d'immenses progrès dans la connaissance de cette civilisation.

Tout s'organise autour du Great Court.

Moins important mais plus spectaculaire, l'immense **buste de Ramsès II** domine la galerie. Il date du 13e siècle avant notre ère, et fut sculpté dans le granit pour orner le temple funéraire de ce pharaon.

Les Assyriens, qui vivaient dans le nord de l'Irak actuel, sont aussi représentés, notamment, par le **porche de Khorsabad**, le palais de Sargon (721-705 av. J.-C.), somptueux exemplaire de ces taureaux ailés à tête humaine qui gardaient l'entrée de leurs palais, et les **bas-reliefs du roi Assurbanipal**, le dernier grand monarque assyrien, qui ornaient son palais de Ninive, et représentent une chasse au lion.

Les **Elgin Marbles** (salle 18), du nom de Lord Elgin, le diplomate britannique qui les rapporta en Angleterre en 1816, sont les sculptures les plus controversées du musée. Elles sont pour la plupart issues d'une frise du 5e siècle avant notre ère volée au Parthénon, et illustrent probablement une fête en l'honneur d'Athéna. La Grèce tente en vain de les rapatrier depuis des décennies.

Avec vos enfants

Tel un énorme coffre au trésor, le musée propose de nombreuses activités pour vos chères têtes blondes.

À disposition :

- un dépliant indiquant plusieurs parcours découverte thématiques (gratuit) ;
- des sacs à dos "activités" conçus par tranches d'âge (gratuit, dépôt de garantie) ;
- un guide multimédia adapté aux enfants (peu onéreux) ;
- des crayons et du papier pour pouvoir dessiner (gratuit).

À l'étage

Les gardiens ailés des Assyrian Displays.

Deux des salles de l'étage se consacrent entièrement à 2 thèmes majeurs du monde actuel, le temps et l'argent. Les salles 38 et 39 vous racontent l'histoire de l'horlogerie avec, notamment **Eye Catcher**, une horloge de 1610 qui sonne encore l'heure ! Dans la salle 68, en revanche, tout tourne autour de la monnaie et de ses 5000 ans d'histoire, des grains de céréales et coquillages aux pièces modernes. Les enfants seront fascinés par les célèbres **pieces of eight** (pièces de huit) espagnoles, la première monnaie à valeur mondiale, frappée dans l'argent venu des Amériques.

L'Angleterre n'est pas en reste avec les **British Exhibits**, dont le trésor de **Sutton Hoo** (7e siècle, salle 41), qui comprend pour l'essentiel des armes et des casques, découvert en 1939 lors de fouilles effectuées sur des tumuli funéraires dans le Suffolk. Le **Mildenhall Treasure** (salle 49), impressionnante collection d'argenterie romaine du 4e siècle, fut découvert à Mildenhall – également dans le Suffolk –, peu de temps après. Sa pièce maîtresse est un grand plat de 8kg orné d'images de Neptune, représenté avec une barbe d'algues et des dauphins bondissant de ses cheveux.

Les **Ancient Egypt Galleries**, qui abritent l'une des plus riches collections d'antiquités égyptiennes au monde, ne désemplissent pas. L'art funéraire est bien représenté, avec de nombreux cercueils, sarcophages, momies, bijoux, statues et rouleaux de papyrus. Le sarcophage doré d'Henutmehyt (vers 1290 av. J.-C.) est particulièrement impressionnant. Ne manquez pas non plus celui de "Ginger", qui contient un corps momifié vieux de plus de 5000 ans et possède encore quelques touffes de cheveux roux – mais il a perdu son index gauche, emporté en souvenir par l'un des premiers visiteurs du musée !

Un temple dans un temple de la culture. Le temple grec des Néréides provenant de Xanthos, Turquie.

Les momies, des stars du British Museum.

Aile nord

Elle est consacrée aux collections asiatiques avec, notamment, l'exceptionnelle **collection de Sir Percival David**, consacrée à la céramique chinoise (salle 95). À l'étage, les **Japanese Galleries** (salles 92-94) exposent porcelaines, armures de samouraïs, peintures et une multitude de pièces allant de l'antiquité au Japon moderne. Un salon de thé traditionnel y a même été reconstitué.

FAITES UNE PAUSE

À côté du **Court Restaurant** et du **Court Café**, le **Gallery Café** (tous à l'intérieur du musée) est l'endroit idéal pour déjeuner léger.

---

205 F3 Great Russell Street, WC1 020 7323 8000, www.britishmuseum.org salles principales : sam.-jeu. 10h-17h30 ; ven. 10h-20h30 ; Great Court : sam.-mer. 9h-18h, jeu.-ven. 9h-20h30 ; fermé 24 déc., 1er jan. entrée libre café et restaurant
Holborn, Tottenham Court Road, Russell Square
Tottenham Court Road (direction nord), Gower Street (direction sud) 10, 14, 24, 29, 73, 134 ; Southampton Row 68, 91, 188 ; New Oxford Street 7, 8, 19, 25, 38, 55, 98

ENTRE NOUS

- **Visites guidées** Vous aurez le choix entre plusieurs visites et conférences gratuites, comme le **Gallery Tour** (tlj.30-40min) ou, à l'heure du déjeuner, des présentations assurées par des commissaires d'exposition (mar.-ven. 13h15-14h). En plus court, vous pouvez participer aux visites **Spotlight** du vendredi soir : 20min autour d'une œuvre majeure. Pour plus d'autonomie, louez un guide multimédia (**£**), qui existe aussi pour les enfants (**£**, réservez en ligne) ; vous devrez laisser votre passeport en gage. Photos autorisées.
- **Site internet** Téléchargez une liste des œuvres majeures. Cliquez sur "**1 heure au musée**", "**3 heures au musée**" ou "**Chefs-d'œuvre à voir avec des enfants**". Les podcasts de la série "**A History of the World in 100 Objects**", produite par la BBC et téléchargeables, sont fascinants. Chaque podcast dure 15min et étudie un objet, que ce soit une carte mexicaine dessinée à la main ou un tambour à fente soudanais orné, présenté par Neil MacGregor, directeur du musée. Les cartes du musée indiquent le trajet jusqu'aux pièces d'exposition commentées.

British Library

50

La British Library est l'une des 3 plus grandes bibliothèques du monde, avec la bibliothèque du Congrès de Washington et la Bibliothèque nationale de Paris. Elle s'articule en une série de galeries accueillantes et pratiques, tout en abritant certains des ouvrages les plus splendides et les plus rares du monde. Des millénaires de l'histoire de l'humanité sont conservés, du *Sutra du Diamant* bouddhiste de 868 ap. J.-C. – le plus ancien livre imprimé connu – aux manuscrits modernes des chansons de John Lennon et Paul McCartney, en passant par le *First Folio* de Shakespeare, une *Bible* de Gutenberg, la *Magna Carta* et les carnets de Léonard de Vinci.

Les bâtiments modernes et aériens qui abritent la bibliothèque autour d'une esplanade centrale forment un espace agréable, où profiter des œuvres exposées. La place centrale est dominée par la sculpture *Newton, d'après William Blake*, œuvre d'Eduardo Paolozzi. À côté de l'incontournable John Riblat Gallery, la **PACCAR Gallery** et la **Folio Society Gallery** abritent des expositions temporaires.

La John Riblat Gallery : "Treasures of the British Library"

Elle abrite certains des plus précieux trésors de cette bibliothèque : cartes, grands textes sacrés, documents historiques, lettres autographes et partitions manuscrites. Elle est d'une incroyable richesse, tant par la célébrité, l'ancienneté et la variété que par la qualité des objets exposés. Le faible éclairage utilisé pour protéger les ouvrages crée une atmosphère quasi religieuse – fort appropriée, du reste, à la découverte de pièces telles que le *Lindisfarne Gospels (Livre de Lindisfarne)* ou les *Bedford Hours (Les Heures de Bedford)*, 2 sublimes manuscrits médiévaux. Parmi les nombreux autres trésors, citons des manuscrits originaux de Jane Austen et de Charlotte Brontë, ou bien encore le somptueux *Birds of America*, de John James Audubon.

Dans le département de musique, vous pourrez non seulement lire les paroles manuscrites de *Help* (John Lennon), *Yesterday* (Paul McCartney) ou du *Messie* (Haendel), mais aussi les écouter grâce aux casques mis à votre disposition.

La reliure des *Lindisfarne Gospels* (vers 698).

ENTRE NOUS

- **Restauration** Le **café** et le **restaurant**, à côté de la haute tour de verre de la George III Collection, valent le coup d'œil.
- **Multimédia** Installez-vous devant l'un des ordinateurs et ouvrez le logiciel **Turning the Pages** : vous verrez les trésors du musée et de splendides détails en écoutant les explications des experts.
- **Consultations** Les **salles de lecture** permettent de faire des recherches. Pour y accéder, vous aurez besoin d'une carte de lecteur, dont vous pouvez faire la demande en ligne.

Le Café de la British Library avec, à droite, la tour de verre de la George III Collection.

Les autres galeries

Les **National Philatelic Collections** réunissent un véritable trésor, dont le premier timbre mobile mis en circulation (1840), décoré d'un portrait de Victoria. Des panneaux coulissants vous permettent de découvrir des exemplaires rares du monde entier.

Ne manquez pas non plus la tour de verre de 6 niveaux de la **George III Collection** : environ 65 000 livres de la bibliothèque du monarque.

FAITES UNE PAUSE

Rendez-vous au café ou au restaurant du musée. Si le temps le permet, installez-vous à la terrasse de ce dernier.

---

205 F5
96 Euston Road, NW1
01937 546060, www.bl.uk
lun.-jeu. 9h30-20h ; ven.-sam. 9h30-17h ; dim., j. fér. 11h-17h
entrée libre
restaurant, cafétéria, café
King's Cross, St Pancras, Euston
10, 30, 73, 91

Quelques données

- Le sous-sol de la bibliothèque s'étend sur une surface équivalente à plus de 5 étages et abrite 625 km de rayonnages.
- Environ 14 millions d'ouvrages sont stockés dans le sous-sol, mais le fonds total excède les 150 millions.
- Du fait du dépôt légal, elle reçoit un exemplaire de chaque livre, BD, journal, carte, ou magazine publié au Royaume-Uni : elle doit accueillir en moyenne 3 millions de nouvelles pièces par an.
- La National Philatelic Collections expose dans ses présentoirs une petite partie seulement de sa vaste collection philatélique, estimée à plus de 8 millions de timbres.

Et aussi...

Camden Markets 51

Camden Market désigne en fait plusieurs marchés, tous situés à Camden Town, de Camden Lock à Camden High Street en passant par Chalk Farm Road. C'est un excellent lieu de promenade dominicale, mais sachez que la foule y est toujours très nombreuse, notamment l'été. Parcourez les étals en partant de la station de Camden Town et en remontant vers le nord et la station de Chalk Farm

Camden Market est particulièrement réputé pour la mode contemporaine, les bijoux et l'artisanat. Les entrepôts rénovés des **Camden Lock Markets**, qui bordent le canal, regorgent d'étals où l'on vend des objets d'art et d'artisanat, des vêtements neufs et des fripes, des cassettes, des CD, ainsi que de la nourriture et des boissons.

Le **Camden Lock Village**, ancien Camden Canal Market avant sa destruction en 2008 par un incendie, se trouve au nord du canal, entre Chalk Farm Road et Castle Haven Road. Le nouveau bâtiment, avec ses plus de 100 boutiques et ses nombreux stands, a ouvert ses portes en 2009. La qualité – et le prix – des produits y est plus élevée.

Le **Stables Market**, situé au-delà de Chalk Farm Road, est le marché le plus au nord, installé dans les anciennes écuries des chevaux destinés à la traction des péniches – des statues rappellent ce passé. On y vend à peu près les mêmes choses qu'à Camden Lock, avec, en plus, du mobilier et des antiquités.

Toute la zone constitue un agréable contrepoint aux centres commerciaux modernes. Le soir, le gigantesque restaurant pan-asiatique Gilgamesh (☎ 020 7428 4922, www.gilgameshbar.com) ouvre les portes de son nightclub, tandis que Dingwall's (☎ 020 7428 5929, ww.dingwalls.com) propose des concerts à la programmation des plus éclectiques.

205 E5, hors plan ✉ Camden High Street, NW1
☎ 020 7485 7963, www.camdenlockmarket.com
tlj. 10h-18h (juin-sept. plus tard)
Camden Town, Chalk Farm
24, 27, 29, 31, 168, 214, 253, 274

Sur Camden High Street, le spectacle est aussi sur les façades.

Regent's Park 52

Bordé d'exemples de l'architecture Régence de John Nash, Regent's Park (► 20) compte parmi les espaces verts les plus agréables du centre de Londres. Sa roseraie, son théâtre de plein air, son lac ainsi que le ZLS London Zoo (► 161) sont particulièrement prisés.

Ne négligez pas le charme d'une balade sur **Regent's Canal**. Construit en 1820, il relie sur 13 km la très chic Little Venice (à l'ouest de Londres) à Limehouse (à l'est, dans les Docklands), où il se jette dans la Tamise. Little Venice est

un petit quartier plein de charme ; le canal y est bordé de nombreuses péniches d'habitation fort joliment décorées qui resplendissent, l'été, de mille fleurs et plantes vertes.

Plusieurs compagnies proposent des excursions en bateau entre Little Venice et Camden Lock. Sinon, pas de meilleur antidote au stress urbain qu'une promenade tranquille le long des berges de Regent's Canal.

204 B5

Et aussi…

London Waterbus Company
020 7482 2550, www.londonwaterbus.com
avr.-sept. : tlj. 10-17h ; oct. jeu.-dim. 11h-16h ; nov.-mars sam.-dim. 11h-15h ; départ toutes les heures

Jason's Trip
www.jasons.co.uk
mars-oct. : 3 excursions/j.

Walkers Quay (Jenny Wren)
Excursions de Camden Town à Little Venice et retour (1h30)
020 7485 4433, www.walkersquay.com
août : 4 excursions/j. ; avril-oct. : lun.-ven. 2 excursions/j. ; sam.-dim., vac. scol. 3 excursions/j.

ZSL London Zoo 53

Cette vénérable institution londonienne, vouée à la recherche scientifique sur la faune, a ouvert ses portes en 1928. Pendant un temps, le London Zoo faisait partie de ces lieux à la mode où il fallait être vu, et attirait dans les années 1950 jusqu'à 3 millions de visiteurs par an. Aujourd'hui, les tendances ont évolué, et le zoo se consacre essentiellement à l'étude du monde animalier et

Regent's Park au printemps.

à la défense de l'environnement. Il n'en demeure pas moins un lieu incontournable où il vous sera possible d'observer plus de 16000 animaux appartenant à 725 espèces, dont une majorité en voie de disparition. Au printemps 2016, un nouvel espace destiné à accueillir des lions d'Asie ouvrira ses portes.

Vous pouvez réserver à l'avance des billets VIP qui vous permettront d'approcher au plus près les animaux – dont les gorilles et les girafes. Pour les enfants, des visites permettent de suivre les soigneurs et de nourrir les animaux. L'application pour mobile du ZSL London Zoo (gratuite) vous permet de préparer votre visite, de réserver votre entrée et de vous repérer une fois sur place.

204 C5, hors plan Regent's Park, NW1
020 7722 3333, www.zlsl.org
tlj. mars-mi-juil. 10h-17h30 ; mi-juil.-août 10h-18h ; sept.-oct. 10h-17h30 ; nov.-fév. 10h-16h (dernière admission 1h avant la fermeture) £££

Wallace Collection 54

Cette exceptionnelle collection d'objets d'art est installée dans un cadre magnifique : Hertford House, hôtel particulier du 18e siècle, acheté en 1797 par la seconde marquise de Hertford. Son fonds d'objets d'art fut légué à l'État à la condition qu'il ne quitte jamais le centre de Londres et qu'il ne soit jamais ni vendu ni loué.

Si chaque salle regorge de véritables trésors, la favorite du public est sans doute la **Great Gallery**, qui regroupe une fabuleuse collection de toiles du Titien, de Rubens, Murillo, Van Dyck et autres grands maîtres. C'est là que vous verrez la plus célèbre pièce du musée : le *Cavalier riant*, de Frans Hals, portrait d'un jeune homme anonyme, peint en 1624. Si ce jeune homme n'a rien d'un pauvre hère, il n'est cependant ni riant ni à cheval. Ce titre mystérieux date de 1888, lorsque ce tableau fut prêté à la Royal Academy pour une exposition temporaire. *La Dame à l'éventail*, de Velázquez, autre portrait d'anonyme, est exposé juste à côté.

Plus généralement, le charme de ce musée tient à l'étonnante variété de ses collections ; ce lieu vous invite à admirer des œuvres que vous auriez sans doute négligées ailleurs : porcelaines de Sèvres, mobilier, miniatures du 18e siècle. La collection d'armures est l'une des plus belles du pays si l'on excepte celle de la Tower of London.

204 B3
Hertford House, Manchester Square, W1
020 7563 9500, www.wallacecollection.org
tlj. 10h-17h ; fermé 24-26 déc.
entrée libre
Wallace Restaurant Bond Street
2, 13, 30, 74, 82, 94, 113, 189, 274

Chinatown 55

En plein cœur de Londres, les rues de Chinatown vous offrent un envoûtant parfum d'Asie dans son ensemble de rues ultrafréquentées, autour de Ger-

Gerrard Street, ses magasins, ses restaurants, ses enseignes : le véritable cœur de Chinatown.

Les gloires du London Transport Museum.

rard Street. Les restaurants s'y bousculent pour vous offrir les saveurs de Canton ou du Sichuan, mais aussi de Mongolie ou de Malaisie. L'animation y est à son comble à l'occasion du Nouvel An chinois (► 14). Si vous vous sentez à plat après toutes vos visites, pourquoi ne pas profiter de toutes ces arrière-boutiques consacrées aux massages, à la réflexologie ou aux médecines douces ?

205 F2 autour de Gerrard Street, W1
Leicester Square 14, 19, 24, 29, 38, 176

Cartoon Museum 56

Les collections de ce musée rassemblent environ 1 500 œuvres originales de dessinateurs et artistes célèbres, du 18e siècle à nos jours. Tout au long de l'année, des expositions thématiques se succèdent, pour le plus grand plaisir des enfants et des adultes. Vous pourrez y admirer des caricatures, notamment politiques, des bandes dessinées ou des dessins de presse. Le musée organise des ateliers pour adultes et pour enfants, même pendant les vacances d'été, ainsi que de nombreux événements ponctuels. Toutes les informations sur la programmation de ces activités peuvent être trouvées sur le site du musée.

208 A5 35 Little Russell Street, WC1 020 7580 8155,
www.cartoonmuseum.org
mar.-sam. 10h30-17h30, dim. 12h-17h30
££ Holborn 7,8, 19, 25, 38, 55, 98

London Transport Museum 57

Le musée a fait peau neuve en 2007. Nouvelles salles afin d'offrir aux visiteurs plus d'expositions, temporaires ou thématiques, et nouvelles scénographies pour l'histoire des transports à Londres depuis 200 ans : la présentation, repensée pour être plus ludique et pédagogique, retrace les grandes étapes de construction, les progrès techniques et leurs incidences sur la vie des Londoniens, ainsi que la machinerie mise en œuvre pour transporter des millions de personnes quotidiennement.

Vous pourrez y contempler, entre autres témoins des temps anciens, la Metropolitan n° 23, la seule locomotive survivante des débuts du Tube, en 1863, et l'un des fameux bus rouges à impériale, symboles de la cité. Et puis, si vous pensez bien connaître la ville, pourquoi ne pas tenter de passer les tests obligatoires pour l'obtention de la licence de taxi ?

208 B4 Covent Garden, WC2
020 7565 7299, 020 7379 6344,
www.ltmuseum.co.uk
sam.-jeu. 10h-18h, ven. 11h-18h
£££ ; -16 ans : gratuit
cafétéria
Covent Garden
6, 9, 11, 13, 15, 23, 176

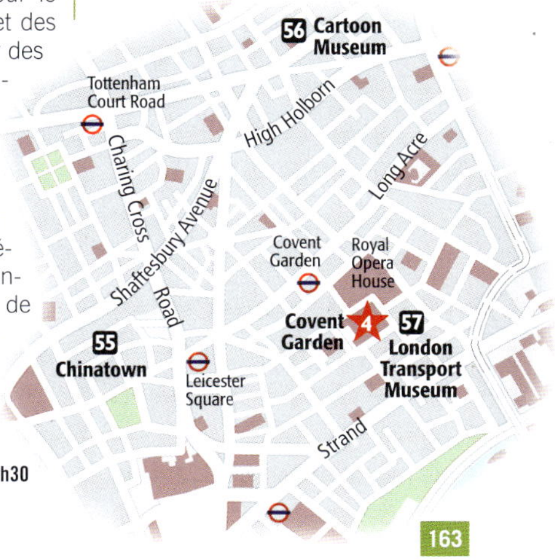

Où...
se restaurer

Gamme des prix
Il s'agit du prix moyen d'un repas complet, boissons, taxes et pourboire non compris.
£ moins de 25 £ **££** de 25 à 50 £ **£££** plus de 50 £

Amphitheatre ££
Le restaurant du Royal Opera House est idéal pour déjeuner ou dîner avant un spectacle. Commandez les filets de pigeon et leur pithiviers d'épinards et champignons pour avoir un aperçu de cette cuisine Modern British.
208 A4 Bow Street, WC2
020 7212 9254, www.roh.org.uk
déjeuner : lun.-sam. 12h-15h ; dîner : 1h30 avant le spectacle (réservé aux détenteurs de places) Covent Garden

Barshu £-££
Papilles sensibles s'abstenir ! Le piment rouge figure parmi les ingrédients de base de la cuisine du Sichuan. Barshu met un point d'honneur à vous mijoter des sautés de bœuf ou de langouste au gingembre et civette, et des soupes parfumées à déguster en fin de repas dans le respect des traditions. Les plats sont moins relevés dans l'annexe Ba Shan, de l'autre côté de la rue.
197 F2 28 Frith Street, W1
020 7287 8822, www.bar-shu.co.uk
dim.-jeu. 12h-23h, ven.-sam. 12h-23h30
Tottenham Court Road, Leicester Square

Bill's Produce Store £
Le concept de table d'hôtes-épicerie créé par Bill Collison fleure bon la campagne anglaise. Dans un décor vintage de fruits juteux, de pots de marmelade, de chutneys, de bière, de limonade et de *cup cakes* maison, les serveuses vous apportent votre copieuse assiette d'œufs bénédictine, de lasagnes, de *fish pie* ou de macaronis au fromage dans un joyeux brouhaha.
208 A4 28 St Martin's Courtyard, WC2
020 7240 8183, www.bills-website.co.uk
lun.-ven. 8h-23h, sam. 9h-23h, dim. 9h-22h30 Covent Garden

Brasserie Max £££
Ce lieu raffiné situé dans le Covent Garden Hotel est fait pour les gourmets : gâteau au crabe au citron, à la mangue et au piment, escalope de veau en croûte de parmesan, saumon bio aux légumes asiatiques, citron et miso, fondant au chocolat et glace à la cannelle. Pour réduire les frais, optez pour le menu à 3 plats, le menu théâtre ou l'*afternoon tea* (15h-17h30).
208 A4 10 Monmouth Street, WC2
020 7806 1007, www.firmdale.com
lun.-sam. 7h-0h, dim. 8h-23h
Covent Garden, Leicester Square

Café des Amis £
Un bar et restaurant français indissociable de Covent Garden, dans une ruelle à proximité de l'Opéra. Attablez-vous au restaurant ou mangez un morceau au bar avec un verre de vin. Les habitués sont friands des plats copieux de la maison, tels la soupe à l'oignon, les moules marinées, le magret de canard à l'orange ou le riz au crabe. À ne pas manquer en dessert : la "soupe au chocolat" et sa glace au poivre noir. L'été, installez-vous dehors ! Réservation recommandée.

208 A4 11-14 Hanover Place, WC2
020 7379 3444, www.cafedesamis.co.uk
lun.-sam. 12h-23h30 Covent Garden

Court Restaurant £-££

Prendre son repas sous la verrière du British Museum, voilà une expérience à ne pas manquer ! Sans compter la qualité des mets servis, telles des figues noires et de la mozzarella di buffala agrémentées de vinaigre balsamique en entrée, ou encore du saumon écossais teriyaki avec bok choy et sauce à la mangue. Excellent *afternoon tea*.

200 A5 British Museum, Great Russell Street, WC1 020 7323 8990, www.britishmuseum.org tlj. 12h-15h, *afternoon tea* 15h-17h30, dîner 17h30-20h30 (uniquement le vendredi) Russell Square

Les Deux Salons £

Une brasserie idéale pour reprendre des forces après une longue journée de visites. Retrouvez-y les grands classiques français : terrines, confit de canard, cassoulet, soupe de poissons méditerranéenne, crème brûlée ou mousse au chocolat avec cerises griottes. Ou bien détendez-vous à l'heure du thé, avec un généreux *afternoon tea*. Du lundi au samedi, un menu à 3 plats au prix intéressant est servi avant les spectacles du soir. (17h-18h30).

208 A3 40-42 William IV Street, WC2
020 7420 2050, www.lesdeuxsalons.co.uk
lun.-sam. 12h-23h, dim. 11h-18h
Charing Cross

Great Queen Street £-££

L'illustration parfaite de la tendance moderne à la simplicité : murs sobres, tables sans nappe, serviettes en papier... et des plats sans chichis : artichauts de Jérusalem avec poireaux, pancake aux pois chiches et œuf au plat, colin au fenouil et au chorizo, beignets à la cannelle avec miel et pistaches. Atmosphère affairée, mieux vaut réserver à l'avance.

208 A4 32 Great Queen Street, WC2
020 7242 0622,
www.greatqueenstreetrestaurant.co.uk
lun.-sam. 12h-14h30, 18h-22h30, dim. 12h-15h
Covent Garden

Hawksmoor Seven Dials ££

S'il est un lieu qui témoigne de l'évolution de la gastronomie britannique au fil des ans, c'est ce restaurant grill qui sert de délicieux steaks de viande mûrie, préparés sur un grill au charbon de bois. Ici, tout est de tradition, de la moelle de bœuf jusqu'aux frites cuites dans la graisse d'oie, mais agrémentée d'une touche de modernité. Les menus proposés avant les spectacles de théâtre offrent des prix intéressants.

208 A4 11 Langley Street, WC2
020 7420 9390, www.thehawksmoor.com
lun.-jeu. 12h-15h, 17h-22h30, ven.-sam. 12h-15h, 17h-23h, dim. 12h-21h
Covent Garden

J. Sheekey ££

Ce célèbre et vénérable restaurant de poisson et fruits de mer a ouvert ses portes en 1896. À présent géré par la même équipe que Le Caprice et The Ivy, J. Sheekey est un incontournable en matière de délices de la mer. Les quelques créations contemporaines apportent une touche novatrice à un menu plutôt classique.

205 F1 32-34 St Martin's Court, WC2
020 7240 2565, www.j-sheekey.co.uk
lun.-sam. 12h-15h, 17h30-0h ; dim. 12h-15h30, 18h-23h
Leicester Square

Monmouth Coffee Company £

Sa vitrine exposant simplement des sacs de café venus des 4 coins du monde cache l'un des trésors les mieux gardés de Soho ; 8 tables vous attendent à l'intérieur, avec les journaux du jour et un délicieux choix de pâtisseries. Le lieu rêvé pour une petite pause et, acheter

de quelques cafés rares. Filiales à Borough Market et Bermondsey.
205 F2 27 Monmouth Street, WC2
020 7379 3516, www.monmouth coffee.co.uk
lun.-sam. 8h-18h30 Covent Garden

Norfolk Arms £

Cet ancien pub de quartier est devenu un gastropub nouvelle génération, rendez-vous préféré tant des bobos londoniens que des amoureux du British Museum tout proche. Outre l'interminable liste de tapas du monde entier – du *scotch egg* au *pata negra* en passant par les *chicken wings* et le *babaganoush* –, la carte décline viandes, poisson et légumes de saison – politique maison oblige ! Les gourmands ne sauront où donner de la tête tant les desserts sont craquants.
205 F5 28 Leigh Street, WC1
020 7388 3937, www.norfolkarms.co.uk
restaurant : lun.-mar. 18h-22h15 ; mer.-sam. 12h30-15h, 18h-22h15 ; dim. 12h30-22h
Russel Square, King's Cross, Euston

Quo Vadis £-££

Sam et Eddie Hart ont repris ce restaurant, véritable institution de Soho. L'esprit contemporain du lieu tient de la brasserie française et du grill *british* mâtinés de saveurs méditerranéennes rappelant les origines des Hart. Fruits de mer ou grillades, mais aussi pâtes, diverses salades et œufs dans tous leurs états, sont au menu. Parfait pour un déjeuner léger ou un dîner avant un spectacle.
205 E2 26-29 Dean Street, W1
020 7437 9585, www.quovadissoho. org.uk
lun.-sam. 12h-14h45, 17h30-22h45 ; dim. 17h30-22h45 Piccadilly Circus, Tottenham Court Road

Rules ££

Toute la grandeur et l'esprit britanniques mâtinés d'un charme suranné émanent du plus vieux restaurant de la ville (1798). Avec emphase, sa carte vous mettra l'eau à la bouche : gibiers, huîtres, pies dans la plus pure tradition, exciteront vos papilles comme ils l'ont fait pour Charles Dickens ou Laurence Olivier.
208 A4 35 Maiden Lane, WC2
020 7836 5314, www.rules.co.uk
lun.-sam. 12h-23h45, dim. 12h-22h45
Covent Garden

Wahaca £

Si vous recherchez l'authenticité et le dépaysement, testez cette étrange *cantina* pour vous retrouver plongé dans les marchés colorés de Mexico. *Tapas* ou repas complet, tout ici est frais et virevoltant, des *quesadillas* au thym à base de chorizo et de pomme de terre ou aux *tacos* de porc marinés dans une sauce épicée du Yucatan, en passant par les copieux *burritos* de porc aux oignons servis avec du riz vert. Pas de réservation possible !
208 A3 66 Chandos Place, WC2
020 7240 18 83, www.wahaca.co.uk
lun.-sam. 12h-23h, dim. 12h-22h30
Charing Cross

Wright Brothers Soho Oyster House £-££

Les produits de la mer n'ont pas de secret pour les frères Wright, qui possèdent leur propre parc à huîtres à Cornwall et font de la vente en gros de poisson frais. Leur restaurant avec cuisine ouverte et comptoir à huîtres, dans une paisible cour au cœur du West End ne propose que des ingrédients de la plus grande fraîcheur et leurs mets parlent d'eux-mêmes : limande-sole de Cornwall avec beurre au piment, aromates et chair de crabe, dorade au barbecue avec anchois, fenouil, basilic et piments, huîtres de toutes sortes, carpaccio de bar, *ceviche* de saumon ou encore sashimis.
205 D2 13 Kingly Street, W1
020 7434 3611, www.thewrightbrothers.co.uk
lun.-sam. 12h-24h, dim. 12h-21h
Oxford Circus.

BARS & PUBS

Dans ce quartier de couche-tard, les bars abondent. Mélodie en sous-sol au **Bourne & Hollingworth** (28 Rathbone Place, W1 jeu.-sam.), bar à cocktail très années 50 tant par sa déco que par ses concerts ; ambiance festive au **Hakkasan** (8 Hanway Place, W1), entre interminable liste de cocktails exotiques et cadre ultra-hype ; choix pléthorique et vibrations rétro-chic à l'**Academy** (12 Old Compton Street, W1), où officient quelques-uns des meilleurs barmen de Londres ; charme raffiné au **Mark's Bar at Hix**, semblable à un club (habillez-vous en conséquence) ; champagnes en pagaille – plus de 20 – au **St Pancras Grand Champagne Bar** (St Pancras Station, NW1).

Où... acheter

COVENT GARDEN

Démarrez votre visite depuis les stations de Covent Garden ou de Leicester Square. La **halle couverte** de Covent Garden est un bon choix pour les souvenirs de toutes sortes. Pour retrouver une âme d'enfant, allez flâner parmi les poupées et jouets traditionnels de **Benjamin Pollock's Toy Shop** (44 The Market, WC2, www.pollocks-coventgarden.co.uk).

Si c'est la mode qui vous intéresse, Paul Smith (43 Floral Street, WC2, www.paulsmith.co.uk) vous proposera tout ce dont vous rêvez, tandis que des boutiques chic bordent Long Acre parmi lesquelles **Jigsaw** (n°21, www.jigsaw-online.com), **Ben Sherman** (n°49, www.bensherman.com), et **Whistles** (n°24, www.whistles.co.uk). Dans St Martin's Courtyard, **Twenty & Twelve** fait dans le haut-de-gamme.

Dans Neal Street, vous trouverez des enseignes internationales et anglaises, comme **Traffic People** (n°69, www.trafficpeople.co.uk). À proximité, flânez dans Neal's Yard (► 151), qui ne donne pas dans Neal Street.

À l'ouest, découvrez **Seven Dials** avec ses boutiques tendance. Laissez-vous séduire par les belles chaussures de **Poste Mistress** (61 Monmouth Street, WC2, www.office.co.uk/postemistress).

CHARING CROSS ROAD

Les bibliophiles ne regretteront pas leur promenade sur Charing Cross Road, où sont installées 3 grandes librairies : **Foyles** (n°113, www.foyles.co.uk), installée là depuis plus d'un siècle ; **Quinto Bookshop** (72, quintobookshop.co.uk), spécialisée dans les livres anciens et d'occasion ; **Any Amount of Books** (n°56, www.anyamountofbooks.com), qui vend aussi des livres d'occasion et propose un coin des bonnes affaires.

Incontournables pour tout lecteur passionné : **Cecil Court** (www.cecilcourt.co.uk) et ses boutiques spécialisées dans les livres d'art, de théâtre et de musique et l'édition d'art.

SOHO

Dans les Swinging Sixties, **Carnaby Street** était le quartier du shopping branché. Après une période plus calme, elle est redevenue un bon terrain de chasse pour dénicher des vêtements originaux.

Les amateurs de football ne sauront où donner de la tête devant la profusion de vêtements, chaussures et accessoires aux couleurs de leurs équipes préférées (56, www.soccerscene.co.uk). Réputée pour ses chaussures de football, **Gola Classics** (n°40, www.gola.co.uk) a élargi sa gamme à diverses chaussures de sport et tendance. Et si vous préférez les tenues osées et sexy, filez chez **Miss Sixty** (Great Marlborough Street 31, W1, www.misssixty.com).

Flânez dans Newburgh Street, Marshall Street, Kingly Court ou Marlborough Court pour trouver aussi bien des boutiques établies que de nouveaux magasins prometteurs. Les stations de métro les plus proches sont Piccadilly Circus, Oxford Circus et Leicester Square.

Où... se divertir

Le West End est sans doute l'un des plus grands quartiers de divertissement du monde, tandis que Camden attire les jeunes en quête de musiques alternatives. Toutes les informations sont dans *Time Out* (publié tous les mercredis, www.timeout.com/london)

THÉÂTRE, OPÉRA & DANSE

Le **Criterion Theatre**, juste à la sortie du métro, figure parmi les plus courus autour de Piccadilly Circus, et Shaftesbury Avenue abrite côte à côte 4 vénérables scènes : le **Lyric** (www.nimaxtheatres.com, l'**Apollo** (www.nimaxtheatres.com), le **Gielgud** (www.delfontmackintosh.co.uk) et le **Queen's** (www.delfontmackintosh.co.uk).

Covent Garden et le Strand ne manquent pas de répondant, leurs théâtres côtoyant 2 institutions londoniennes, le **Royal Opera House** (➤ 150) et l'**English National Opera** (London Coliseum, St Martin's Lane, WC2, www.eno.org).

Côté danse, la référence absolue est le **Royal Ballet**, qui se produit au Royal Opera House. Mais intéressez-vous aussi à la programmation de **Saddler Wells** (www.sadlerwells.com), de la danse classique au hip-hop et au tango.

Pour une programmation des plus variées – musique, danse, théâtre, cirque, etc. –, rendez-vous à la **Roundhouse** (Chalk Farm Road, NW1, www.roundhouse.org.uk).

CINÉMA

Les principales nouveautés sont programmées dans le West End : **Odeon Panton Street** (11/18 Panton Street, SW1), **OTHER Cinema** (11 Rupert Street, W1), **UGC Haymarket** (62-65 Haymarket, SW1) et **Cineworld** (The Trocadero, 13 Coventry Street, W1).

CLUBS & BOÎTES DE NUIT

Dans le West End, le **Heaven** (Under The Arches, Villiers Street, WC2, www.heavennightclub-london.com Charing Cross), immense boîte gay détendue et conviviale, est très apprécié certains soirs des hétéros et des femmes, tandis que le **Café de Paris** (3 Coventry Street, W1, www.cafedeparis.com Piccadilly Circus) propose sa piste de danse dominée par un restaurant.

À Soho, **Madame Jojo's** (8-10 Brewer Street, www.madamejojos.com Leicester Square) est une icône du quartier, entre concerts et cabaret.

Dublin Castle (94 Parkway, NW1, www.thedublincastle.com) programme des nouveaux groupes. Pour du bon jazz, choisissez **Jazz Café** (5 Parkway, NW1, www.thejazzcafe.co.uk).

Du côté des clubs à la mode, l'**Electric Ballroom** (184 Camden High Street, NW1, www.electricballroom.co.uk) et **The Underworld** (174 Camden High Street, NW1, www.theunderworldcamden.co.uk) tiennent le haut du pavé.

Excursions

Kew Gardens 170
Windsor 172

Kew Gardens

Kew est une excellente destination pour une excursion. Facilement accessible – un court trajet de 15 km en bateau ou en train depuis le centre de Londres –, ce lieu offre une attraction exceptionnelle : les Royal Botanic Gardens, parmi les plus beaux jardins botaniques du monde.

Les Royal Botanic Gardens rassemblent quelque 30 000 variétés de plantes, dont 13 n'existent plus nulle part à l'état sauvage, sur 121 ha. Les amateurs de botanique seront émerveillés ; les profanes apprécieront sans peine la beauté des lieux. S'y promener en dehors des mois d'été vaut la peine : les teintes automnales, de septembre à novembre, les camélias en janvier et la grande explosion du printemps, de février à mai, vous raviront. On peut y flâner des jours durant… mais pour voir en une seule fois leurs plus beaux trésors, il est préférable de visiter les serres dans l'ordre indiqué ci-dessous. À l'entrée de chacune, des panneaux offrent d'intéressantes informations sur les plantes. Le tour de 40 min du petit train **Kew Explorer** est également une bonne introduction aux jardins.

Princess of Wales Conservatory ("Conservatoire de la princesse de Galles")

Il regroupe 10 zones climatiques gérées par ordinateur. En déambulant des orchidées de la zone tropicale humide aux cactées de la zone désertique, vous pourrez apprécier l'énorme influence du climat sur la flore. Les plantes les plus étranges sont les lithops de Namibie, ou "pierres vivantes", qu'il est impossible de différencier des pierres jusqu'au moment où éclosent leurs fleurs aux couleurs éclatantes.

La célèbre Kew Pagoda, construite en 1762 pour la princesse Augusta, mère du roi George III.

Palm House ("Palmeraie")

Construite entre 1844 et 1848, ce chef-d'œuvre d'ingénierie victorienne est constitué de plus de 16 000 panneaux de verre. Par l'un des escaliers de fonte, gagnez les passerelles surélevées qui offrent une vue splendide sur ce luxuriant îlot de forêt vierge incluant des espèces tropicales du monde entier (cocotiers, hévéas, bananiers…), puis allez admirer la flore marine au sous-sol, en particulier les splendides coraux vivants. Kew est un des rares sites anglais où l'on peut voir cette espèce connue pour être difficile à cultiver en captivité.

Temperate House ("Serre tempérée")

Structure élégante de 180 m de long sur 42 de large, elle est la plus grande de toutes. Elle fut commencée en 1860, mais les travaux s'arrêtèrent une fois le bloc central achevé, et ne reprirent que 40 ans plus tard. Ses pièces

La Palm House est un véritable puzzle constitué de 16 000 panneaux de verre.

maîtresses sont un palmier chilien planté au milieu du 19e siècle et qui est aujourd'hui l'un des plus grands palmiers d'intérieur au monde, ainsi que diverses plantes subtropicales telles que citronniers, arbres à thé et rhododendrons himalayens. Juste à côté de la Temperate House, l'**Evolution House** retrace l'histoire naturelle des plantes les plus anciennes. Fermée pour restauration , elle ne rouvrira ses portes qu'à l'été 2018.

Jeune public

Vieille de 250 ans, la Pagode de 10 étages, n'est plus ouverte au public. À défaut, pour jouir d'une vue plongeante sur les grands arbres –ou apercevoir Wembley– le **Xstrata Treetop Walkway**, avec ses aménagements pour les enfants, est une bonne alternative. Les plus jeunes ne manquent d'ailleurs pas d'activités, **Climbers & Creepers**, par exemple, une aire de jeux botanique interactive en intérieur, ou **Treehouse Towers** et ses balançoires, toboggans et filet à grimper. Dans Palm House et Princess of Wales Conservatory, il y a même des piranhas, des raies d'eau douce et des poissons-chats géants à observer.

Victoria Gate, Kew, Richmond 020 8332 5655, www.kew.org
tlj. de 9h30 au coucher du soleil (téléphoner pour les horaires exacts); les serres et les galeries ferment plus tôt; fermé 24-25 déc.
£££; enfants: gratuit divers cafés et restaurants dans le parc à proximité Kew Gardens Kew Green (entrée principale) 65, 391; Kew Bridge 237, 267, 391 en été, navette fluviale pour Kew Pier au départ de Westminster, de Hampton Court et de Richmond

ENTRE NOUS

- **Visites guidées gratuites** Il y en a 3 par jour, à 11h, 12h et 13h30.
- **Visite multimédia** Avec l'application pour mobile des Kew Gardens (gratuite), vous pourrez profiter d'une carte des lieux et de la possibilité de scanner les QR Codes de nombreuses plantes pour obtenir des informations.

Windsor

Si le château de Windsor est bien évidemment au cœur du programme de la journée, d'autres sites à proximité valent également le déplacement : Eton College – la très ancienne et très chic école privée qui accueille les fils de l'upper class – et, pour le plus grand plaisir des enfants, le parc d'attractions moderne de Legoland.

Windsor Castle

Avec ses remparts, ses tours, ses tourelles, ses mâchicoulis, et ses gardes en costumes, Windsor Castle est vraiment le château par excellence, dont la splendeur dépasse largement celle de Buckingham Palace (➤ 52). C'est d'ailleurs le plus grand château habité du monde. Il fut fondé par Guillaume le Conquérant en 1080 et faisait alors partie de la structure défensive érigée autour de Londres. Il servit très tôt de résidence royale, notamment du fait de sa situation géographique au cœur de vastes terrains de chasse. Henry I y aménagea ses appartements en 1110, et, 900 ans plus tard, les monarques y séjournent encore. Elizabeth II, la reine actuelle, y passe encore la plupart des week-ends ainsi qu'une bonne partie du printemps, d'avril à juin.

Le château a connu de nombreuses aventures. La plus récente eut lieu dans la nuit du 20 novembre 1992, quand un incendie – sans doute déclenché par la chaleur d'un projecteur placé trop près d'un rideau – endommagea de nombreuses salles, dont plusieurs Appartements royaux (notamment St George's Hall, la Grand Reception Room, la State Dining Room et la Crimson Drawing Room). Quinze heures et 6 millions de litres d'eau furent nécessaires pour éteindre le feu. La restauration dura 5 ans et coûta 38 millions de livres, somme réglée pour l'essentiel par la famille royale grâce aux bénéfices tirés de l'ouverture annuelle de Buckingham Palace et des droits d'accès payés par les visiteurs sur les terres de Windsor Castle.

Les parties du château ouvertes au public comprennent les State Rooms (Appartements royaux, toute l'année, consultez le site pour vérifier les horaires), les Semi-State Rooms (Appartements semi-royaux, d'oct. à mars) et St George's Chapel (ouv.

Une merveille de château, Windsor Castle et son imposant donjon, la Round Tower, vu du fleuve.

La Reine Victoria règne toujours devant Windsor Castle.

lun.-sam., dim. pour le service uniquement). Toutes empreintes de majesté, elles valent le coup d'œil ; parmi leurs trésors figurent de fabuleuses tapisseries des Gobelins, des meubles anciens de toute beauté, et des tableaux, entre autres, de Van Dyck, Rubens, Gainsborough, Dürer, Rembrandt, Reynolds et Canaletto.

La visite du château

La **Queen Mary's Dolls' House** (Maison de poupées de la reine Mary) est une véritable bâtisse à l'échelle 1/12 construite en 1924. Observez les minuscules livres reliés cuir de la bibliothèque, l'aspirateur, les robinets, la vaisselle, les ustensiles de cuisine, les reproductions d'œuvres d'art exposées aux murs, et la machine à coudre qui fonctionne réellement.

Le **Grand Staircase** (Grand Escalier) et le **Grand Vestibule**, qui précèdent admirablement les **State Rooms** (Appartements royaux), regorgent de statues, d'armes à feu, d'armures. Des vitrines abritent divers trésors, notamment la balle qui tua l'amiral Nelson lors de la bataille de Trafalgar, en 1805 (son uniforme est exposé au National Maritime Museum de Greenwich ➤ 186).

L'imposante **Grand Reception Room** (Grande Salle de réception) fut conçue pour le roi George IV, fervent amateur des riches ornements à la française, ce qui explique que tout, du sol au plafond, y fourmille de dorures et enluminures fort raffinées.

Le **St George's Hall**, superbement restauré après l'incendie de 1992, est le lieu le plus majestueux du château. Ce hall de plus de 55 m de long, certes impressionnant par sa taille, est également remarquable pour la qualité et la beauté de sa décoration, et sa superbe charpente de chêne à blochets.

Dans la **St George's Chapel**, magnifiquement décorée (admirez les stalles de la chorale, l'autel et les voûtes dorées), reposent 10 souverains anglais. Elle abrite par ailleurs l'Albert Memorial Chapel. Cet ouvrage surchargé de statues, de mosaïques vénitiennes et de panneaux de marbre gravé fut érigé en l'honneur du mari de Victoria, mort à Windsor en 1861.

Et aussi…

Deux quartiers du château ouvrent au public en août et septembre : la **Round Tower** qui, du haut de ses 200 marches, offre une vue magnifique sur les environs et jusqu'à Londres, et la **Great Kitchen** (les cuisines), toujours en activité 750 ans après sa construction.

Si vous disposez d'un peu de temps, faites un tour à **Eton College**, véritable petite ville à 15 min à pied du château, de l'autre côté de la Tamise. Fondée en 1440, c'est l'une des

ENTRE NOUS

- La Relève de la garde Elle a lieu tous les jours à 11h (sauf le dim.) d'avril à juillet, et 1 jour sur 2 le reste de l'année.
- Audioguide Un appareil, fourni à l'entrée, est inclus dans le prix du billet. Il en existe une version pour enfants.

plus anciennes écoles privées anglaises, éminemment prestigieuse, où les élèves portent encore la queue-de-pie. La plupart des pensionnaires sont issus de familles riches et influentes. David Cameron (75e Premier Ministre de Grande Bretagne, en fonction depuis 2010) est le 19e Premier Ministre britannique à y avoir suivi sa scolarité. La splendide cour intérieure, la plus ancienne salle de classe et le musée sont ouverts au public (visites guidées l'après-midi).

Legoland Windsor À 3,2 km du centre de Windsor, ce parc d'attractions fera le bonheur des parents accompagnés de jeunes enfants. Vous y trouverez une série de manèges et de constructions réalisées en briques Lego, le tout entrecoupé de spectacles variés. Legoland Windsor est relié par navettes (toutes les 30 min) au départ des gares de Windsor, Eton Central et Eton Riverside (des billets jumelés train-navette-entrée au parc sont disponibles dans la plupart des gares du territoire).

La Crooked House, salon de thé biscornu de Windsor.

Visitor Information Centre
The Old Booking Hall, Central Station, Windsor SL4 1PJ
01753 743 900 ; 01753 831 118 (serveur local)
lun.-sam. 10h-17h ; dim. 10h-16h ; horaires prolongés en été.

Windsor Castle
01753 831 118 (24h/24) ou 020 7766 7304, www.royalcollection.org.uk
tlj. : mars-oct. 9h45-16h ; nov.-fév. 9h45-15h ; fermé ven. saint, matin de Pâques / St George's Chapel fermée dim. / fermeture partielle ou totale du site possible en cas d'événement officiel
£££

Eton College
01753 671 177, www.etoncollege.com
tlj. en période scolaire ; visites certains mer., ven.-dim. 14h et 15h15
££ ; billet à prendre à la boutique du collège

Legoland Windsor
Winkfield Road SL4 4AY
0871 222 2001, www.legoland.co.uk
avr.-oct. ; horaires variables, consultez le site
£££ (possibilité d'acheter des billets valables 2 jours)

Comment s'y rendre

Windsor est à 40 km à l'ouest du centre de Londres.

- **En train** (0845 748 4950) Trains directs de Waterloo à Windsor et Eton Riverside, départ toutes les 30 min, durée du trajet : environ 55 min. De Paddington à Windsor et Eton Central, avec changement à Slough, départ toutes les 30 min, durée du trajet : environ 40 min.
- **En car** (0844 801 7261, www.greenline.co.uk) Green Line 701 ou 702 au départ de la gare routière de Victoria Coach Station, durée du trajet : 1h environ. Téléphonez pour plus de renseignements sur les horaires.

Promenades & circuits

1. Autour de Mayfair 176
2. La City 180
3. Greenwich 184
4. Hampstead 188
5. De Marble Arch à Tower Hill 192

1 AUTOUR DE MAYFAIR

Promenade

DISTANCE 5 km **DURÉE** environ 2 heures (hors visites et shopping)
DÉPART Piccadilly Circus 205 E1
ARRIVÉE Oxford Circus 205 D2

Mayfair (► 47) est un îlot de luxe et d'élégance au milieu de rues encombrées et bruyantes. Fondé au début du 18e siècle par de très grandes familles telles que les Berkeley et les Grosvenor, ce quartier, le plus cher de toute la capitale, a conservé de nombreux vestiges de son ancienne gloire, notamment ses splendides immeubles, ses squares pleins de verdure, ses élégantes arcades commerçantes et les ruelles pavées de Shepherd Market. En vous promenant, soyez attentif aux plaques commémoratives (► 24) posées en l'honneur des grands personnages, et aux enseignes frappées du sceau royal : ceux qui les arborent sont les fournisseurs attitrés d'un membre de la famille royale (lisez les petits caractères pour savoir lequel).

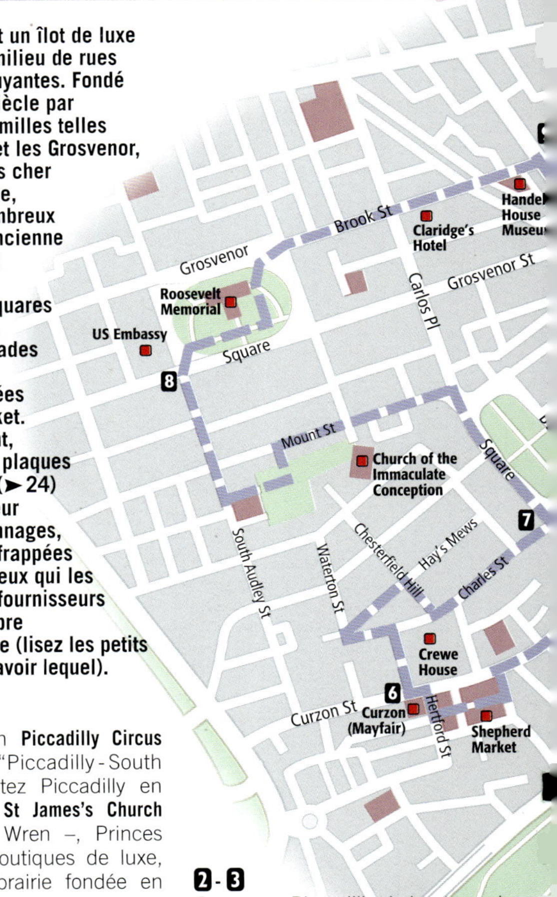

1 - 2

Quittez la station **Piccadilly Circus** par la sortie "Piccadilly-South Side", et remontez Piccadilly en passant devant **St James's Church** – dessinée par Wren –, Princes Arcade et ses boutiques de luxe, et Hatchards, librairie fondée en 1797. Vous arrivez bientôt au très chic grand magasin d'alimentation **Fortnum & Mason**, fondé par un valet de la reine Anne en 1707. Il est absolument somptueux, et très luxueux – certains vendeurs y portent même la queue-de-pie.

2 - 3

Traversez Piccadilly à hauteur de Burlington House, hôtel particulier du 18e siècle qui abrite aujourd'hui la **Royal Academy of Arts** (► 60). À l'angle, Burlington Arcade est la plus célèbre des arcades de boutiques de luxe du quartier ; des gardes en haut-de-forme y font appliquer le règlement interdisant aux clients de siffler, de chanter ou de marcher trop vite ! Au bout de ces arcades, tournez à droite dans Burlington Gardens, puis à gauche dans Savile Row, environ 100 m plus loin.

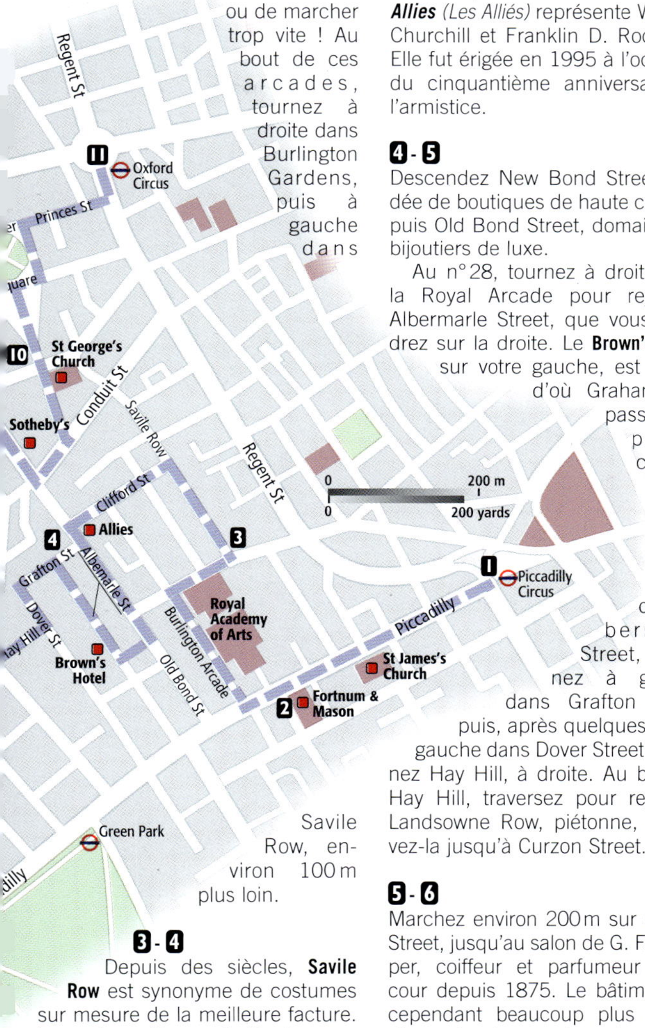

3 - 4

Depuis des siècles, **Savile Row** est synonyme de costumes sur mesure de la meilleure facture. La maison Gieves & Hawkes, au n° 1, fut ainsi fondée en 1785. Au n° 3 siège la compagnie de disques Apple, propriété des Beatles. Ils y donnèrent, du toit, leur tout dernier concert en février 1969. Poursuivez sur Savile Row, puis prenez Clifford Street (première à gauche) jusqu'à New Bond Street. Là, tournez à gauche dans la zone piétonne, où une sculpture de bronze intitulée ***Allies*** *(Les Alliés)* représente Winston Churchill et Franklin D. Roosevelt. Elle fut érigée en 1995 à l'occasion du cinquantième anniversaire de l'armistice.

4 - 5

Descendez New Bond Street, bordée de boutiques de haute couture, puis Old Bond Street, domaine des bijoutiers de luxe.

Au n° 28, tournez à droite dans la Royal Arcade pour rejoindre Albermarle Street, que vous prendrez sur la droite. Le **Brown's Hotel**, sur votre gauche, est le lieu d'où Graham Bell passa son premier coup de fil, en 1876. Au bout d'Albermarle Street, tournez à gauche dans Grafton Street puis, après quelques pas, à gauche dans Dover Street et prenez Hay Hill, à droite. Au bout de Hay Hill, traversez pour rejoindre Landsowne Row, piétonne, et suivez-la jusqu'à Curzon Street.

5 - 6

Marchez environ 200 m sur Curzon Street, jusqu'au salon de G. F. Trumper, coiffeur et parfumeur de la cour depuis 1875. Le bâtiment est cependant beaucoup plus ancien et représente un des plus beaux exemples de boutiques londoniennes du 18e siècle, avec ses boiseries d'époque, ses éclairages et ses carreaux. Tournez à gauche et empruntez l'entrée couverte de **Shepherd Market**. Construit en 1735 par l'architecte Edward Shepherd,

Berkeley Square, une agréable oasis de verdure.

ce marché devint rapidement plus célèbre pour le commerce de la chair que pour toute autre activité marchande. Aujourd'hui, ses allées sont bordées de cafés, boutiques et restaurants ; tout ici est plus petit et plus ancien qu'ailleurs dans le quartier.

Tout au bout du passage, au niveau du pub Ye Grapes, tournez à droite pour rejoindre une zone piétonne. Traversez Trebeck Street, tournez à droite dans Hertford Street, et dépassez le cinéma Curzon Mayfair. Au carrefour de Curzon Street, se tient **Crewe House**, maison que Shepherd se fit construire en 1730, et qui abrite aujourd'hui l'ambassade d'Arabie Saoudite.

6 - 7

Tournez à gauche dans Curzon Street, puis immédiatement à droite dans l'élégante Chesterfield Street, puis à gauche dans Charles Street, puis 2 fois à droite autour du pub Red Lion pour retrouver Hay's Mews, qui abritait les étables pour les chevaux de trait des familles riches, aujourd'hui transformées en adorables maisons. Tournez à droite dans Chesterfield Hill, puis à gauche dans Charles Street et suivez cette rue jusqu'à Berkeley Square.

7 - 8

Berkeley Square a inspiré la chanson *A Nightingale Sang in Berkeley Square*. Créé au milieu du 18e siècle, il n'a rien perdu de son atmosphère bucolique et paisible, en dépit des rues encombrées qui le bordent. Contournez ce square par la gauche (côté ouest), qui est le côté le mieux préservé.

Au bout à gauche (angle nord-ouest), prenez Mount Street, sur votre gauche ; après environ 200 m, tournez à gauche dans les paisibles Mount Street Gardens, où vous trouverez le porche de la **Church of the Immaculate Conception**, dont l'intérieur vaut le coup d'œil. Traversez les jardins, puis tournez à droite dans South Audley Street, qui vous mènera jusqu'à **Grosvenor Square**, l'un des plus grands squares de Londres. L'ambassade américaine est juste sur votre gauche. Son architecture est certes imposante, mais malheureusement guère en harmonie avec le reste du square. On peut y voir des statues des présidents Roosevelt et Eisenhower.

Portail de la Church of the Immaculate Conception.

8 - 9

Traversez Grosvenor Square en diagonale et prenez Brook Street, à l'angle nord-est. Sur cette rue, vous passerez devant le **Claridge's**, un des palaces les plus chic de la capitale, souvent choisi par les visiteurs royaux. Les plus célèbres résidents de Brook Street furent le compositeur Georg Friedrich Haendel, qui vécut et mourut au n° 25 – les amateurs peuvent visiter le **Handel House Museum** qui lui est dédié et se trouve dans les étages –, et le guitariste Jimi Hendrix, qui vécut juste à côté, au n° 23, de 1968 à 1969.

9 - 10

Au premier carrefour, tournez à droite et descendez New Bond Street. Vous passerez devant **Sotheby's** (sur votre gauche), la célèbre salle des ventes. Les objets attendant d'être vendus y sont exposés et visibles par tous. Puis prenez Conduit Street sur votre gauche, et tournez de nouveau à gauche dans St George Street, dominée par l'imposante masse de **St George's Church**. Construite en 1724, ce fut la première église londonienne à être dotée d'un portique.

10 - 11

Marchez sur St George Street jusqu'à la statue de William Pitt, qui devint Premier Ministre en 1783, à l'âge de 24 ans. Cette statue marque l'entrée de **Hanover Square**. Contournez la place par la droite, et prenez Prince's Street tout au bout à droite (angle nord-est) jusqu'à Regent Street. Tournez à gauche : vous n'êtes plus qu'à 50 m de la station de métro **Oxford Circus**.

Faites une pause.

N'importe quel café ou bar bordant Lansdowne Row, ou une des terrasses de Shepherd Market fera l'affaire.

Quand s'y rendre ?

En semaine, car le dimanche la plupart des magasins sont fermés et, le samedi, les églises accueillent les mariages.

À visiter

Handel House Museum
204 C2 entrée à l'arrière, dans Lancaster Court
020 7495 1685, www.handelhouse.org
mar.-sam. 10h-18h (20h le jeu.); dim. 12h-18h ££

St James's Church
205 E1 020 7734 4511, www.sjp.org.uk
tlj. 8h-18h30 ;
concerts gratuits (13h10) lun., mer., ven. ;
concerts fréquents en soirée

St George's Church
205 D2 Hanover Square
020 7629 0874,
www.stgeorgeshanoversquare.org
lun.-ven. 8h-16h, dim. 8h-12h

2 LA CITY

Promenade

DISTANCE 5 km **DURÉE** 2 heures (hors visites et shopping)
DÉPART Monument 210 A3
ARRIVÉE Bank 202 A4

La City (► 69), avec ses banques, ses sièges sociaux, ses institutions financières et autres centres de commerce international, est l'un des plus grands pôles financiers du monde. Toutes les tractations ont lieu à huis clos, et la plupart des bâtiments sont fermés au public. Mais une atmosphère particulière se dégage de ses rues, très animées en semaine. Cette balade vous fera découvrir de célèbres édifices, d'adorables églises, un musée d'art, un amphithéâtre romain et de splendides vues sur la ville.

1 - 2

Quittez la station **Monument** par la sortie "London Bridge/King William Street (South)". Dirigez-vous tout droit vers le **London Bridge** pour y jouir d'une vue superbe sur les rives de la Tamise, Tower Bridge, le ***HMS Belfast***, et dominant la City de sa silhouette acérée, le **Shard** (► 19, 115).

C'est sur ce site que les Romains bâtirent, il y a près de 2000 ans, le tout premier pont sur la Tamise. De nombreux autres se sont succédé jusqu'à celui-ci, qui date de 1973 – le précédent avait été vendu en 1971 à Robert P. McCulloch Sr, richissime homme d'affaires américain, pour être exposé à Lake Havasu, en Arizona.

2 - 3

Revenez sur vos pas jusqu'à la station de métro, et prenez Monument Street (première à droite) jusqu'au ***Monument***. Codessiné par Wren, l'architecte de St Paul's, il fut érigé dans les années 1670 en souvenir du Grand Incendie de 1666. Sa hauteur, 62 m, est l'exacte distance qui sépare son socle du lieu d'où partit l'incendie, sur Pudding Lane. Il faut gravir 311 marches pour atteindre la plate-forme d'observation.

3 - 4

Prenez maintenant Fish Street Hill puis tournez à droite dans Eastcheap ; la première rue sur la droite est Pudding Lane, aujourd'hui bordée d'immeubles de bureaux.

Tournez ensuite à gauche dans Philpot Lane : en face de vous se dresse le spectaculaire **Lloyd's Building**. Conçu par Sir Richard Rogers – devenu Lord depuis –, il abrite le siège de la Lloyd's, centre mondial de l'assurance depuis la fondation de la compagnie autour des tables des cafés de la City il y a plus de 300 ans. Vous adorerez

ou vous haïrez ce géant de verre et d'acier aux entrailles de tuyaux et bouches d'aération visibles. À voir de nuit, car encore plus impressionnant. Dominant la Lloyd's, au 30 St Mary Axe, se trouve la Swiss Re Tower, siège de la compagnie d'assurances éponyme, conçue par Sir Norman Foster, lui aussi devenu Lord, surnommé **The Gerkin** (Le Cornichon).

Au bout de Philpot Lane, traversez Fenchurch Street pour emprunter Lime Street. Tournez à gauche dans Lime Street Passage, ruelle qui vous mènera jusqu'au **Leadenhall Market** (► 86).

4 - 5

Quittez ce marché par Whittington Avenue et tournez à droite dans Leadenhall Street, au pied du Lloyd's Building. Traversez la rue et marchez vers le nord en coupant un square public, jusqu'à **St Helen Bishopsgate**, une des rares églises ayant survécu au Grand Incendie de 1666. .

Vue sur la ville du sommet de Monument.

Le Royal Exchange, fondé en 1571.

5 - 6

Tournez à gauche en face de l'église, et prenez Great St Helen's jusqu'à Bishopsgate. Là, se tient devant vous la **Tower 42**, de 184 m, et le **Pinnacle**, de 288 m, 2 des plus hautes tours de la City.

Prenez Bishopsgate sur votre gauche, et traversez au feu vers Threadneedle Street. Au carrefour d'Old Broad Street, vous voyez, sur votre gauche derrière le **Royal Exchange**, une statue de Sir George Peabody (1795-1869), un riche philanthrope américain qui œuvra pour les quartiers pauvres de Londres. Poursuivez sur Threadneedle Street, puis tournez à droite dans Bartholomew Lane où niche la **Bank of England**. La seule manière d'y pénétrer est de visiter le **Bank of England Museum** (► 86).

6 - 7

Poursuivez jusqu'au bout de Bartholomew Lane,puis prenez à gauche dans Lothbury, puis Gresham Street. Derrière **St Lawrence Jewry Church**, sur votre droite, vous pouvez voir le **Guildhall**, le cœur symbolique de la City. Les bâtiments originaux du 15e siècle ont subi de nombreuses reconstructions, mais le hall principal vaut largement le détour, orné d'écus et d'oriflammes, ainsi que des effigies des géants légendaires Gog et Magog.

Sur le site du Guildhall se trouvent la Guildhall Art Gallery, où sont exposées des peintures de la collection tricentenaire de la Corporation of London et, sous terre, l'unique amphithéâtre romain de Londres, mis au jour en 1988 et ouvert au public depuis 2003. La Clockmakers' Collection qui y était également abritée a désormais déménagé au Science Museum (► 131).

7 - 8

Tournez le dos au Guildhall et traversez Gresham Street pour emprunter King Street jusqu'à Cheapside. Tournez alors à droite en direction de l'immense clocher de **St Mary-le-Bow**. La crypte normande originelle de cette église a été préservée, mais on reconnaît le travail élégant et aérien de Wren dans la ligne fine de la flèche, la légèreté des arches et voûtes de l'intérieur. Selon la tradition, seules les personnes nées à portée d'oreille des cloches de St Mary-le-Bow ont le droit de se dire Cockneys (Londoniens véritables).

Traversez Bow Churchyard (le cimetière de l'église), où vous pourrez voir une statue de Sir John Smith (1580-1631), paroissien local qui épousa la princesse Pocahontas. Contournez l'arrière de l'église et tournez à droite dans Bow Lane. La Williamson's Tavern, ancienne résidence du Lord maire de Londres, est sur votre droite. Tournez ensuite à gauche dans Watling Street. Le pub Ye Olde Watling, tout au bout de la rue, date de 1666 ; la tradition

Le Guildhall, véritable cœur de la City.

Faites une pause

Chamberlain's propose une belle carte de fruits de mer

✉ 23 Leadenhall Market ☎ 020 7648 8690, www.chamberlainsoflondon.com
🕒 lun.-ven. 12h-21h30 £-££

À visiter

Bank of England Museum

210 A4 ✉ Bartholomew Lane, EC2
☎ 020 7601 5545, www.bankofengland.co.uk
🕒 lun.-ven. 10h-17h (dernière admission à 16h45) entrée libre

Guildhall

209 F5 ✉ Gresham Street, EC2
☎ 020 7606 3030, www.cityoflondon.gov.uk
🕒 Guildhall et amphithéâtre : lun.-sam. 10h-17h / Art Gallery : lun.-sam. 10h-17h, dim. 12h-16h Guildhall : entrée libre ; Art Gallery et amphithéâtre : £ ; gratuit après 15h30 et le ven.

Monument

210 A3 ✉ Monument Street, EC3
☎ 020 7626 2717 🕒 tlj. 9h30-17h30
£

St Helen Bishopsgate

210 B4 ✉ Great St Helen's, EC3
☎ 020 7283 2231
🕒 lun.-ven. 9h-17h (il est habituellement possible de visiter l'église) entrée libre

St Mary-le-Bow

209 F4 ✉ Cheapside, EC2
☎ 020 7248 5139
🕒 lun.-mer. 7h-18h, jeu. 7h-18h30, ven. 7h-16h / concert gratuit jeu. 13h05
entrée libre

St Stephen Walbrook

210 A4 ✉ 39 Walbrook, EC4
☎ 020 7626 9000
🕒 lun.-ven. 10h-16h entrée libre

veut que Wren s'en soit servi de bureau pendant la construction de St Paul's.

8 - 9

Vous arrivez maintenant à un grand carrefour : traversez-le pour prendre Queen Victoria Street. À votre droite se trouvait le site d'un ancien temple romain dédié à Mithra dont les vestiges sont exposés au Guildhall Museum. Tournez à droite dans Bucklesbury, jusqu'à **St Stephen Walbrook Church**, construite par Wren vers 1672-1679 ; on pense que son dôme était en fait un coup d'essai avant la construction de celui de St Paul's. Les téléphones exposés dans l'église commémorent la mise en place, le 2 novembre 1953, de la première ligne d'assistance aux personnes en grande détresse – qui allait donner naissance à l'organisation des Samaritains.

9 - 10

De là, prenez Walbrook jusqu'au bout, puis tournez à droite en direction du **Royal Exchange**. Le bâtiment, qui adopte la forme d'un énorme temple antique, ne date que de 1844, mais l'institution elle-même reçut le droit de faire commerce au 16e siècle, de la main de la reine Elizabeth I. Elle était le centre du marché des contrats à terme, même si cette activité a aujourd'hui déménagé. Le Royal Exchange est désormais un élégant complexe de 30 magasins de luxe et d'une demi-douzaine de restaurants et de cafés.

Reposez-vous quelques instants dans les jardins qui lui font face. La gigantesque statue du duc de Wellington semble être prête à affronter 2 des bâtiments les plus emblématiques de la capitale : **Mansion House**, résidence officielle du Lord Maire, sur votre gauche, et la **Bank of England**, dont la masse robuste se distingue nettement, sur votre droite, à ses murs sans fenêtres. Mansion House abrite notamment une importante collection de 84 tableaux de maîtres flamands et néerlandais.

C'est ici que s'achève cette promenade : vous êtes à deux pas du métro **Bank**.

3 GREENWICH

Promenade

DISTANCE 3,2 km **DURÉE** 2 heures (hors temps de visites)
DÉPART Westminster Pier (environ 1h de bateau) 208 A2
ARRIVÉE Greenwich Pier hors plan

Au bord de la Tamise, à 13 km en aval de la capitale, Greenwich est riche en évocations de la royauté, de la mer et de l'astronomie, et connu du monde entier pour l'heure GMT (Greenwich Mean Time) et pour son méridien. Ajoutez-y d'immenses parcs verdoyants, des vues splendides, un marché d'artisanat très animé (ven.-sam.), et Greenwich n'est pas loin de devenir un must de Londres.

1 - 2

À côté de **Greenwich Pier**, le Discover Greenwich Visitor Center vous offre un bel aperçu du passé maritime britannique à travers une collection d'objets dont des casques et des couvre-chef que vous pourrez essayer. Une bonne introduction à la découverte du ***Cutty Sark***, trois-mâts construit à Clydeside en Écosse en 1869. C'était alors le clipper le plus rapide de toutes les mers, capable de couvrir plus de 580 km en 24 heures, en convoyant du thé de Chine ou de la laine d'Australie.

Retournez sur vos pas en laissant l'entrée de Greenwich Pier sur votre gauche, et empruntez l'allée piétonne qui longe le fleuve. Sur votre droite, l'**Old Royal Naval College** est l'œuvre de Sir Christopher Wren, assisté de Nicholas Hawksmoor et Sir John Vanbrugh. Il fut construit en 1696 sur le site de l'ancien Greenwich Palace où naquirent Henry VIII et sa fille la reine Elizabeth I. Des générations de marins – dont le prince Charles – y ont appris leur métier, jusqu'à sa fermeture en 1995. La chapelle et le Grand Hall sont ouverts au public. Ce hall abrite la plus grande – par sa taille – œuvre peinte du pays :

Ci-dessous : le Royal Observatory et Greenwich Park. Page de droite : le Cutty Sark Pub.

3. Greenwich

Le Triomphe de la paix et de la liberté (hommage au roi William et à la reine Mary). L'exécution en fut assurée de 1707 à 1727 par James Thornhill (et plusieurs assistants); le tableau mesure 32 m sur 15 m et rapporta à son auteur 6685 livres, somme considérable pour l'époque. De la porte principale du Old Royal Naval College, vous aurez une très jolie vue sur l'élégant bâtiment blanc de la **Queen's House**, et sur le Royal Observatory, plus haut sur la colline.

En vous tournant vers le fleuve, vous découvrirez le O2, anciennement connu comme le Millennium Dome, Emirates Air Line, une télécabine qui relie, depuis 2012, Greenwich à Royal Victoria Dock, et Canary Wharf, sur la rive opposée, avec One Canada Square, le 3e plus haut gratte-ciel de Londres (235 m, 50 étages).

Poursuivez votre promenade le long de la rive jusqu'à Park Row et la **Trafalgar Tavern**.

2 - 3
Descendez Park Row et traversez Romney Road. Sur votre droite, vous voyez **Queen's House**, l'un des premiers bâtiments néo-classiques d'Angleterre, construit en 1617 par Inigo Jones (1573-1652) pour la reine Anne de Danemark, épouse de James I (1566-1625). Pour célébrer son 400e anniversaire avec style, il est en cours de rénovation jusqu'en juillet 2016.

Le **National Maritime Museum** est un véritable trésor d'instruments de navigation, de cartes, de maquettes, de tableaux et de toutes sortes d'objets anciens. Vous en apprendrez beaucoup sur les voyages de James Cook dans le Pacifique sud et pourrez contempler l'uniforme percé par les balles de l'amiral Nelson. L'histoire de la navigation (civile et militaire) est fort bien illustrée à travers une muséographie très moderne et des expositions interactives. En sortant, quittez Park Row et pénétrez dans Greenwich Park.

3 - 4
Suivez la première allée en face de Queen's House jusqu'à ce que vous puissiez tourner à droite, puis, par la deuxième à gauche, gravissez **One Tree Hill**, où la reine Elizabeth I venait souvent admirer le panorama (les poèmes gravés sur les bancs évoquent cette habitude).

4 - 5
De One Tree Hill, suivez les allées ou coupez à travers la pelouse jusqu'à la colline voisine. Vous arriverez ainsi à la statue du général James Wolfe ; originaire de Greenwich, il commandait l'armée anglaise lors de la prise de Québec en 1759, bataille au cours de laquelle il trouva la mort. Une nouvelle vue sur la ville s'offre alors à vous – repérez notamment St Paul's Cathedral, écrasée par les hautes tours environnantes.

Le **Royal Observatory**, fondé en 1675 par le roi Charles II, avait pour objectif de résoudre le problème de

Orientez-vous grâce à la boussole du dôme de l'Old Royal Naval College.

la détermination de la longitude en mer. Aujourd'hui déserté par les astronomes, il abrite, en plus d'un planetarium, un musée consacré à l'astronomie et à la mesure du temps et de l'espace. Vous pourrez enjamber le Premier Méridien, et voir les chronomètres révolutionnaires avec lesquels John Harrison (1693-1776) résolut le problème de la longitude, ainsi qu'une météorite vieille de 4,5 milliards d'années.

5 - 6
Tournez maintenant le dos au général Wolfe et empruntez Blackheath Avenue en laissant la **Pavilion Tea House** sur votre gauche. Au petit rond-point, tournez à droite dans l'allée bordée d'arbres qui mène à une porte ménagée dans le mur du parc. Tournez à gauche pour prendre le chemin de gravier jusqu'à Croom's Hill.

Sur votre gauche, à 200 m, **Ranger's House** (17e siècle) abrite une superbe collection d'œuvres du Moyen Âge et de la Renaissance.

6 - 7
En descendant la colline, admirez les bâtisses des 17e et 18e siècles.

Faites une pause.
L'**Old Brewery**, à côté du Discover Greenwich Visitor Centre, la **Pavilion Tea House**, dans le parc, l'**Observatory Café**, au Royal Observatory, ou l'un des nombreux cafés du Greenwich Market s'offrent à vous.

Quand s'y rendre ?
N'importe quel jour, mais les week-ends peuvent être très chargés.

Comment s'y rendre
Du centre de Londres à Greenwich: **En bateau** (excursion en bateau panoramique), départ de la London Tower, de Charing Cross ou de Westminster jusqu'à Greenwich Pier; **en métro**, le DLR (Docklands Light Railway ➤ 36), avec sa vue panoramique sur les docks, jusqu'à la station Cutty Sark; **en train**, départ de la gare de Waterloo jusqu'à la station de Greenwich.

À visiter
Cutty Sark
✉ King William Walk, SE10
☎ 020 8858 4422, www.rmg.co.uk/cutty-sark
🕒 tlj. 10h-17h (dernière admission à 16h)

Old Royal Naval College
✉ entrée sur King William Walk, SE10
☎ 020 8269 4747, www.ornc.org
🕒 tlj. 8h-18h ✋ entrée libre

National Maritime Museum, Queen's House, Royal Observatory/Planetarium/ Astronomy Centre
✉ Greenwich Park, SE10
☎ 020 8858 4422; réservations: 020 8312 6608, www.rmg.co.uk 🕒 tlj. 10h-17h (dernière admission 16h30) ✋ entrée libre (££ pour prendre une photo du méridien)

Ranger's House
✉ Chesterfield Walk, Greenwich Park, SE10
☎ 020 8294 2548, www.english-heritage.org.uk
🕒 visites guidées uniquement: horaires variables, consultez le site ✋ ££

Fan Museum
✉ 12 Croom's Hill, SE10
☎ 020 8305 1441, www.thefanmuseum.org.uk
🕒 mar.-sam. 11h-17h, dim. 12h-17h ✋ ££

Greenwich Market
✉ Greenwich Town Centre (centre-ville), SE10
☎ www.greenwich-market.co.uk
🕒 mar.-dim. 10h-17h30

Presque au bas de Croom's Hill, vous trouverez le **Fan Museum** (musée de l'Éventail), unique en son genre, aménagé dans 2 demeures du 18e siècle. La collection personnelle (quelque 3 500 éventails) de la fondatrice, Helen Alexander, constitua la base de l'exposition à son ouverture, en 1989, et comprend des exemplaires remarquables.

7 - 8

Du musée, poursuivez tout droit jusqu'au bas de Croom's Hill et engagez-vous dans Stockwell Street. Le **Village Market** est sur votre droite. Tournez à droite dans Greenwich Church Street, dépassez le Fountain Food Court dans le virage. Restez sur Greenwich Church Street et traversez Nelson Road. Une petite allée sur la droite mène à l'entrée du grand Craft Market (marché d'artisanat).

Revenez sur Greenwich Church Street, tournez à droite et traversez College Approach: le ***Cutty Sark*** est juste en face de vous.

Détails d'une des portes de l'Old Royal Naval College.

4 HAMPSTEAD

Promenade

DISTANCE 4 km
DURÉE 2 heures (hors visites et pauses)
DÉPART/ARRIVÉE Hampstead Station

Londres n'est autre qu'une succession de villages juxtaposés, chacun possédant une identité bien marquée. Accroché sur les pentes d'une colline, le quartier d'Hampstead en est un exemple parfait : vénérables demeures aux jardins impeccablement entretenus, charmantes églises et venelles tortueuses, boutiques chic, cafés branchés et pubs traditionnels très courus. Depuis le 18e siècle, où les visiteurs s'y rendaient en masse pour y prendre les eaux, Hampstead est un quartier résidentiel prisé des écrivains et des artistes – le peintre John Constable, le poète John Keats, les auteurs Robert Louis Stevenson et Agatha Christie, et les acteurs Peter O'Toole, Elizabeth Taylor et Emma Thompson.

1 - 2

Sortez de **Hampstead**, la station la plus profonde de Londres (58,50 m), traversez au feu pour descendre Hampstead High Street sur la gauche. À environ 120 m, prenez à droite dans Perrin's Court, une ruelle pavée bordée de restaurants, de galeries d'art et d'échoppes. Vous y dénicherez l'étroite entrée du Hampstead Antique & Craft Emporium, avec ses boutiques éclectiques spécialisées dans l'argenterie, les bijoux, les quilts anciens et autres objets de collection.

2 - 3

Au bout de Perrin's Court, tournez à droite puis tout de suite à gauche dans Church Row, l'une des plus jolies rues de la capitale, alignement de demeures du 18e siècle aux grilles en fer forgé finement ouvragées. Là où Church Row se scinde pour contourner **St John's Church**, continuez sur le côté droit et poussez le portail de cette petite église de 1745. Sur le mur du fond, protégée par une grille, se trouve la sépulture du peintre paysagiste John Constable (1776-1837), le plus célèbre des habitants d'Hampstead, enterré là avec sa femme et leur fils aîné. L'église, son intérieur joliment proportionné, ses vitraux et le buste de Keats, à droite du chœur, méritent le coup d'œil.

3 - 4

Quittez l'église et prenez en face Holly Walk, qui longe le cimetière, de charmants cottages et **St Mary's**, une église catholique construite par les réfugiés de la Révolution française. En 1942, alors qu'il avait loué pour sa famille une maison au 65 Frognal Street, c'est là que communiait le général de Gaulle. Au bout du chemin, tournez à droite dans Mount Vernon, passez devant Abernethy House, où séjourna Robert Louis Stevenson, continuez jusqu'au bout et tournez à droite dans Holly Bush Hill puis tout de suite à gauche dans Holly Mount. Sur votre gauche se trouve **The Holly Bush**, un vénérable pub bicentenaire avec sa cheminée, ses bancs en bois et ses murs lambrissés.

4 - 5

Revenez dans Holly Bush Hill à droite et remontez dans Hamsptead Grove jusqu'à l'entrée de **Fenton**

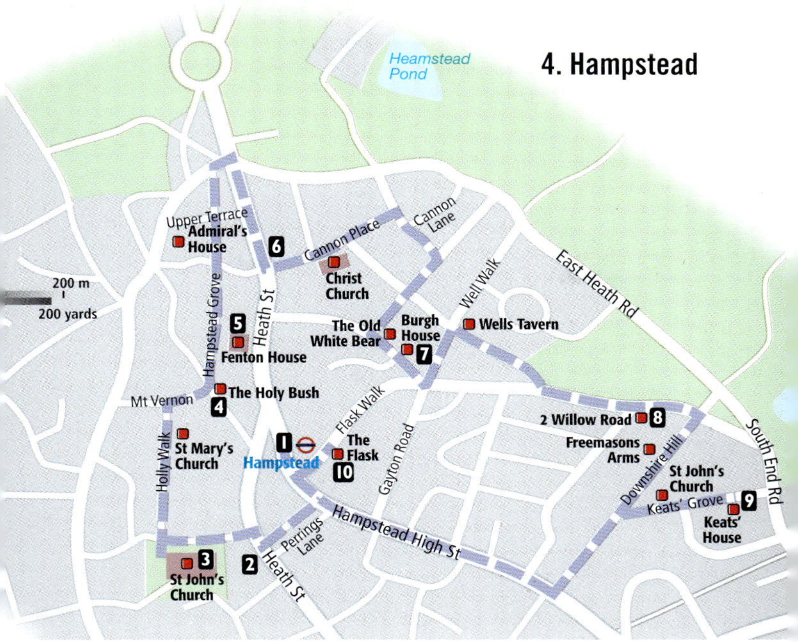

House, la plus vénérable demeure d'Hampstead. Construite pour un marchand du 17e siècle, elle abrite aujourd'hui un musée d'instruments de musique ainsi que de la porcelaine, du mobilier de la période géorgienne et des ouvrages brodés du 17e siècle. À visiter, les jardins manucurés, créés il y a 300 ans.

5 - 6

Un peu plus loin sur Hampstead Grove, la ruelle sur la gauche, Admiral's Walk, mène à **Admiral's House**, une grande bâtisse blanche avec, à son sommet, un petit bow-window en forme de château-arrière. Son propriétaire, officier de la Royal Navy à la retraite, avait pour habitude de tirer du toit un coup de canon pour commémorer chacune des victoires navales – il aurait inspiré le personnage de l'amiral Boom dans *Mary Poppins*. Revenez sur Hamsptead Grove et poursuivez pour arriver au Whitestone Pond sur Heath Road. Surnommé à juste titre "The Horse Pond", cet étang permettait aux chevaux de se baigner – les charettes traversaient carrément l'étang – et de s'abreuver après avoir gravi la colline.

6 - 7

Prenez à droite dans Heath Street, descendez la rue en longeant St Mary's Hospital, puis tournez à gauche dans Hampstead Square juste avant Friends Meeting House. Passez **Christ Church Hamsptead** et son élégante tour-clocher, suivez la petite rue Cannon Place. À l'intersection, prenez à droite et encore à droite dans Cannon Lane. Au n°11, derrière la petite porte noire encadrée de 2 fenêtres demi-lune avec barreaux, se trouve l'ancienne geôle (1730) du village où les prisonniers attendaient que le juge – qui habitait la maison juste derrière – décide de leur sort.

Au bout de la venelle, tournez à droite dans Well Road et traversez Christchurch Hill. Au pub **The Old White Bear**, descendez New End Square sur la gauche jusqu'à la **Burgh House**. Cette belle demeure de 1703 abrite un charmant café, une galerie d'art et un musée d'histoire locale consacré à la vie de John Constable et à celle du docteur

Burgh House abrite un petit musée consacré à John Constable.

William Gibbons, premier propriétaire et promoteur des sources minérales riches en fer d'Hampstead.

7 - 8

À l'intersection suivante, prenez à gauche dans Well Walk – où se trouve **The Wells Tavern**, un gastropub très couru. Tournez à droite dans Christchurch Hill puis continuez dans **Willow Road** jusqu'au n°2. L'ancienne résidence (1939) de l'architecte Ernö Goldfinger (1902-1987), qui passe relativement inaperçue dans ce quartier sagement victorien, représente un exemple rare d'Art moderne. Vous pouvez la visiter et découvrir les œuvres picturales et le mobilier conçu par cet artiste d'origine hongroise diplômé à Paris.

8 - 9

Au **Freemasons Arms**, prenez à droite dans Downshire Hill, une rue bordée d'élégantes résidences de style Regency, puis à gauche dans Keats Grove. Pratiquement en face de **St John's Church** (1820), au n°10, s'élève la **Keats House**. Si elle est à présent d'un seul tenant, à l'époque du poète, elle était divisée en 2 : John Keats (1795-1821) avait pour voisine une certaine Fanny Brawne. Il y passa 2 années au cours desquelles il écrivit certaines de ses œuvres les plus célèbres… et tomba amoureux de la belle. Un petit musée y expose des manuscrits et des objets personnels. Dans le jardin, un prunier fut replanté en 2009 pour remplacer celui sous lequel Keats écrivit, en 1819, l'un de ses plus célèbres poèmes *Ode to a Nightingale (Ode à un rossignol)*.

9 - 10

Revenez sur vos pas, remontez la rue et tournez à droite dans Rosslyn Hill, la rue commerçante d'Hampstead avec ses boutiques, cafés et restaurants. À l'angle de Gayton Road, une boîte postale rouge octogonale, vestige du Royal Mail, date de 1870. Attention ! Elle n'est plus en fonction.

Juste avant la station de métro **Hampstead**, prenez à droite dans Flask Walk, ruelle animée où vous trouverez le Flask Pub, qui doit son nom aux innombrables flasques d'eau minérale vendues à l'époque où le tout Londres venait prendre les eaux à Hampstead.

Si le temps s'y prête

Si le temps est clair, grimpez au sommet de **Parliament Hill** (98 m, 15 min de marche) pour profiter d'un superbe panorama sur Londres. Après avoir quitté le 2 Willow Road (étape 7-8), suivez les panneaux à partir d'East Heath Road, sur la droite.

Vous pouvez également visiter **Kenwood House**, 3 km au nord du village. Le bus n°268 (arrêt "B", non loin de la station de métro Hampstead) en direction de Golders Green vous y emmènera. Descendez à Inverforth House, prenez le bus n°210 (arrêt "L") en direction de Finsbury Park et descendez à Kenwood House. Cette demeure du 18e siècle, œuvre de l'architecte écossais Robert Adam, conserve une superbe bibliothèque et la collection Iveagh Bequet, mais aussi un autoportrait de Rembrandt, le *Joueur de guitare* de Vermeer, et des œuvres de Turner, Reynolds et Gainsborough. L'été, de nombreux concerts en plein air s'y déroulent. Comptez 40 min en bus ou 30 min à pied.

Hampstead Heath, la campagne à quelques kilomètres du centre-ville.

Faites une pause.

Optez pour le **Buttery Café** de la Burgh House ou la **Wells Tavern** (30 Well Walk ☎ 020 7794 3785).

Quand s'y rendre?

Le village est toujours animé, même le week-end car les magasins sont ouverts le dimanche.

À visiter

Burgh House
✉ New End Square, NW3
☎ 020 7431 0144, www.burghhouse.org.uk
🕓 mer.-ven., dim. 12h-17h
✋ entrée libre

Kenwood House
✉ Hampstead Lane, NW3
☎ 020 8348 1286, www.english-heritage.org.uk
🕓 musée : consulter le site ; jardins : tlj. de 7h au coucher du soleil ✋ entrée libre

Fenton House
✉ 20 Hampstead Grove, Windmill Hill, NW3
☎ 020 7435 3471, www.nationaltrust.org.uk
🕓 horaires variables, consultez le site
✋ ££

Keats' House
✉ Keats' Grove, NW3
☎ 020 7332 3868, www.cityoflondon.gov.uk/things-to-do
🕓 vérifiez les horaires sur le site
✋ ££ (gratuit pour les moins de 17 ans)

N°2 Willow Road
✉ 2 Willow Road, NW3
☎ 020 7435 6166, www.nationaltrust.org.uk
🕓 visites guidées seulement ; horaires variables, consultez le site ✋ ££

5 DE MARBLE ARCH À TOWER HILL

Circuit

DURÉE 1 heure environ (variable selon la circulation)
DÉPART Marble Arch 204 A2 **ARRIVÉE** Tower Hill 210 C3
CORRESPONDANCE Aldwych

Cette balade en bus, avec un petit changement, passe par nombre de grands sites et monuments de Londres, dont Marble Arch, Piccadilly Circus, Trafalgar Square et St Paul's Cathedral, en empruntant les très célèbres avenues que sont Oxford Street, Regent Street, Haymarket et le Strand. Installez-vous en haut et à l'avant pour avoir la meilleure vue.

1 - 2

Quittez la station de métro **Marble Arch** par la sortie “Subway 1, Marble Arch & Oxford Street North”. Une fois dehors, l'imposant monument de marbre, sur le vaste terre-plein à votre droite est **Marble Arch**, qui donne son nom au quartier. À l'origine conçu pour le parvis de Buckingham Palace, il fut reconstruit sur ce site surprenant en 1851, lorsque le parvis fut remodelé.

Tournez à gauche et prenez le bus n° 6 à l'arrêt “L”, le deuxième que vous rencontrerez – son terminus est Aldwych.

Le bus emprunte d'abord Oxford Street, une des rues commerçantes les plus visitées de la capitale, bordée de nombreux grands magasins. Une partie de ses immeubles sont aujourd'hui en mauvais état, mais ne manquez pas la majestueuse façade de **Selfridges**, sur votre gauche. Fondé en 1909 par l'Américain Gordon Selfridge, ce grand magasin, moins célèbre et moins sélect qu'Harrods, rivalise pourtant en choix comme en qualité – il fut même proclamé “meilleur grand magasin du monde” en 2010.

2 - 3

À Oxford Circus, le bus tourne à droite dans Regent Street, au paysage architectural radicalement différent, harmonieux et majestueux. Cette artère est un vestige de l'avenue d'apparat conçue par l'architecte John Nash (1752-1835), qui reliait St James's Park à Regent's Park en passant par Trafalgar Square. Le plus marquant de ses grands magasins est **Liberty** (➤67) – côté Great Marlborough Street – avec son imposante entrée noir et blanc, imitation Tudor. Non loin se tient le plus grand magasin de jouet de Londres, Hamley's (➤67).

Au bout de la rue, les néons annoncent l'arrivée sur **Piccadilly Circus**; la statue d'Eros se trouve à votre droite (➤61).

3 - 4

Le bus tourne ensuite à droite dans Haymarket (le marché au foin): on y vendait le foin destiné à nourrir les chevaux royaux, qui avaient leurs

Sautez dans le bus à Marble Arch.

5. De Marble Arch àTower Hill

étables dans le quartier jusqu'en 1831. Puis il tourne à gauche pour descendre Trafalgar Square côté sud. La **National Gallery** (➤ 54) se trouve à votre gauche, Nelson sur sa colonne à droite, et **St Martin-in-the-Fields** (➤ 59) s'élève face à vous.

4 - 5

Le bus tourne à droite sur le Strand : sur le parvis de **Charing Cross Station**, vous verrez la reproduction d'une croix d'Eleanor. En 1290, Edward I fit ériger 12 croix sur la route du convoi funéraire – du Nottinghamshire à Westminster Abbey – de sa défunte femme, Eleanor de Castille, pour marquer les endroits où son corps avait reposé pendant la procession de 12 jours.

Vous roulez maintenant sur le Strand, jadis célèbre pour ses nombreux théâtres et music-halls. Le bus s'arrête à Aldwych Descendez et retournez sur vos pas sur 20 m, jusqu'à l'arrêt "D", pour prendre le bus n°15 en direction de Blackwall. Celui-ci revient sur le Strand, devant **St Clement Danes**, qui se dresse au milieu de l'avenue, et les **Royal Courts of Justice**, sur votre gauche. Au centre de l'avenue, la statue d'un griffon marque la limite de la City of London. Lors des processions officielles, le souverain doit s'y arrêter et demander au Lord Maire la permission de pénétrer dans la City.

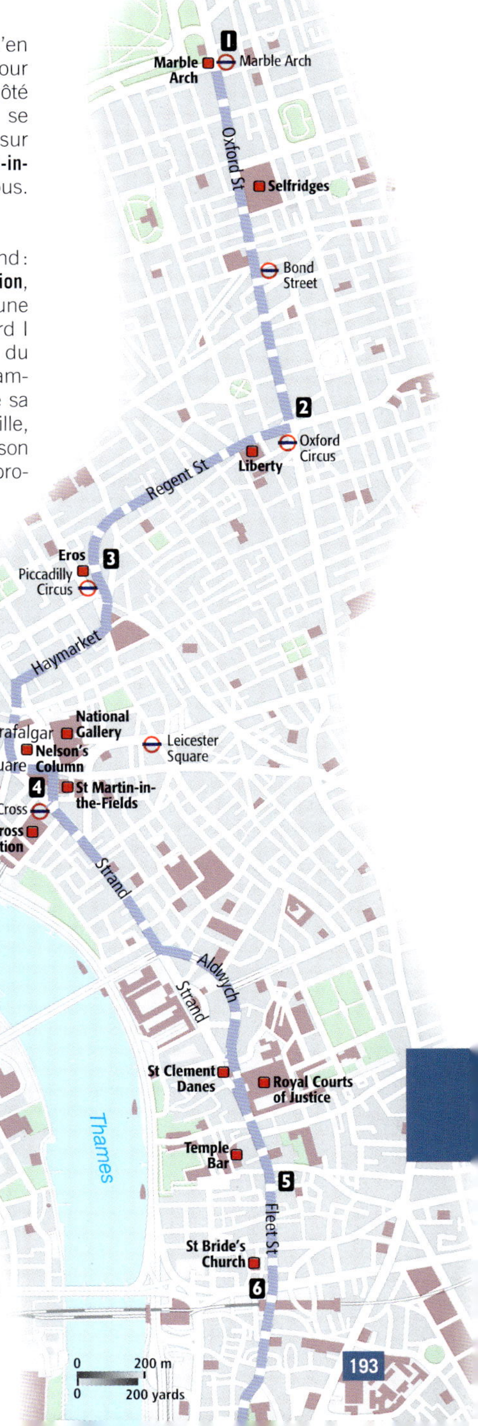

Promenades & circuits

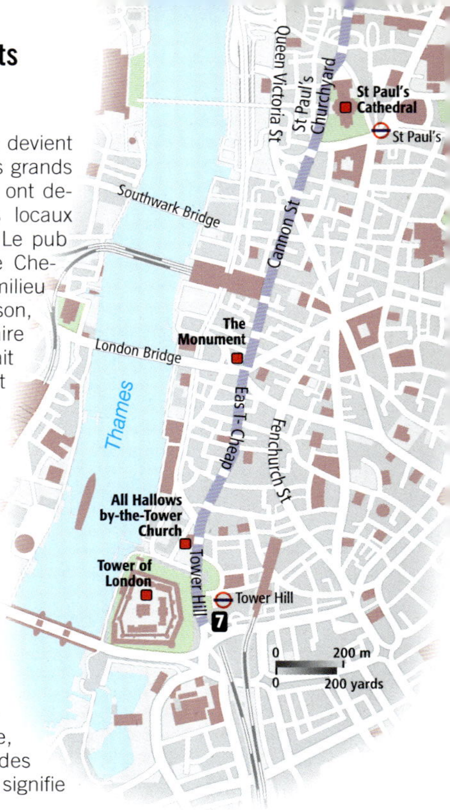

5 - 6

La rue change de nom et devient Fleet Street, jadis siège des grands journaux du royaume – ils ont depuis déménagé dans des locaux modernes des Docklands. Le pub sur votre gauche, Ye Olde Cheshire Cheese, date du milieu du 17e siècle. Samuel Johnson, auteur du premier dictionnaire de la langue anglaise, y avait ses habitudes, inaugurant une tradition de clientèle littéraire que Dickens, Thackeray, Mark Twain et quelques autres perpétuèrent.

Sur votre droite, **St Bride's Church**, au clocher blanc, est une des œuvres les plus marquantes de Wren. La légende veut que, peu après son achèvement, un pâtissier en ait copié le plan pour réaliser une pièce montée, inaugurant la tradition des gâteaux de mariage (*bride* signifie la "mariée").

6 - 7

Le bus traverse Ludgate Circus et emprunte Ludgate Hill avant de se diriger vers **St Paul's Cathedral** (➤74), qu'il contourne par la droite pour s'engager dans Cannon Street.

À gauche s'élèvent la Swiss Re Tower et la Tower 42 et, quelques centaines de mètres plus loin, après la station de métro Monument, à droite en direction de Fish Hill, le **Monument** (➤180).

Le bus suit alors Eastcheap, Great Tower Street et Byward Street, en passant à côté de l'église **All Hallows-by-the-Tower**, à la toiture verte des plus reconnaissables. Du haut de sa tour, Samuel Pepys observa le Grand Incendie de Londres en 1666; John Quincy Adams – futur président des États-Unis – y épousa en 1797 Louisa Catherine Johnson, la seule First Lady non-américaine.

Le bus fait halte devant la **Tower of London** (➤82), l'occasion d'une petite visite. Sinon, dirigez-vous vers la station **Tower Hill** pour prendre le métro. Devant l'entrée, une statue supposée de l'empereur Trajan (98-117) se dresse devant les vestiges des remparts romains.

Quand prendre le bus

Tout le temps en dehors des heures de pointe (8h-9h30, 16h30-18h).

Faites une pause

Le pub Hung Drawn & Quartered, situé au 26-27 Great Tower Street (➤91), sera un endroit parfait. Il est en plus à quelques pas de la station de métro Tower.

Informations pratiques

Avant de partir 196
Une fois sur place 198

Informations pratiques

AVANT DE PARTIR

FORMALITÉS

● Obligatoire
○ Conseillé
▲ Facultatif
△ Non applicable

Les visiteurs de certains pays doivent être munis d'un passeport valide 6 mois, en général, après la date de retour. Renseignez-vous avant de partir.

	France	Canada	Suisse	Belgique
Passeport ou carte nationale d'identité (selon pays d'origine)	●	●	●	●
Visa (vérifiez auprès de votre ministère des Affaires étrangères)	▲	▲	▲	▲
Billet de retour ou de continuité	▲	○	○	▲
Vaccins (tétanos & polio)	▲	▲	▲	▲
Carnet de santé (➤ 200, Santé)	▲	▲	▲	▲
Assurance voyage	○	○	○	○
Permis de conduire (international ou national) pour la location	●	●	●	●
Attestation d'assurance (si vous venez avec votre véhicule)	●	△	△	●
Carte grise (si vous venez avec votre véhicule)	●	●	●	●

QUAND PARTIR

Londres

Haute saison — Basse saison

JAN.	FÉV.	MARS	AVR.	MAI	JUIN	JUIL.	AOÛT	SEPT.	OCT.	NOV.	DÉC.
2°C	3°C	8°C	13°C	19°C	22°C	24°C	23°C	19°C	13°C	7°C	3°C
Pluie	Nuageux	Pluie	Averses	Averses	Soleil	Soleil	Soleil	Soleil	Pluie	Pluie	Pluie

Pluie — Nuageux — Averses — Soleil

Le tableau ci-dessus indique les températures moyennes en journée pour chaque mois. Le climat londonien connaît des saisons bien marquées. Le printemps (mars-mai) se caractérise par une alternance d'averses et d'éclaircies. L'été (juin-août) est assez imprévisible ; beau ciel bleu et grandes chaleurs alternent avec de la grisaille, voire des orages. L'automne garde un air estival en septembre, avec de belles périodes de beau temps, et commence véritablement en octobre ; le froid s'installe courant novembre. L'hiver (déc.-fév.) est souvent doux, et il ne neige que très rarement – mais une "vague de froid" n'est jamais à exclure. De manière générale, préparez-vous au caractère imprévisible du climat anglais – adoptez la stratégie de l'oignon pour votre tenue, et ayez avec vous imperméable et parapluie.

COMMENT PRÉPARER VOTRE VOYAGE

Sites Web

- London Tourist Board www.visitlondon.com
- British Tourist Authority www.visitbritain.com
- Boutique de la Grande-Bretagne www.visitbritainshop.com
- UK Travel Guide www.londontown.com

En France

Boutique de la Grande-Bretagne
99, bd Haussmann,
75008 Paris
☎ 01 42 66 07 07

COMMENT S'Y RENDRE

■ **Par avion** Londres possède 2 grands aéroports : Heathrow, qui accueille les vols réguliers des grandes compagnies, et Gatwick, qui traite le trafic long courrier régulier et les charters. Trois aéroports plus petits, Luton, Stansted, et London City (Docklands), gèrent essentiellement les charters en provenance du continent et les vols d'affaires. Il y a des vols directs et quotidiens vers Londres de la plupart des grandes villes européennes, américaines et canadiennes.

Temps de vol approximatif Paris 1 h, Lyon 1h30, Montpellier 2h05, Bruxelles 1h15, Zurich 1h55, Montréal 7 h, Vancouver 10h.

Les billets d'avion sont moins chers de novembre à avril – à l'exclusion des périodes de Pâques et Noël. Renseignez-vous auprès des compagnies aériennes, dans les agences de voyage, les pages voyages des journaux ou sur Internet, pour vous tenir au courant des promotions. On peut également obtenir des tarifs avantageux en réservant longtemps à l'avance ou en restant en stand-by pour bénéficier de places soldées à la dernière minute.

Les taxes d'aéroport sont d'ordinaire intégralement comprises dans le prix du billet.

■ **En train** Le tunnel sous la Manche permet une liaison directe par Eurostar depuis Paris (☎ 0892 35 35 39) ou Bruxelles (☎ 02 528 28 28) pour les piétons, et par le Shuttle (de Calais à Folkestone) pour les automobilistes (☎ 0810 630 304).

■ **En car-ferry** De nombreuses compagnies relient l'Angleterre à l'Allemagne, la France, la Belgique, l'Irlande, l'Italie, les Pays-Bas et la Scandinavie.

DÉCALAGE HORAIRE

L

Londres est à l'heure GMT (Greenwich Mean Time) en hiver, et passe à l'heure d'été (GMT + 1) de fin mars à fin octobre.

DEVISES ET CHANGE

Devise La Grande-Bretagne n'a pas adopté l'euro. Aussi, sa devise est la livre sterling (£). Il y a 100 pennies – ou pence – dans une livre. Il existe des billets de 5, 10, 20 et 50 £, et des pièces de 1 p, 2 p, 5 p, 10 p, 20 p, 1 £ et 2 £. Aucune restriction de montant à l'importation ou à l'exportation. Dans certains hôtels, grands magasins et boutiques de luxe, les euros sont souvent acceptés.

Cartes de crédit Les Visa, MasterCard, American Express sont couramment acceptées. Vous pourrez retirer des livres aux ATM (Automatic Teller Machine) en façade de la plupart des banques. Renseignez-vous auprès de votre banque avant le départ.

Change Les devises étrangères sont échangeables dans les banques, bureaux de change, et les grandes agences de voyages, les grands magasins, certains hôtels, la plupart des grands bureaux de poste. Vérifiez le taux de change et le montant de la commission avant de procéder à la moindre transaction : il peut y avoir des différences considérables.

En Belgique
British Tourist Authority
Avenue Louise, 140
1050 Bruxelles
☎ (02) 646 25 80

En Suisse
British Tourist Authority
Badenerstrasse 21
8004 Zurich
☎ (01) 433 222 000

Au Canada
VisitBritain
☎ 1-888 8474885
www.visitbritain.com

Informations pratiques

UNE FOIS SUR PLACE

JOURS FÉRIÉS

1er jan.	Jour de l'an
mars / avr.	Vendredi saint
mars / avr.	lundi de Pâques
1er lun. mai	May Day Holiday
dern. lun. mai	Spring Bank Holiday
dern. lun. août	Late Summer Bank Holiday
25 déc.	Noël
26 déc.	Boxing Day

Presque tout est fermé à Noël. Certains lieux sont ouverts les autres jours fériés, souvent avec des horaires plus courts. Renseignez-vous... Sachez également que la plupart des transports en commun réduisent leurs fréquences de passage les jours fériés.

ÉLECTRICITÉ

En Angleterre, la tension est de 230/240 volts.

Les prises femelles n'acceptent que les prises mâles à 3 branches. Un adaptateur est donc nécessaire pour tous les appareils d'Europe continentale et des États-Unis.

HEURES D'OUVERTURE

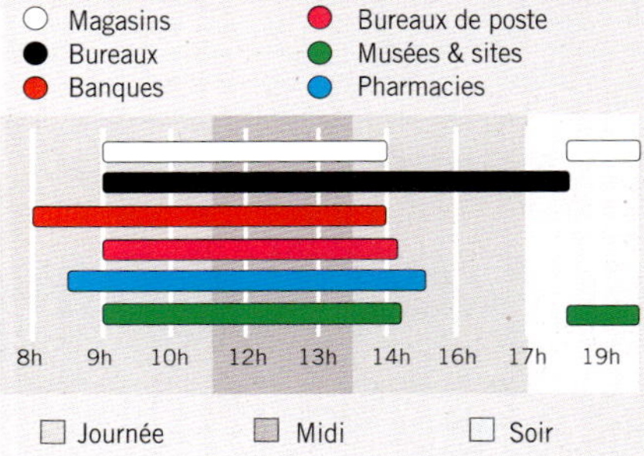

Magasins La plupart ont des horaires plus larges et ouvrent le dimanche.
Banques Elles sont ouvertes le samedi matin. Les bureaux de change sont ouverts tard tlj.
Musées Les plus petits peuvent fermer un jour par semaine.
Pharmacies Sur une pharmacie fermée, une affiche indique où trouver la pharmacie ouverte (ou de garde) la plus proche.

POURBOIRES

Restaurants (si le service n'est pas compris)	10 %
Service au bar	pas de pourboire
Guides	1-2 £
Coiffeurs	10 %
Taxis	10 %
Femmes de chambre	50 p-1 £ par jour
Porteurs	50 p-1 £ selon les bagages
Ouvreuses	pas de pourboire

INFORMATIONS GÉNÉRALES

- Il est strictement **interdit de fumer** dans tous les lieux publics, pubs, restaurants et métro inclus.
- Dans les lieux publics, les **photographies** sont autorisées. La police peut toutefois contrôler les photographes.

FUSEAUX HORAIRES

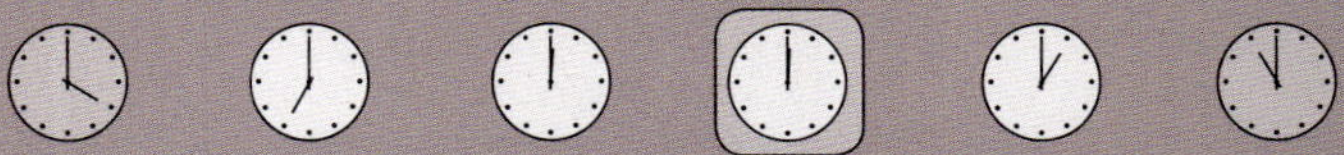

Los Angeles	Montréal	GMT	Londres	Héraklion	Nouméa
4h	7h	12h	12h	13h	23h

RESTER EN CONTACT

Poste Ouverture lun.-ven. 9h-17h30, sam. 9h-13h. La poste de Trafalgar Square, 24-28 William IV Street fait exception : lun.-ven. 8h30-18h, sam. 9h-17h30 (aussi poste restante).

Téléphones publics
Les cabines rouges sont de plus en plus rares, remplacées par des modèles divers et variés.
Les cabines à pièces acceptent les pièces de 10 p, 20 p (tarif minimal), 50 p et 1 £, mais celles à carte sont souvent plus pratiques. Les cartes téléphoniques British Telecom sont en vente dans les bureaux de poste et de nombreux kiosques et magasins.

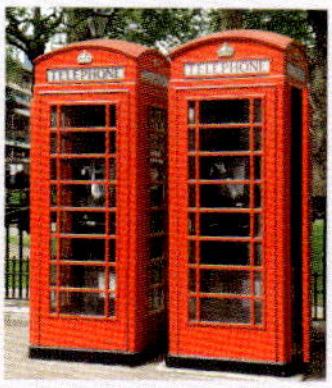

Codes internationaux
Composez le 00, puis

France :	33
Belgique :	32
Canada:	1
Suisse :	41

Téléphonie mobile Les principaux opérateurs sont Vodaphone, Orange, O2, TMobile et Three. La solution la plus économique pour vos appels pendant votre séjour est l'utilisation d'une carte SIM prépayée auprès d'opérateurs comme Go-SIM (C0800-376-2370, www.gosim.com) ou 0044 (C01926 332 153, www.0044.co.uk). Ils vous proposent de créditer votre carte à la demande ou par mois.

Wifi & Internet Le sans-fil envahit Londres. Le quartier de la City est sans doute le plus grand hotspot où vous resterez connecté sans interruption. Pour être attractifs, pubs, cafés et hôtels offrent presque tous des services wifi gratuits et libres. Même les stations de métro (150 au total) sont connectées. Certaines connexions nécessitent parfois un code d'accès : demandez-le auprès du personnel.

SÉCURITÉ

Londres est une ville assez sûre. Dans le centre, on croise des patrouilles d'îlotiers, les célèbres *bobbies*, en général très serviables et très aimables. Toutefois :

- Les *bag snatchers* (voleurs à l'arraché) opèrent dans le métro. Soyez attentifs dans les stations.
- Avant de retirer de l'argent à un distributeur, vérifiez qu'il n'a pas été trafiqué et composez discrètement votre code.
- N'ayez pas sur vous plus de liquide que nécessaire.
- Ne laissez jamais vos sacs ou bagages sans surveillance dans les lieux publics.
- Attention aux pickpockets – surtout sur les marchés, dans le métro et les lieux fréquentés.
- Évitez de vous promener seul dans les parcs et les ruelles sombres le soir.

Police ☎ **999**

URGENCES

POLICE 999

POMPIERS 999

AMBULANCE 999

Informations pratiques

SANTÉ

Assurances Grâce à la carte européenne d'assurance maladie, gratuite et valable un an, les ressortissants de l'UE bénéficient de la prise en charge des soins médicaux dans l'Union. Une assurance médicale, absolument nécessaire pour tous les autres voyageurs, est néanmoins recommandée.

Soins dentaires Les visiteurs bénéficiant de soins médicaux gratuits ou à prix réduit (voir ci-dessus) peuvent bénéficier de soins dentaires gracieux à condition que ceux-ci soient effectués par un dentiste du National Health Service. Une assurance médicale est néanmoins recommandée.

Climat En juillet et août, le soleil peut cogner dur. Certaines visites impliquent de rester de longs moments dehors :protégez-vous des coups de soleil et buvez beaucoup d'eau.

Médicaments Sur ordonnance ou non, ils sont vendus dans les pharmacies (Chemist's), où vous trouverez également conseils et médicaments pour les petits troubles ordinaires. Un système de garde permet d'en trouver toujours une ouverte.

Eau potable L'eau du robinet est potable. L'eau minérale se vend partout, mais est souvent chère.

VOYAGEURS HANDICAPÉS

La plupart des sites et monuments de Londres sont accessibles aux personnes en fauteuil roulant. Mais ce n'est pas toujours le cas pour les transports en commun et les lieux publics. Consultez le site www.visitlondon.com/traveller-information/essential-information/accessible-london

ENFANTS

Le site www.timeout.com/london/kids donne le détail des nombreuses activités pour les enfants. Les transports en commun ont des tarifs réduits pour les moins de 16 ans, voire sont gratuits – dans certains cas –pour les moins de 11 ans. Dans ce guide, le logo ci-dessus indique les activités pour les enfants.

RÉDUCTIONS

Étudiants Les titulaires d'une carte d'étudiant internationale peuvent bénéficier de réductions sur les voyages, les billets d'entrée, et sur certains produits et services.
Seniors Les seniors (en général à partir de 60 ans) peuvent bénéficier de réductions sur les voyages, les billets d'entrée et sur certains événements et spectacles. Une pièce d'identité peut être demandée.
London Pass Cette carte, d'une validité de 1 à 6 jours, peut être obtenue sur le site www.londonpass.com et couvre environ 55 musées, attractions, restaurants et magasins.

TOILETTES

Privilégiez celles des grands magasins, restaurants et hôtels.

CIRCULATION

N'oubliez jamais que les véhicules circulent à gauche sur la chaussée, en particulier lorsqu'il s'agit de traverser une voie.

AMBASSADES ET CONSULATS

Belgique	Canada	France	Luxembourg	Suisse
020 7470 3700	020 7258 6600	020 7073 1200	020 7235 6963	020 7616 6000

Cartes & plans

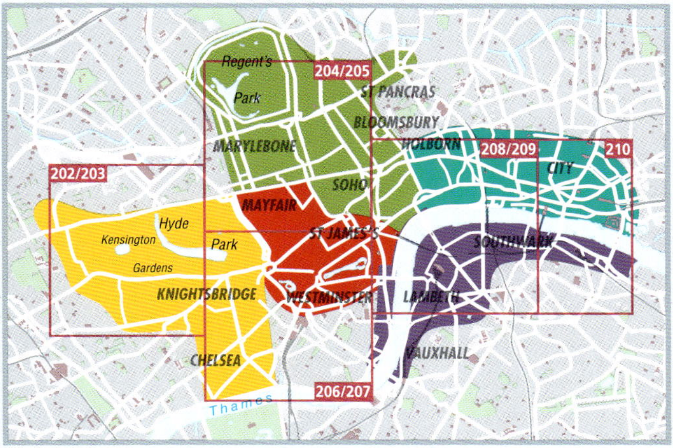

Légendes

- Information touristique
- Musée
- Théâtre, opéra
- Statue, monument
- Église, Chapelle
- Synagogue
- Mosquée
- Parking couvert, parking
- Auberge de jeunesse
- Tour radio-télévisuelle
- Gare routière
- Poste de police
- Pharmacie
- Bureau de poste
- Station de métro
- Gare
- **Top 10**
- **Ne manquez pas**
- **Et aussi…**

1 : 13 000

0 — 250 — 500 m

0 — 250 — 500 yd

A
B
C
5
4
3
2
1
St. Stephen's
Westbourne
Park Rd.
Gloucester
Porchester Ter. N.
Orsett Ter.
Orsett Ms.
Orsett
Trinity Court
Terrace
Bridge
Bishop's Bridge
Talbot Rd.
Durham Ter.
Westbourne Gdns.
Porchester Sq.
Porchester Rd.
Caradoc Clo.
Shrewsbury
Dartmouth Clo.
Kildare Ter.
Kildare Gdns.
Alexander St.
Sunderland Ter.
Hatherley Gro.
Queensway
Inverness
Hallfield Estate
Cleveland Gdns.
Cleveland Ter.
Gloucester Ms. West
Cleveland Sq.
Talbot Rd.
Courtnell St.
Moorhouse Rd.
Sutherland Pl.
Northumberland Pl.
Bridstow Place
Hereford Road
Newton
Grove
Westbourne Grove
Artesian Rd.
Needham Rd.
Ledbury Road
Monmouth Rd.
Garway Rd.
Gdns. Square
Redan Pl.
Kensington Gdns. Square
BAYSWATER
Leinster Gdns.
Leinster Pl.
Leinster Sq.
Queen's Gardens
Craven Hill
Pembridge Villas
Chepstow Villas
Rede Place
Chepstow Place
Hereford Rd.
Leinster Square
Prince's Square
Porchester Gdns.
Queen's Ms.
Queensway
Queen's Mews
Queensborough Ter.
Porchester Ter.
Craven Hill Gdns.
Chepstow Cr.
Pembridge Ms.
Pembridge Cr.
Pembridge Place
Dawson Place
Prince's Ms.
Moscow Rd.
Ilchester Gdns.
Bayswater
Inverness Pl.
Pembridge Square
Pembridge Rd.
Pembridge Gdns.
Linden Gdns.
Clanricarde Gdns.
Ossington St.
Palace Court
St Petersburgh Pl.
Petersburgh Ms.
Bark Pl.
Poplar Pl.
Caroline Pl.
Orme Ct.
Orme La.
Orme
Terrace
Leinster Ter.
Craven Hill Gdns.
Leinster Ms.
Lancaster
Queensway
Bayswater Road
North
Notting Hill Gate
Gate
Orme Sq. Gate
Black Lion Gate
Inverness Ter. Gate
Victoria Gdns.
Horbury Cr.
Ladbroke Rd.
Bulmer Place
Gate Cinema
Diana, Princess of Wales Memorial Playground
Clock Tower
Notting Hill
Uxbridge St.
Hillgate St.
Farmer St.
St. Jameson St.
Newcombe St.
Palace Gdns. Mews
Palace Gdns. Ter.
Kensington Palace Gardens
The Broad Walk
Budge's
Hillgate Pl.
Kensington Pl.
Campden Hill Gdns.
Kensington
The Orangery
47
Peel St.
Campden St.
Kensington Church Street
Brunswick Gdns.
Gardens Terrace
Campden Hill Rd.
Bedford Gdns.
Broad Walk
The Round Pond
Dial
Kensington Green
Vicarage Gdns.
Vicarage Gate
6
Kensington Palace
Sheffield Terrace
Podium
Kensington and Chelsea College
Tor Gdns.
Campden Ho. Clo.
Hornton St.
Gloucester Walk
Palace Avenue
Gardens
Campden Hill
Campden Gro.
Observ. Gdns.
Gordon Pl.
Duke's La.
Kensington Palace Barracks
Palace Green
Walk
Queen Elizabeth College
Sheldrake Pl.
Pitt St.
Holland St.
Kens. Ch. Walk
Street
Duchess of Bedford's Wlk.
The
Town Hall
Drayton Ms.
Kensington Road
Palace Gate
Upr. Phillimore Gdns.
Hornton St.
Hornton Pl.
Young St.
Kensington Ct.
Kensington Ct. Pl.
Kensington Ct.
Prince of Wales Ter.
Palace Gate
Road
Phillimore Gdns.
Phillimore Pl.
Argyll Rd.
Campden Hill Rd.
Walk
Derry St.
Kensington Square
De Vere Gdns.
Hyde Park Gate
Hyde Park Gate
Holland Walk
Essex Villas
Thackeray St.
Cambridge Pl.
Victoria Rd.
Phillimore Gdns. Clo.
Stafford Ter.
Linley Sambourne House
High Street Kensington
Albert Pl.
Kensington Gate
Phillimore Wlk.
Iverna Ct.
Wright's Lane
Ansdell Ter.
Canning Pl.
Commonwealth Institute
Kensington High Street
Adam & Eve Mews
Douro Pl.
Canning Pas.
Allen St.
Iverna Gdns.
South End St.
St Alban's Gro.
Victoria Gro.
Queen's Gate M.
Melbury Ct.
Abingdon Rd.
South End Row
Kensington Rd.
Toria Gro.
Queen's G.
Earls Court Road
Pater St.
Scarsdale Pl.
Marloes Rd.
Kelso Pl.
Cottesmore Gdns.
Launceston Pl.
Gloucester Rd.
Petersham La.
Petersham Pl.
Elvaston Pl.
Cope Pl.
Abingdon Vs.
St Margaret's La.
Stanford Rd.
Eldon Rd.
Kynance Mews
Petersham M.
Queen's Gate
Sch.
Earl's Wlk.
Scarsdale Vs.
Allen St.
St Mary's Pl.
Cornwall Gardens
Queen's Gate Gdns.
Edwardes Sq.
Pembroke Sq.
Pembroke Square
Rd.
Stratford Rd.
Lexham Gdns.
Osten M.
McLeod's M.
Emperor's Ga.
Grenville Pl.
Southwell Gdns.
Atherstone M.
Pembroke Gdns. Clo.
Pembroke Walk
Lexham M.
Lexham
Gdns.
Pembroke Gdns.
Pembroke Road
202
Marloes Rd.
The Cromwell Hospital
Gloucester Rd.
Logan Pl.
Cromwell Road
Cromwell Rd.
Redfield La.
Stanhope

Paddington
South Wharf Rd.
St Mary's Hospital
Paddington Station
Eastbourne Terrace
Westbourne Terrace
Praed St.
Norfolk Pl.
Sussex Gardens
Norfolk Square
London St.
Winsland St.
Winsland Ms.
London Ms.
Conduit Pl.
Conduit Ms.
Spring St.
Chilworth Ms.
Chilworth St.
Gloucester Ms.
Craven Rd.
Upbrook Ms.
Devonshire Ter.
Craven Hill Ms.
Craven Hill
Westbourne Cres.
Brook Ms. North
Craven Terrace
Lancaster Ter.
Lancaster Gate
Bathurst Ms.
Bathurst St.
Sussex Pl.
Sussex Sq.
Stanhope Ter.
Hyde Park Gdns. Ms.
Hyde Park Gardens
Hyde Park Square
Hyde Park Cr.
Gloucester Sq.
Radnor Pl.
Somers Ms.
Southwick St.
Cambridge Sq.
Porchester St.
St John
Oxford Sq.
Norfolk Crescent
Porchester Pl.
Kendal St.
Portsea Pl.
Connaught St.
Connaught Square
Archery Clo.
Albion St.
Albion Close
Clarendon Pl.
St George's Fields
Tyburn Convent
Edgware Road
Seymour St.
Stanhope Pl.
Park West Pl.
Forset St.
Nutford Pl.
George St.
Crawford Pl.
Brown Pl.
Bryanston Pl.
204
Bayswater Road
Stanhope Gate
Albion Gate
Clarendon Gate
North Ride
The Ring
Westbourne Gate
Marlborough Gate
Buck Hill Walk
Lancaster Walk
Lancaster Gate
North Walk
The Fountains
Hyde Park
Central Royal Parks Nursery
47
New Lodge
The Ring (West Carriage Dr.)
North Ride
W.H. Hudson Memorial
Policeman's Walk
Speke's Monument
Peter Pan Statue
The Long Water
Magazine
Norwegian/ British Monument
Physical Energy
Temple Lodge
Serpentine Rd.
Boat Houses
The Serpentine
Boating Lake
Serpentine Gallery
Serpentine Rd.
The Lido
Rotten Row
Flower Walk
Albert Memorial
46
Alexandra Gate
South Carriage Drive
Prince of Wales Gate
Rutland Gate
New Ride
Carriage Drive
Edinburgh Gate
Hyde Park Barracks
Household Cavalry
Queen's Gate
Kensington Gore
Kensington Road
Royal College of Art
Royal Albert Hall
Albert Court
Jay Ms.
Bremner Rd.
Prince Consort Rd.
The Royal College of Music Exterior Building
Royal College of Music
Exhibition Rd.
Russian Orthodox Cathedral
Rutland Gate
Trevor Pl.
Trevor Sq.
Raphael St.
Lancelot Pl.
Montpelier Sq.
Montpelier St.
Montpelier Pl.
Montpelier Walk
Cheval Pl.
Knightsbridge
Brompton Road
Harrods
42
Hans Rd.
Prince's Gardens
Ennismore Gardens
Ennismore Gdns. Ms.
Ennismore Ms.
Ennismore St.
Rutland Gate
Hyde Park Gate
Queen's Gate Ms.
Queen's Gate
Queen's Gate Ter.
Ayrton Road
Queens Tower
Holy Trinity Brompton
KNIGHTSBRIDGE
Brompton Pl.
Beaufort Gdns.
206
Beauchamp Place
St. Saviour's
Cottage Pl.
Brompton Square
Imperial College Road
Science Museum
43
Exhibition Road
Victoria & Albert Museum
Brompton Oratory
Frankland Road
Natural History Museum
Gilbert Collection
8
Thurloe Place
Nature Garden
44
Elvaston Pl.
Gore St.
Queen's Gate Gdns.
Queen's Gate Pl. M.
Cromwell Road
France
Lycee Francais Charles de Gaulle (French Univ. Coll.)
Alexander Pl.
Alexander Sq.
Egerton Gdns.
Egerton Cres.
Egerton Ter.
Ovington Gdns.
Ovington Square
Ovington St.
Yeoman's Row
Walton St.
Lennox Gdns.
Lennox Gdns. Ms.
Hasker St.
Milner St.
Halsey St.
Rawlings St.
First St.
Donne Pl.
South Ter.
Brompton Road
Stanhope Gdns.
Stanhope M. E.
Harrington Road
South Kensington
Pelham St.
203

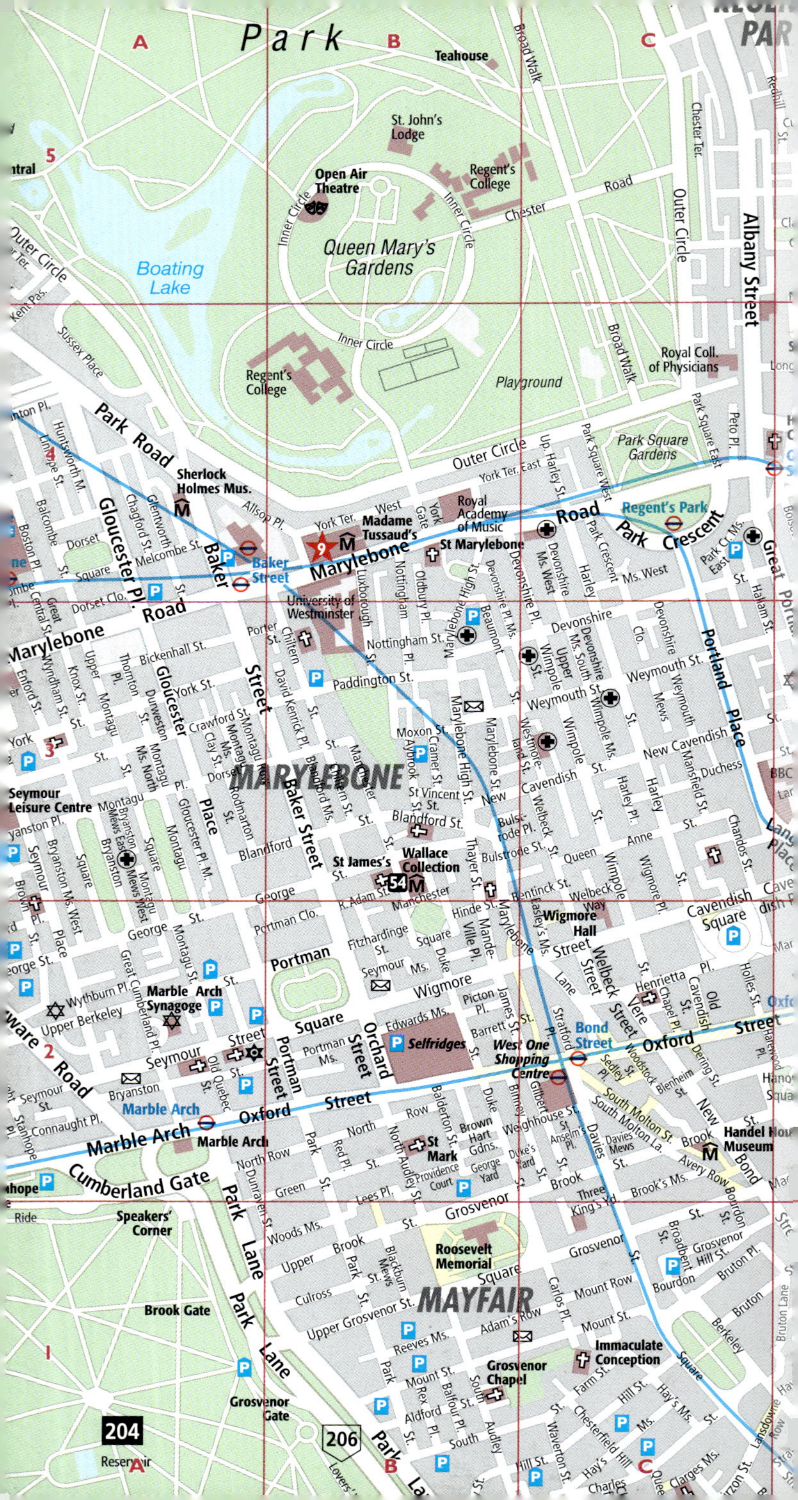
Park
A
B
C
Teahouse
Broad Walk
St. John's Lodge
Open Air Theatre
Regent's College
Inner Circle
Chester Road
Queen Mary's Gardens
Boating Lake
Outer Circle
Kent Pas.
Sussex Place
Regent's College
Inner Circle
Playground
Broad Walk
Royal Coll. of Physicians
Chester Ter.
Outer Circle
Albany Street
Park Square Gardens
Park Square East
Peto Pl.
Park Road
Sherlock Holmes Mus.
Allsop Pl.
York Ter. West
Madame Tussaud's
York Gate
Royal Academy of Music
Outer Circle
York Ter. East
Up. Harley St.
Park Square West
Regent's Park
Park Crescent
Baker Street
Marylebone Road
St Marylebone
Devonshire Ms. West
Park Crescent
Harley St.
Ms. West
Great Portland St.
Halam St.
Huntsworth M.
Linhope St.
Balcombe St.
Boston Pl.
Gloucester Pl.
Chagford St.
Glentworth St.
Dorset Square
Melcombe St.
Dorset Clo.
Great Central St.
Marylebone Road
University of Westminster
Luxborough St.
Nottingham Pl.
Oldbury Pl.
Marylebone High St.
Devonshire Pl. Ms.
Devonshire Pl.
Beaumont St.
Devonshire St.
Portland Place
Porter St.
Chiltern St.
Nottingham St.
Paddington St.
Upper Wimpole St.
Devonshire Ms. South
Devonshire Clo.
Weymouth St.
Weymouth Mews
Upper Montagu St.
Enford St.
Wyndham St.
Knox St.
Thornton Pl.
Bickenhall St.
Gloucester Place
York St.
Durweston St.
Crawford St.
Montagu Ms. North
Clay St.
Dorset St.
David Kenrick Pl.
Baker Street
Moxon St.
Aybrook St.
Cramer St.
Marylebone St.
Westmoreland St.
Wimpole St.
Wimpole Ms.
New Cavendish St.
Mansfield St.
Duchess St.
York St.
MARYLEBONE
Montagu Sq.
Rodmarton St.
Blandford Ms.
Manchester St.
St Vincent St.
New Cavendish St.
Welbeck St.
Harley Pl.
Harley St.
Seymour Leisure Centre
Bryanston Pl.
Montagu Mews East
Bryanston Mews West
Montagu Square
Gloucester Pl. M.
Blandford St.
Blandford St.
Bulstrode Pl.
Bulstrode St.
Queen Anne St.
Chandos St.
Seymour Place
Bryanston Ms. West
Bryanston Square
George St.
St James's
Wallace Collection
54
R. Adam St.
Manchester Square
Thayer St.
Bentinck St.
Welbeck Way
Wigmore Pl.
Cavendish Square
George St.
Montagu St.
Portman Clo.
Fitzhardinge St.
Hinde St.
Mandeville Pl.
Marylebone Lane
Easley's Ms.
Wigmore Hall
Portman Square
Seymour Ms.
Duke St.
Wigmore Street
Welbeck Street
Henrietta Pl.
Holles St.
Wythburn Pl.
Marble Arch Synagogue
Upper Berkeley St.
Great Cumberland Pl.
Edwards Ms.
Picton Pl.
James St.
Barrett St.
Stratford Pl.
Vere Street
Chapel Pl.
Old Cavendish St.
Seymour Street
Old Quebec St.
Portman Street
Portman Ms.
Orchard Street
Selfridges
West One Shopping Centre
Bond Street
Oxford Street
Woodstock St.
Sedley Pl.
Blenheim St.
Dering St.
Harewood Pl.
Hanover Square
Edgware Road
Bryanston St.
Seymour St.
Marble Arch
Oxford Street
Balderton St.
Duke St.
Binney St.
Gilbert St.
Weighhouse St.
St Anselm's Pl.
Davies St.
South Molton St.
South Molton La.
Davies Mews
New Bond St.
Handel House Museum
Connaught Pl.
Stanhope
Marble Arch
Marble Arch
North Row
Park St.
Red Pl.
North Row
North Audley St.
St Mark
Brown Hart Gdns.
Duke's Yard
George Yard
Providence Court
Brook St.
Brook's Ms.
Avery Row
Bond St.
Cumberland Gate
Dunraven St.
Green St.
Lees Pl.
Grosvenor St.
Three King's Yd.
Bourdon St.
Ride
Speakers' Corner
Park Lane
Woods Ms.
Upper Brook St.
Park St.
Blackburn Mews
Roosevelt Memorial
Grosvenor Square
Grosvenor St.
Broadbent St.
Grosvenor Hill St.
Bruton Pl.
Culross St.
Upper Grosvenor St.
MAYFAIR
Carlos Pl.
Mount Row
Bourdon St.
Bruton St.
Brook Gate
Park Lane
Reeves Ms.
Adam's Row
Mount St.
Immaculate Conception
Berkeley Square
Park St.
Mount St.
Rex Pl.
Balfour Pl.
South Audley St.
Grosvenor Chapel
Farm St.
Hill St.
Hay's Ms.
Grosvenor Gate
Alford St.
South St.
Waverton St.
Chesterfield Hill
Hay's Ms.
Charles St.
Clarges Ms.
Lansdowne Row
204
206
Reservoir
Park Lane
Lovers' Walk
Hill St.

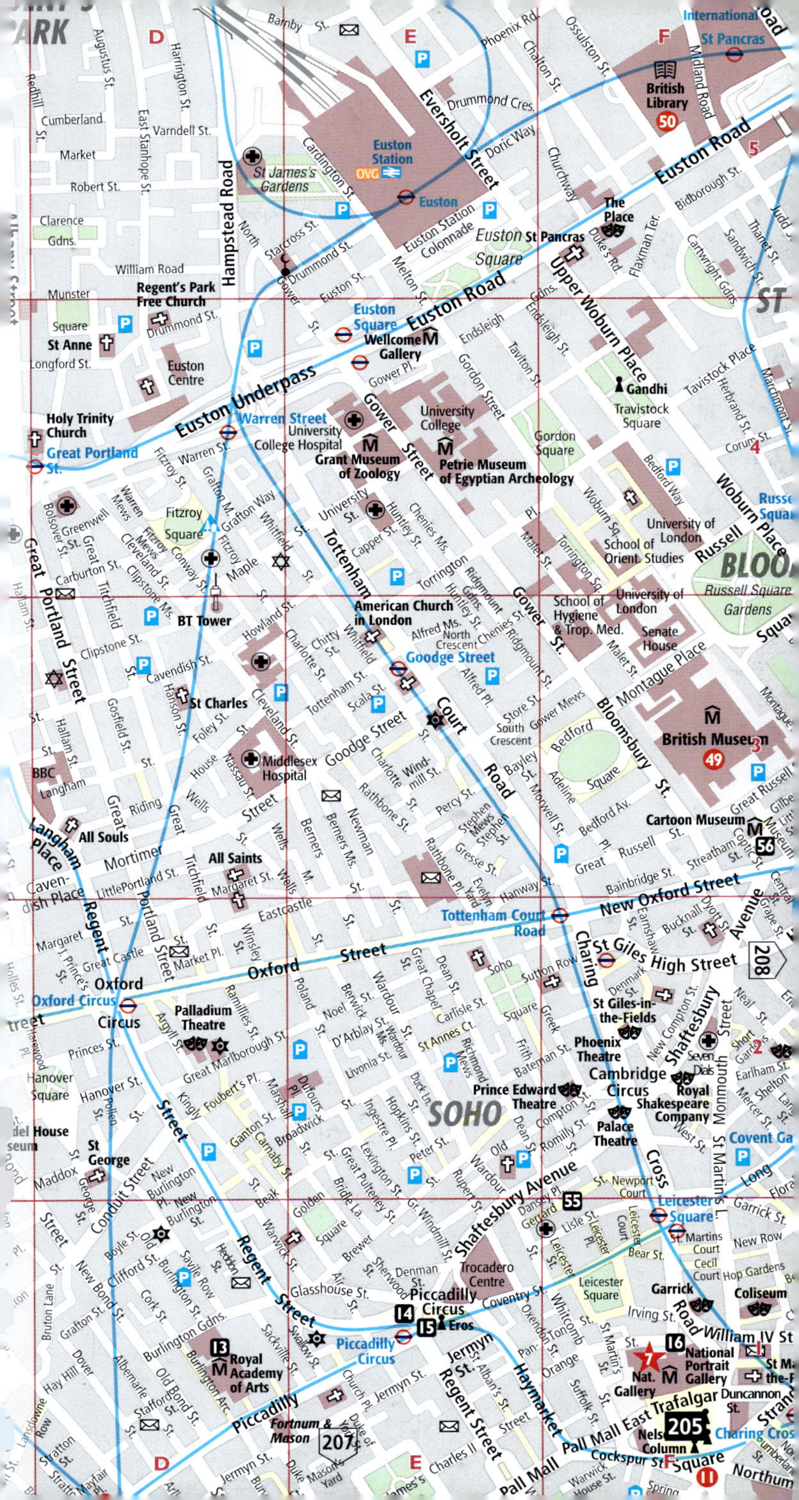

D
E
F
International
St Pancras
British Library
50
Euston Station
OVG
Euston
Euston Road
Eversholt Street
Drummond Cres.
Doric Way
Phoenix Rd.
Chalton St.
Ossulston St.
Midland Road
Barnby St.
Churchway
St James's Gardens
Cardington St.
Hampstead Road
North
Starcross St.
Drummond St.
Euston Station Colonnade
Euston Square
St Pancras
The Place
Duke's Rd.
Flaxman Ter.
Upper Woburn Place
Bidborough St.
Cartwright Gdns.
Sandwich St.
Thanet St.
Judd St.
Augustus St.
Harrington St.
Redhill St.
Cumberland
Varndell St.
Market
East Stanhope St.
Robert St.
Clarence Gdns.
William Road
Munster Square
Regent's Park Free Church
St Anne
Longford St.
Euston Centre
Euston Underpass
Holy Trinity Church
Great Portland St.
Warren Street
University College Hospital
Wellcome Gallery
Gower Pl.
Gower Street
University College
Grant Museum of Zoology
Petrie Museum of Egyptian Archeology
Gordon Street
Gordon Square
Endsleigh
Endsleigh St.
Taviton St.
Gandhi
Tavistock Square
Tavistock Place
Herbrand St.
Marchmont St.
Coram St.
Bedford Way
Woburn Place
Russell Square
University of London
School of Orient. Studies
Woburn Sq.
Torrington Sq.
Malet St.
Russell
BLOO
Russell Square Gardens
Warren St.
Fitzroy St.
Grafton Way
Grafton M.
Fitzroy Square
Bolsover St.
Greenwell St.
Warren Mews
Conway St.
Maple
Whitfield St.
University St.
Huntley St.
Capper St.
Chenies Ms.
Torrington
Ridgmount Gdns.
Tottenham
Great Portland Street
Carburton St.
Clipstone Ms.
Great Titchfield
BT Tower
Cleveland St.
American Church in London
Alfred Ms.
North Crescent
Chenies St.
Ridgmount St.
School of Hygiene & Trop. Med.
University of London
Senate House
Montague Place
Goodge Street
Alfred Pl.
Clipstone St.
Cavendish St.
Howland St.
Chitty St.
Charlotte St.
Tottenham St.
Scala St.
Court Road
Store St.
South Crescent
Gower Mews
Bedford
Bedford Square
Bloomsbury St.
British Museum
49
St Charles
Hanson St.
Foley St.
Gosfield St.
Hallam St.
BBC
Langham
Middlesex Hospital
Nassau St.
Goodge Street
Wind-mill St.
Bayley St.
Morwell St.
Adeline
Bedford Av.
Great Russell
Cartoon Museum
56
Riding House
Wells
Great Titchfield
All Souls
Langham Place
Mortimer Street
Berners St.
Newman
Rathbone St.
Percy St.
Stephen Mews
Gresse St.
Rathbone Pl.
Evelyn Yard
Hanway St.
Bainbridge St.
Streatham St.
Coptic St.
Cavendish Place
Regent
All Saints
Margaret St.
LittlePortland St.
Eastcastle
Winsley St.
Berners Ms.
Tottenham Court Road
New Oxford Street
Earnshaw
Bucknall
Dyott St.
Avenue
Margaret
Great Castle
Market Pl.
Oxford Street
Oxford Circus
Portland Street
Ramillies St.
Poland
Noel St.
Berwick
Wardour St.
Great Chapel St.
Dean St.
Carlisle St.
Soho Square
Sutton Row
Charing
St Giles High Street
Denmark St.
St Giles-in-the-Fields
208
Neal St.
Palladium Theatre
Argyll St.
Great Marlborough St.
D'Arblay St.
Livonia St.
St Annes Ct.
Richmond Mews
Frith St.
Greek
Bateman St.
Phoenix Theatre
New Compton St.
Shaftesbury
Seven Dials
Monmouth Street
Short Gardens
Earlham St.
Mercer St.
Shelton
Princes St.
Hanover Square
Hanover St.
Foubert's Pl.
Kingly
Marshall
Dufours Pl.
Broadwick
Hopkins St.
Duck Ln.
Ingestre Pl.
SOHO
Prince Edward Theatre
Cambridge Circus
Royal Shakespeare Company
Palace Theatre
Compton St.
Romilly St.
West St.
Cross
St Martin's L.
Covent Ga
del House
St George
Maddox
Ganton St.
Carnaby St.
Great Pulteney St.
Lexington St.
Peter St.
Old
Wardour
Rupert St.
Shaftesbury Avenue
55
Newport Court
Conduit Street
New Burlington Pl.
New Burlington St.
Beak
Golden Square
Bridle La.
Gr. Windmill St.
Dansey Pl.
Gerrard
Lisle St.
Leicester Pl.
Leicester Court
Leicester Square
St Martins Court
Cecil Court
Garrick
Long
New Row
Floral
Street
New Bond St.
Boyle St.
Old Burlington St.
Clifford St.
Savile Row
Heddon St.
Warwick St.
Regent
Brewer
Air St.
Sherwood St.
Denman St.
Trocadero Centre
Piccadilly Circus
Coventry St.
Whitcomb St.
Leicester Square
Bear St.
Irving St.
Garrick
Hop Gardens
Coliseum
Bruton Lane
Grafton St.
Cork St.
Burlington Gdns.
Glasshouse St.
Street
14
15
Eros
Piccadilly Circus
Oxendon St.
Orange
Panton St.
St Martin's
Road
William IV St
16
National Portrait Gallery
7
Nat. Gallery
Trafalgar
Duncannon St.
St Ma the-F
Strand
Dover
Hay Hill
Albemarle St.
Royal Academy of Arts
13
Sackville St.
Swallow St.
Church Pl.
Jermyn St.
Regent Street
St. Alban's St.
Haymarket
Suffolk St.
Pall Mall East
205
Nelson Column
Charing Cross
Northumberland
Stafford St.
Old Bond St.
Burlington Arc.
Piccadilly
Fortnum & Mason
207
Duke of York
Mason's Yard
Charles II
Pall Mall
Cockspur St.
Warwick House St.
Square
11
Spring
Lansdowne Row
Stratton St.
Mayfair
Berkeley
Jermyn St.
Duke St.
James's
Street

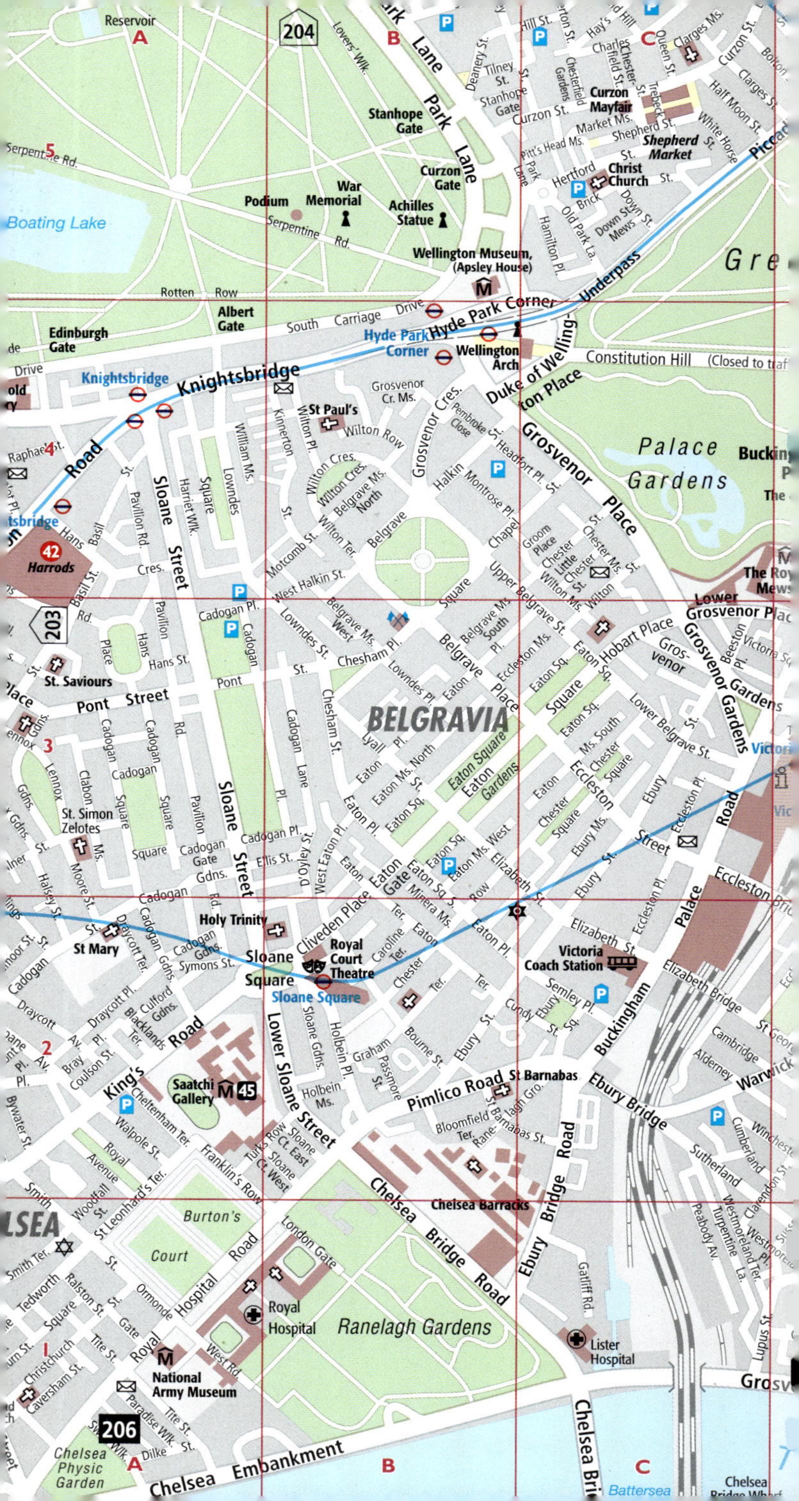

A
B
C
204
203
206
5
4
3
2
1
Reservoir
Serpentine Rd.
Boating Lake
Podium
War Memorial
Achilles Statue
Stanhope Gate
Curzon Gate
Park Lane
Serpentine Rd.
Wellington Museum (Apsley House)
Rotten Row
Albert Gate
Edinburgh Gate
South Carriage Drive
Hyde Park Corner
Hyde Park Corner
Wellington Arch
Underpass
Constitution Hill
(Closed to traf
Duke of Wellington Place
Grosvenor Place
Palace Gardens
Bucking
The
The Roy Mews
Lower Grosvenor Plac
Gre
Piccad
Deanery St.
Tilney St.
Stanhope Gate
Hill St.
Chesterfield Gardens
Charles St.
Chesterfield St.
Hay's
Queen St.
Clarges Ms.
Curzon St.
Clarges St.
Bolton
Half Moon St.
Curzon Mayfair
Trebeck St.
Market Ms.
Shepherd St.
Shepherd Market
White Horse St.
Pitt's Head Ms.
Park Lane
Hertford St.
Christ Church
Brick St.
Old Park La.
Down St.
Down St. Mews
Hamilton Pl.
Knightsbridge
Knightsbridge
Road
Raphael St.
Drive
Grosvenor Cr. Ms.
Grosvenor Cres.
St Paul's
Wilton Pl.
Wilton Row
Kinnerton St.
William Ms.
Lowndes Square
Harriet Wlk.
Sloane Street
Pemboke Close
Headfort Pl.
Halkin St.
Montrose Pl.
Chapel St.
Groom Place
Wilton Cres.
Wilton Cres.
Belgrave Ms. North
Wilton Ter.
Belgrave Square
Motcomb St.
West Halkin St.
Hans Basil
Pavilion Rd.
Cres.
Harrods
42
Basil St.
Chester Ms.
Little Chester St.
Wilton Ms.
Upper Belgrave St.
Cadogan Pl.
Pavilion
Hans Place
Hans St.
Cadogan
Lowndes St.
Belgrave Ms. West
Chesham Pl.
Belgrave Ms. South
Hobart Place
Grosvenor Gardens
Beeston Pl.
Victoria Sq.
St. Saviours
Pont Street
Pont St.
Chesham St.
Cadogan Lane
Lowndes Pl.
Eaton Pl.
Belgrave Place
Eccleston Ms.
Eaton Sq.
Eaton Square
BELGRAVIA
Lower Belgrave St.
Victoria
Lennox Gdns.
Cadogan Square
Clabon Ms.
St. Simon Zelotes
Lyall Pl.
Eaton Ms. North
Eaton Sq.
Eaton Square
Eaton Gardens
Ms. South
Chester Square
Ebury St.
Eccleston
Eccleston Pl.
Road
Halsey St.
Moore St.
Cadogan Gate
Cadogan Pl.
Ellis St.
D'Oyley St.
West Eaton Pl.
Eaton Gate
Eaton Sq.
Eaton Ms. West
Elizabeth St.
Ebury Ms.
Street
Eccleston Bridge
Cadogan Gdns.
Holy Trinity
Cliveden Place
Royal Court Theatre
Sloane Square
Sloane Square
Caroline Ter.
Chester Ter.
Minera Ms.
Eaton Ter.
Eaton Pl.
Eccleston Pl.
Palace
Elizabeth St.
Victoria Coach Station
Elizabeth Bridge
St Mary
Draycott Ter.
Symons St.
Cadogan Gdns.
Draycott Pl.
Culford Gdns.
Blacklands Ter.
Cadogan
Draycott Av.
Bray Pl.
Coulson St.
King's Road
Saatchi Gallery
45
Lower Sloane Street
Sloane Gdns.
Holbein Pl.
Holbein Ms.
Graham Terrace
Passmore St.
Bourne St.
Ebury St.
Cundy St.
Semley Pl.
Ebury Sq.
Buckingham
Cambridge St.
Alderney
Warwick
St George
Bywater St.
Cheltenham Ter.
Walpole St.
Royal Avenue
Turks Row
Sloane Ct. East
Sloane Ct. West
Pimlico Road
St Barnabas
Bloomfield Ter.
Ranelagh Gro.
St Barnabas St.
Ebury Bridge
Ebury Bridge Road
Sutherland
Cumberland
Winchester
Clarendon St.
Franklin's Row
Smith St.
Woodfall St.
St Leonard's Ter.
Burton's Court
Chelsea Barracks
Chelsea Bridge Road
Ebury
Westmoreland Ter.
Turpentine La.
Peabody Av.
Westmoreland Pl.
LSEA
Smith Ter.
Tedworth Square
Ralston St.
St.
Ormonde Gate
Royal Hospital Road
London Gate
Royal Hospital
Ranelagh Gardens
Gatliff Rd.
Lister Hospital
Lupus St.
Christchurch
Caversham St.
Tite St.
West Rd.
National Army Museum
Paradise Wlk.
Tite St.
Swan Wlk.
Dilke St.
Chelsea Physic Garden
Chelsea Embankment
Chelsea Bri
Grosv
Battersea
Chelsea Bridge Wharf

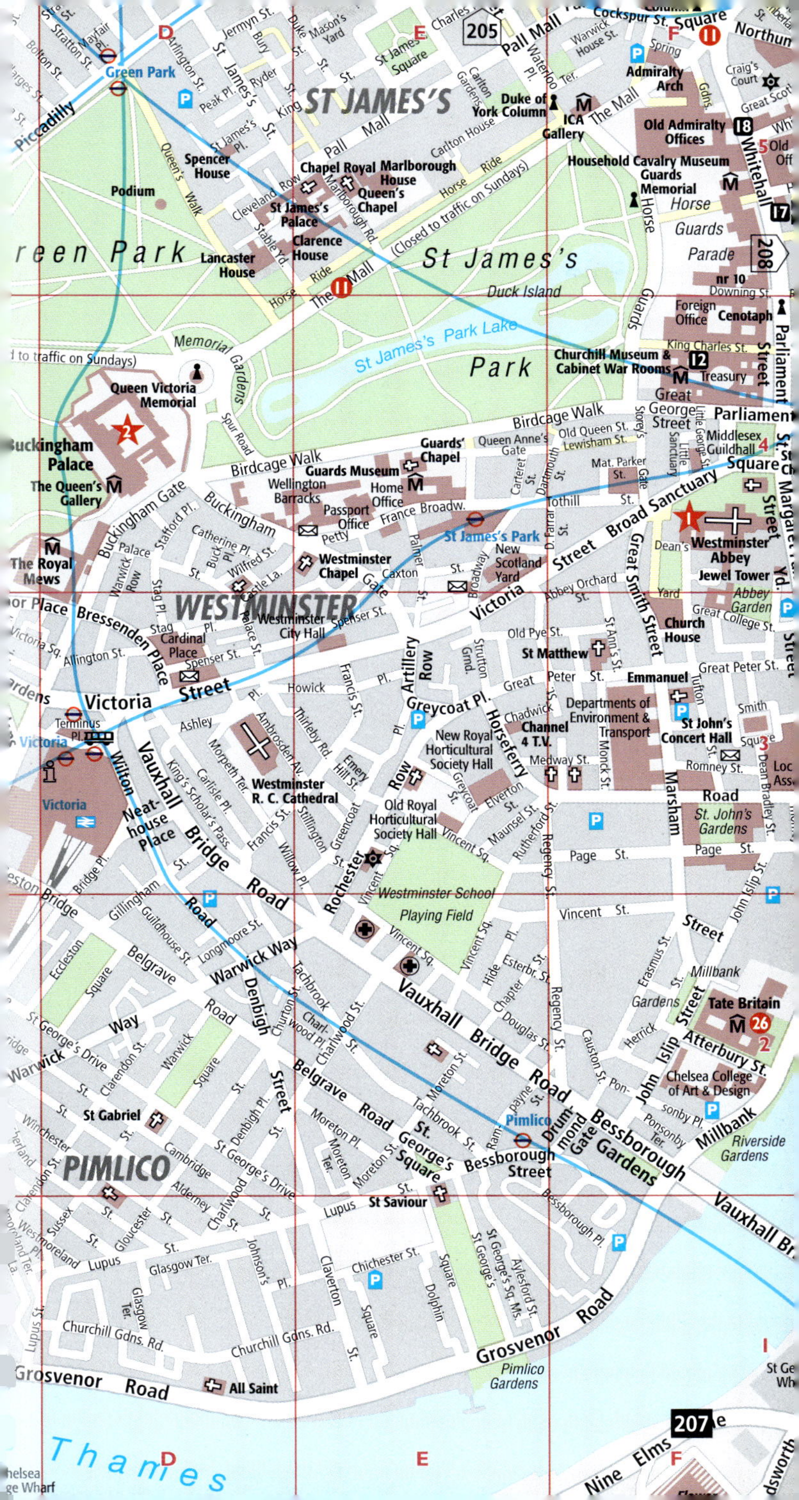
D
E
F
205
208
207
Green Park
Piccadilly
Bolton St.
Stratton St.
Mayfair Pl.
Arlington St.
Jermyn St.
Bury St.
Duke St.
Mason's Yard
St James's Square
Charles St.
Pall Mall
Waterloo Pl.
Warwick House St.
Cockspur St.
Square
Northum
Spring Gdns.
Admiralty Arch
Craig's Court
Great Scot
St James's St.
St James's Pl.
Peak Pl.
Ryder St.
King St.
ST JAMES'S
Carlton Gardens
Duke of York Column
Waterloo Ter.
ICA Gallery
The Mall
Old Admiralty Offices
18
Whitehall
5
Old Off
Spencer House
Podium
Queen's Walk
Chapel Royal
Marlborough House
Queen's Chapel
Carlton House
Horse Ride
(Closed to traffic on Sundays)
Household Cavalry Museum
Guards Memorial
Horse Guards
17
Parade
Cleveland Row
Stable Yd.
Marlborough Rd.
St James's Palace
Clarence House
Lancaster House
Green Park
St James's Park
Duck Island
nr 10 Downing St.
Foreign Office
Cenotaph
King Charles St.
Horse Ride
The Mall
Memorial Gardens
to traffic on Sundays)
St James's Park Lake
Churchill Museum & Cabinet War Rooms
12
Treasury
Parliament Street
Queen Victoria Memorial
Spur Road
Buckingham Palace
The Queen's Gallery
Birdcage Walk
Guards' Chapel
Queen Anne's Gate
Old Queen St.
Lewisham St.
Storey's Gate
Great George Street
Little George St.
Little Sanctuary
Middlesex Guildhall
Parliament Square
4
St Margaret St.
Guards Museum
Wellington Barracks
Home Office
Carteret St.
Dartmouth St.
Mat. Parker St.
Tothill St.
Broad Sanctuary
Buckingham Gate
Stafford Pl.
Catherine Pl.
Buckingham
Passport Office
Petty France
Broadway
St James's Park
1
Westminster Abbey
Dean's Yard
Jewel Tower
The Royal Mews
Palace St.
Warwick Row
Buckingham St.
Wilfred St.
Castle La.
Westminster Chapel
Caxton St.
Palmer St.
New Scotland Yard
D. Farrar St.
Victoria Street
Abbey Orchard St.
Great Smith Street
Abbey Garden
Great College St.
Church House
WESTMINSTER
Lower Grosvenor Place
Bressenden Place
Stag Pl.
Stag Place
Cardinal Place
Westminster City Hall
Spenser St.
Artillery Row
Strutton Grnd.
Old Pye St.
St Ann's St.
St Matthew
Victoria Sq.
Allington St.
Spenser St.
Francis St.
Howick Pl.
Great Peter St.
Emmanuel
Tufton St.
Great Peter St.
Gardens
Victoria Street
Terminus Pl.
Ashley Pl.
Greycoat Pl.
Chadwick St.
Departments of Environment & Transport
Channel 4 T.V.
St John's Concert Hall
Smith Square
3
Victoria
Ambrosden Av.
Thirleby Rd.
Emery Hill St.
New Royal Horticultural Society Hall
Horseferry Rd.
Medway St.
Monck St.
Romney St.
Dean Bradley St.
Loc Ass
Wilton Road
Vauxhall Bridge Road
Morpeth Ter.
Carlisle Pl.
King's Scholar's Pass
Westminster R. C. Cathedral
Greycoat Row
Greycoat St.
Elverton St.
Marsham Street
Road
St. John's Gardens
Neathouse Place
Francis St.
Stillington St.
Old Royal Horticultural Society Hall
Vincent Sq.
Maunsel St.
Rutherford St.
Regency St.
Page St.
Page St.
Eccleston Bridge
Bridge Pl.
Willow Pl.
Greencoat Pl.
Rochester Row
Vincent Sq.
Westminster School Playing Field
Vincent St.
John Islip St.
Street
Gillingham St.
Guildhouse St.
Longmoore St.
Warwick Way
Vincent Sq.
Hide Pl.
Esterbr. St.
Erasmus St.
Millbank
Eccleston Square
Belgrave Road
Denbigh St.
Tachbrook St.
Charlwood Pl.
Churton St.
Charlwood St.
Chapter St.
Douglas St.
Regency St.
Causton St.
Herrick St.
Gardens Street
Tate Britain
26
2
Atterbury St.
St George's Drive
Way
Warwick Way
Clarendon St.
Warwick Square
Belgrave Road
Moreton St.
Vauxhall Bridge Road
John Islip St.
Ponsonby Pl.
Chelsea College of Art & Design
Sonby Pl.
Winchester St.
St Gabriel
Cambridge St.
Denbigh Pl.
St George's Drive
Moreton Pl.
Moreton Ter.
Tachbrook St.
Rampayne St.
Pimlico
Drummond Gate
Bessborough Gardens
Millbank
Riverside Gardens
PIMLICO
Clarendon St.
Alderney St.
Charlwood St.
Moreton St.
St George's Square
Bessborough Street
Bessborough Pl.
Vauxhall Br
Sussex St.
Westmoreland Ter.
Gloucester St.
Lupus St.
St Saviour
Lupus St.
Glasgow Ter.
Johnson's Pl.
Claverton St.
Chichester St.
Dolphin Square
St George's Sq. Ms.
Aylesford St.
Glasgow Ter.
Lupus St.
Churchill Gdns. Rd.
Churchill Gdns. Rd.
Grosvenor Road
I
St Ge Wh
Grosvenor Road
All Saint
Pimlico Gardens
Thames
Chelsea Bridge Wharf
Nine Elms
Flower

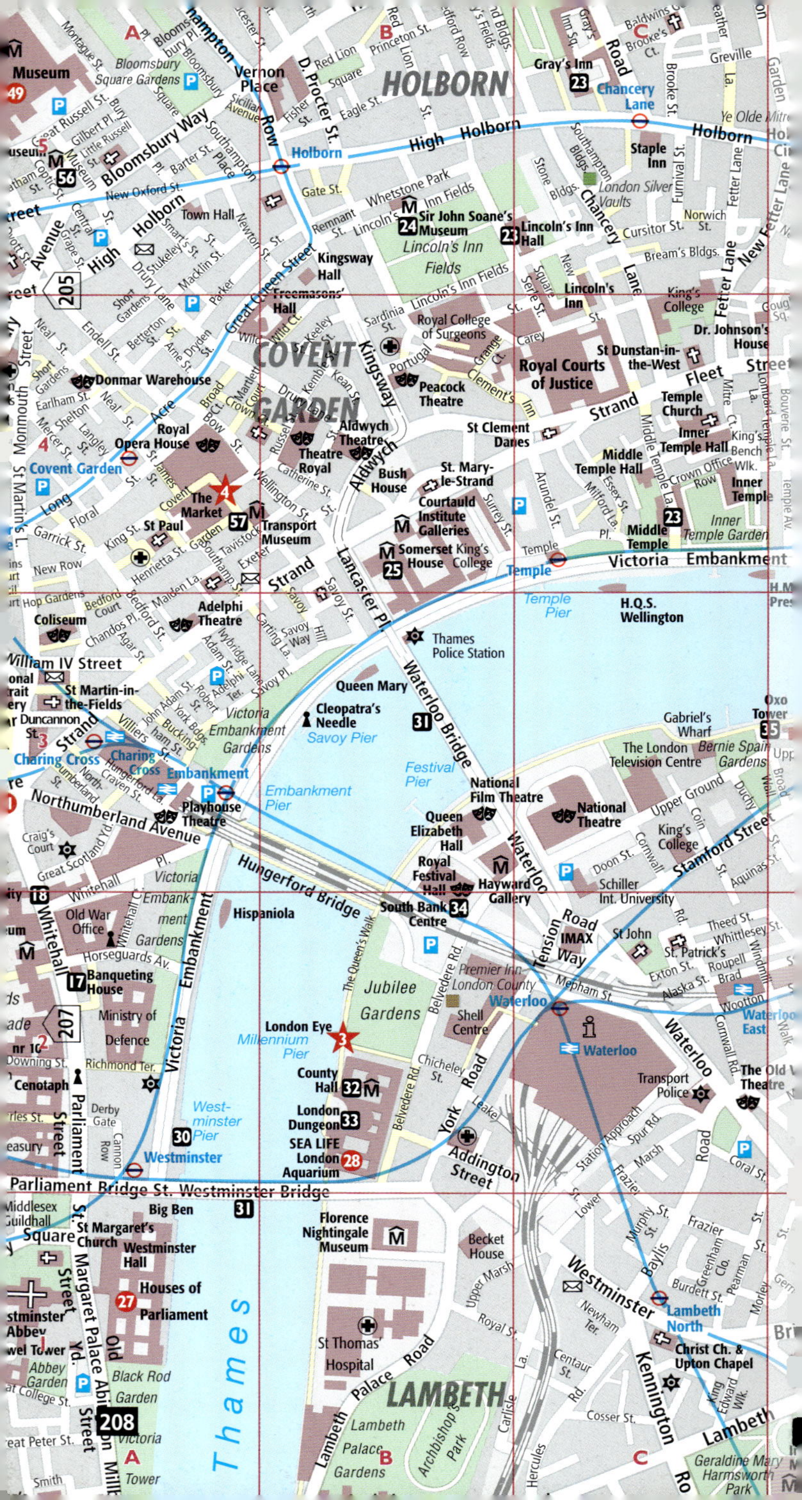

A
B
C
HOLBORN
COVENT GARDEN
LAMBETH
Thames
Museum
49
Bloomsbury Square Gardens
Bloomsbury Way
Vernon Place
D. Procter St.
Red Lion Square
Princeton St.
Gray's Inn
23
Chancery Lane
Holborn
High Holborn
Staple Inn
Ye Olde Mitre
London Silver Vaults
Sir John Soane's Museum
24
Lincoln's Inn Fields
Lincoln's Inn Hall
23
Lincoln's Inn
Kingsway Hall
Freemasons' Hall
Great Queen St.
Kingsway
Royal College of Surgeons
King's College
Dr. Johnson's House
Royal Courts of Justice
St Dunstan-in-the-West
Fleet Street
Temple Church
Inner Temple Hall
Middle Temple Hall
Inner Temple
Middle Temple
23
Inner Temple Garden
Peacock Theatre
St Clement Danes
Aldwych Theatre
Aldwych
Theatre Royal
Bush House
St. Mary-le-Strand
Courtauld Institute Galleries
Somerset House
25
King's College
Strand
Temple
Victoria Embankment
Temple Pier
H.Q.S. Wellington
Donmar Warehouse
Royal Opera House
Covent Garden
The Market
4
57
Transport Museum
St Paul
Adelphi Theatre
Coliseum
Thames Police Station
Waterloo Bridge
Queen Mary
Cleopatra's Needle
31
Savoy Pier
Victoria Embankment Gardens
William IV Street
St Martin-in-the-Fields
Duncannon St.
Charing Cross
Embankment
Embankment Pier
Festival Pier
National Film Theatre
Queen Elizabeth Hall
Royal Festival Hall
Hayward Gallery
National Theatre
Oxo Tower
35
Gabriel's Wharf
The London Television Centre
Bernie Spain Gardens
Upper Ground
King's College
Stamford Street
Schiller Int. University
Playhouse Theatre
Northumberland Avenue
Hungerford Bridge
Hispaniola
South Bank Centre
34
Whitehall
18
Old War Office
Victoria Embankment Gardens
Horseguards Av.
Banqueting House
17
Ministry of Defence
207
Cenotaph
Jubilee Gardens
London Eye
3
Millennium Pier
Premier Inn London County
Shell Centre
Waterloo
IMAX
St John
St. Patrick's
Waterloo East
The Old Vic Theatre
Transport Police
County Hall
32
London Dungeon
33
SEA LIFE London Aquarium
28
Westminster Pier
30
Westminster
Parliament Street
Parliament Bridge St.
Westminster Bridge
31
Big Ben
St Margaret's Church
Westminster Hall
Houses of Parliament
27
Westminster Abbey
Jewel Tower
Abbey Garden
Black Rod Garden
Victoria Tower
208
Florence Nightingale Museum
Becket House
St Thomas' Hospital
Lambeth Palace Road
Lambeth Palace Gardens
Archbishop's Park
Westminster Bridge Road
Lambeth North
Christ Ch. & Upton Chapel
Kennington Road
Geraldine Mary Harmsworth Park
Addington Street
York Road
Waterloo Road
205

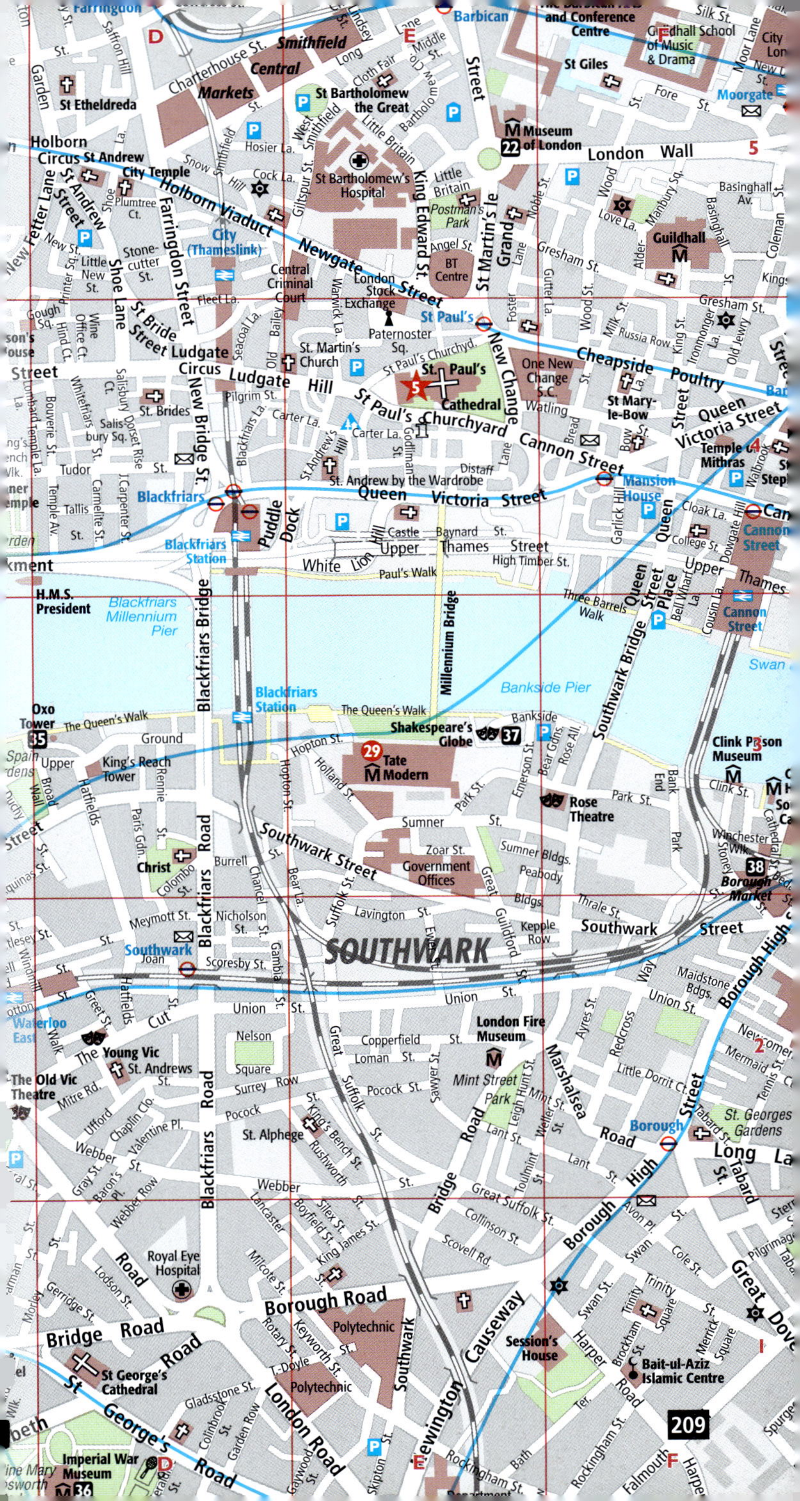

Farringdon
Saffron Hill
Smithfield
Central
Markets
Charterhouse St.
St Etheldreda
Barbican
Centre
Guildhall School of Music & Drama
City Lon
St Giles
Fore St.
Moorgate
St Bartholomew the Great
Cloth Fair
Long La.
Little Britain
Museum of London
22
London Wall
Holborn Circus
St Andrew
City Temple
Holborn Viaduct
Snow Hill
Cock La.
St Bartholomew's Hospital
King Edward St.
Postman's Park
Little Britain
Basinghall Av.
Love La.
Guildhall
Wood St.
Gresham St.
St Martin's le Grand
Angel St.
BT Centre
New Fetter Lane
St Andrew Street
Farringdon Street
City (Thameslink)
Newgate Street
Central Criminal Court
Old Bailey
London Stock Exchange
Paternoster Sq.
St Paul's
Stone-cutter St.
Shoe Lane
Little New St.
Gough Sq.
Fleet La.
Cheapside
Poultry
Russia Row
St Bride Street
Ludgate Circus
Ludgate Hill
St. Martin's Church
St Paul's Churchyd.
St. Paul's Cathedral
5
One New Change S.C.
New Change
Watling
St Mary-le-Bow
Queen Victoria Street
St. Brides
New Bridge St.
Pilgrim St.
Carter La.
St Paul's Churchyard
Cannon Street
Temple of Mithras
Salisbury Sq.
Tudor St.
Blackfriars
St. Andrew by the Wardrobe
Distaff Lane
Mansion House
Cannon Street
Queen Victoria Street
Puddle Dock
Castle Baynard St.
Upper Thames Street
High Timber St.
White Lion Hill
Paul's Walk
Blackfriars Station
Embankment
H.M.S. President
Blackfriars Millennium Pier
Blackfriars Bridge
Millennium Bridge
Three Barrels Walk
Queen Street Place
Southwark Bridge
Cannon Street
Bankside Pier
Blackfriars Station
Oxo Tower
35
The Queen's Walk
Bankside
Shakespeare's Globe
37
Clink Prison Museum
Upper Ground
King's Reach Tower
Hopton St.
29
Tate Modern
Rose Theatre
Park St.
Sumner St.
Southwark Street
Zoar St.
Government Offices
Christ
Burrell
Winchester Wlk.
38
Borough Market
Blackfriars Road
Meymott St.
Nicholson St.
Lavington St.
Thrale St.
Southwark Street
SOUTHWARK
Southwark
Scoresby St.
Union St.
Waterloo East
The Young Vic
St. Andrews
The Old Vic Theatre
London Fire Museum
Copperfield St.
Loman St.
Pocock St.
Mint Street Park
Marshalsea Road
Little Dorrit Ct.
Borough High Street
Borough
St. Georges Gardens
Long La.
Tabard St.
St. Alphege
King's Bench St.
Webber St.
Great Suffolk St.
Collinson St.
Scovell Rd.
Royal Eye Hospital
Borough Road
Polytechnic
Causeway
Session's House
Harper Road
Bait-ul-Aziz Islamic Centre
Bridge Road
St George's Cathedral
St George's Road
London Road
Polytechnic
Newington
Southwark
Imperial War Museum
36
Rockingham St.
Falmouth
Great Dover
209

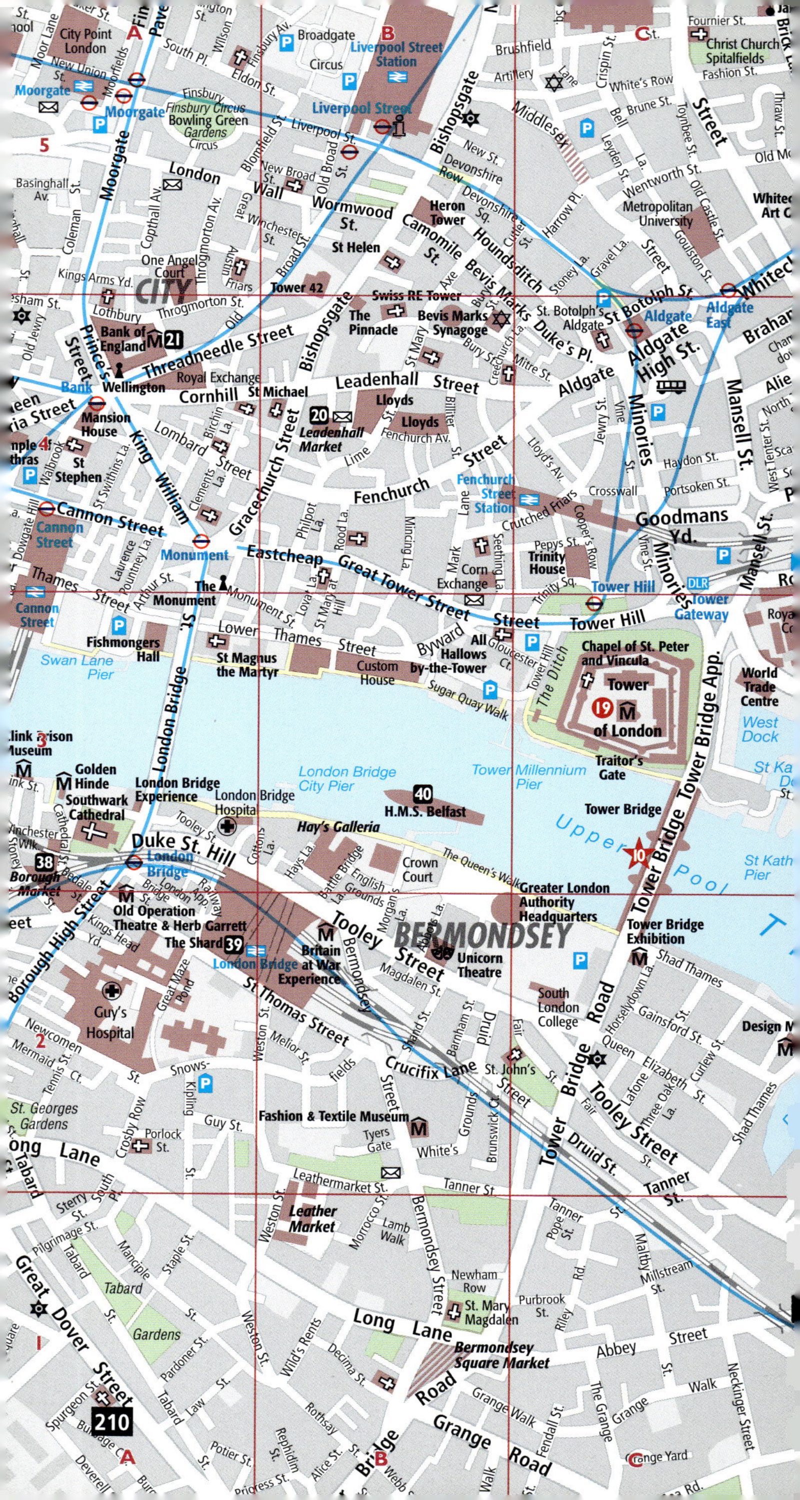
City Point
London
Moorgate
Moorgate
Finsbury Circus
Bowling Green
Gardens
Broadgate
Circus
Liverpool Street
Station
Liverpool Street
Brushfield
Artillery
Middlesex
Christ Church
Spitalfields
Fashion St.
White's Row
Brune St.
Bishopsgate
Devonshire
Row
New St.
Heron
Tower
Camomile
St.
Houndsditch
Bevis Marks
Metropolitan
University
Wentworth St.
Old Castle St.
Goulston St.
Whitechapel
Art Gallery
London
Wall
Wormwood
St.
St Helen
Basinghall Av.
Coleman
Copthall Av.
Throgmorton Av.
One Angel
Court
Austin Friars
Old Broad St.
Great Winchester St.
Kings Arms Yd.
CITY
Throgmorton St.
Lothbury
Tower 42
Swiss RE Tower
The
Pinnacle
Bevis Marks
Synagoge
St. Botolph's
Aldgate
St Botolph St.
Aldgate
Aldgate
East
Aldgate
High St.
Duke's Pl.
Mitre St.
Bury St.
Creechurch La.
St Mary Axe
Bank of
England
21
Threadneedle Street
Prince's
Street
Bank
Wellington
Royal Exchange
Cornhill
St Michael
Bishopsgate
Leadenhall
Street
Lloyds
Lloyds
Fenchurch Av.
Billiter St.
20
Leadenhall
Market
Mansion
House
St
Stephen
Walbrook
St Swithins La.
King
William
Lombard
Street
Clements La.
Birchin La.
Gracechurch Street
Lime
Fenchurch
Street
Fenchurch
Street
Station
Lloyd's Av.
Jewry St.
Vine
Minories
Haydon St.
Portsoken St.
Crosswall
Mansell St.
Cannon Street
Cannon
Street
Monument
Eastcheap
Great Tower Street
Philpot La.
Rood La.
Mincing La.
Mark Lane
Seething La.
Crutched Friars
Cooper's Row
Pepys St.
Trinity
House
Corn
Exchange
Goodmans
Yd.
Tower Hill
DLR
Tower
Gateway
Thames
Street
Cannon
Street
Laurence Pountney La.
Arthur St.
The
Monument
Monument St.
Lovat La.
St Mary at Hill
Trinity Sq.
Street
Tower Hill
Lower
Thames
Street
Fishmongers
Hall
St Magnus
the Martyr
Custom
House
Byward
All
Hallows
by-the-Tower
Gloucester Ct.
Tower Hill
The Ditch
Chapel of St. Peter
and Vincula
Tower
19
of London
Swan Lane
Pier
Sugar Quay Walk
World
Trade
Centre
West
Dock
Clink Prison
Museum
Golden
Hinde
Southwark
Cathedral
London Bridge
London Bridge
Experience
London Bridge
Hospital
London Bridge
City Pier
40
H.M.S. Belfast
Tower Millennium
Pier
Traitor's
Gate
Tower Bridge App.
Tower Bridge
Upper Pool
10
St Katharine
Pier
Winchester
Wlk.
Duke St. Hill
London
Bridge
Tooley St.
Hay's Galleria
Cottons La.
Hays La.
Battle Bridge La.
English Grounds
Crown
Court
The Queen's Walk
Greater London
Authority
Headquarters
St Kath
Pier
38
Borough
Market
Old Operation
Theatre & Herb Garrett
The Shard
39
London Bridge
Britain
at War
Experience
Tooley
Street
BERMONDSEY
Unicorn
Theatre
Tower Bridge
Exhibition
Shad Thames
Borough High Street
Kings Head Yd.
Guy's
Hospital
Great Maze Pond
St Thomas Street
Bermondsey
Magdalen St.
Morgan's La.
Potters Fields
South
London
College
Tower Bridge Road
Horselydown La.
Gainsford St.
Curlew St.
Design Museum
Newcomen
St.
Mermaid Ct.
Tennis St.
Snows-
fields
Kipling
Weston St.
Melior St.
Crucifix Lane
Druid
Barnham St.
St. John's
Fair
Queen
Elizabeth
St.
Lafone
Three Oak La.
Tooley Street
Druid St.
Shad Thames
St. Georges
Gardens
Long Lane
Crosby Row
Porlock
St.
Guy St.
Fashion & Textile Museum
Tyers
Gate
White's
Grounds
Brunswick Ct.
Tower Bridge
Tanner
St.
Tabard
Leathermarket St.
Tanner St.
Leather
Market
Weston St.
Morocco St.
Lamb
Walk
Bermondsey Street
Newham
Row
St. Mary
Magdalen
Purbrook
St.
Riley Rd.
Tanner
Pope St.
Maltby
Millstream
St.
Sterry St.
South Pl.
Pilgrimage St.
Tabard
Manciple
Staple St.
Tabard
Gardens
Great Dover Street
Long Lane
Bermondsey
Square Market
Abbey
Street
Wild's Rents
Decima St.
Road
Grange Walk
Fendall St.
The Grange
Grange
Walk
Neckinger Street
Pardoner St.
Law
St.
Tabard
Spurgeon St.
Burbage Cl.
Deverell
Potier St.
Rephidim
St.
Rothsay
Alice St.
Bridge
Webb St.
Prioress St.
Grange
Road
Grange Yard
210

Av. Avenue
Cres. Crescent
Ct. Court
Dr. Drive
Gdns. Gardens
Pl. Place
Rd. Road
Sq. Square
St. Street
Ter. Terrace

Remarque : certaines rues au nom trop long ne figurent pas dans cette liste.

A

Abbey Orchard St. 207 F4
Abbey St. 210 C1
Abbots La. 210 B2
Abingdon Rd. 202 A1
Abingdon St. 208 A1
Abingdon Vs. 202 A1
Adam & Eve Mews 202 B2
Adam St. 208 A3
Adam's Row 204 B1
Addington St. 208 B2
Adeline Pl. 205 F3
Adelphi Ter. 208 A3
Agar St. 208 A3
Air St. 205 E1
Alaska St. 208 C2
Albany St. 204 C5
Albemarle St. 205 D1
Albert Pl. 202 C2
Albion Close 203 F5
Albion St. 203 F5
Alder-Manbury Sq. 209 F5
Alderney St. 206 C2
Aldford St. 204 B1
Aldgate High St. 210 C4
Aldwych 208 B4
Alexander Pl. 203 E1
Alexander Sq. 203 E1
Alexander St. 202 B5
Alfred Ms. 205 E3
Alfred Pl. 205 E3
Alice St. 210 B1
Alie St. 210 C4
Allen St. 202 A2
Allington St. 207 D3
Allsop Pl. 204 A4
Ambrosden Av. 207 D3
Angel St. 209 E5
Ansdell Ter. 202 B2
Aquinas St. 208 C3
Archery Clo. 203 F5
Argyll Rd. 202 A2
Argyll St. 205 D2
Arlington St. 207 D5
Arne St. 208 A4
Arteslan Rd. 202 A5
Artillery Lane 210 C5
Artillery Row 207 E3
Arundel St. 208 C4
Ashburn Gdns. 202 C1
Ashley Pl. 207 D3
Atherstone M. 203 D1
Atterbury St. 207 F2
Augustus St. 205 D5
Austin Friars 210 A5
Avery Row 204 C2
Avon Pl. 209 F1
Aybrook St. 204 B3
Aylesford St. 207 E1
Ayres St. 209 F2
Ayrton Rd. 203 D2

B

Bainbridge St. 205 F3
Baker St. 204 A4
Balcombe St. 204 A4
Balderton St. 204 B2
Baldwins Gdns. 208 C5
Balfour Pl. 204 B1
Bank End 209 F3
Bankside 209 E3
Bark Pl. 202 B4
Barnham St. 210 B2
Baron's Pl. 209 D2
Barrett St. 204 B2
Barter St. 208 A5
Bartholomew Clo. 209 E5
Basil St. 206 A4
Basinghall Av. 209 F5
Basinghall St. 209 F5
Bateman St. 205 E2
Bath Ter. 209 E1
Bathurst Ms. 203 E5
Bathurst St. 203 E5
Battle Bridge La. 210 B3
Bayley St. 205 E3
Baylis Rd. 208 C1
Bayswater Rd. 202 B4
Bear Gdns. 209 F3
Bear St. 205 F1
Beauchamp Pl. 203 F1
Beaufort Gdns. 203 F1
Beaumont St. 204 B3
Bedford Av. 205 F3
Bedford Court 208 A3
Bedford Gdns. 202 A3
Bedford Row 208 B5
Bedford Sq. 205 F3
Bedford St. 208 A3
Bedford Way 205 F4
Beeston Pl. 206 C3
Belgrave Ms. N. 206 B4
Belgrave Ms. S. 206 B3
Belgrave Ms. W. 206 B3
Belgrave Pl. 206 B3
Belgrave Rd. 206 D2
Belgrave Sq. 206 B4
Bell La. 210 C5
Bell Wharf La. 209 F4
Belvedere Rd. 208 B2
Bentinck St. 204 C3
Berkeley Sq. 204 C1
Bermondsey St. 210 B1
Berners Ms. 205 E3
Berners St. 205 E3
Berwick St. 205 E2
Bessborough Gdns. 207 F2
Bessborough Pl. 207 F1
Bessborough St. 207 E2
Betterton St. 208 A4
Bevis Marks 210 B5
Bickenhall St. 204 A3
Bidborough St. 205 F5
Billiter St. 210 B4
Binney St. 204 C2
Birchin La. 210 A4
Birdcage Wlk. 207 D4
Bishop's Bridge 202 C5
Bishopsgate 210 B4
Blackburn Mews 204 B1
Blackfriars Bridge 209 D3
Blackfriars La. 209 D4
Blackfriars Rd. 209 D2
Blacklands Ter. 206 A2
Blandford Ms. 204 B3
Blandford St. 204 B3
Blenheim St. 204 C2
Blomfield St. 210 A5
Bloomfield Ter. 206 B2
Bloomsbury Pl. 208 A5
Bloomsbury Sq. 208 A5
Bloomsbury St. 205 F3
Bloomsbury Way 208 A5
Bolsover St. 205 D4
Bolton St. 207 D5
Borough High St. 210 A2
Borough Rd. 209 E1
Bourdon St. 204 C1
Bourne St. 206 B2
Bouverie St. 209 D4
Bow La. 209 F4
Bow St. 208 A4
Boyfield St. 209 E1
Boyle St. 205 D1
Brad St. 208 C2
Braham St. 210 C4
Bray Pl. 206 A2
Brd. Ct. 208 A4
Bread St. 209 F4
Bream's Bldgs. 208 C5
Bremner Rd. 203 D2
Bressenden Pl. 207 D3
Brewer St. 205 E1
Brick St. 206 C5
Bridge Pl. 207 D3
Bridge Rd. 209 D1
Bridge St. 208 A2
Bridle La. 205 E2
Bridstow Pl. 202 A5
Broad Sanctuary 207 F4
Broad Wlk. 204 C4
Broadbent St. 204 C1
Broadway 207 E4
Broadwick St. 205 E2
Brockham St. 209 F1
Brompton Pl. 203 F2
Brompton Rd. 203 E1
Brompton Sq. 203 F1
Brook Ms. North 203 D4
Brook St. 203 E4
Brooke St. 208 C5
Brooke's Ct. 208 C5
Brook's Ms. 204 C2
Brown Hart Gdns. 204 B2
Brown St. 203 F5
Brune St. 210 C5
Brunswick Ct. 210 B2
Brunswick Gdns. 202 B3
Brushfield St. 210 C5
Bruton Lane 205 D1
Bruton Pl. 204 C1
Bruton St. 204 C1
Bryanston Ms. E. 204 A3
Bryanston Ms. W. 204 A3
Bryanston Sq. 204 A3
Bryanston St. 204 A2
Buck Hill Wlk. 203 E4
Buck Pl. 207 D4
Buckingham Gate 207 D4
Buckingham Palace Rd. 206 C2
Buckingham St. 208 A3
Bucknall St. 205 F2
Budge's Wlk. 203 D4
Bulmer Pl. 202 A4
Bulstrode Pl. 204 B3
Bulstrode St. 204 B3
Burbage Clo. 210 A1
Burdett St. 208 C1
Burlington Arc. 205 D1
Burlington Gdns. 205 D1
Burrell St. 209 D3
Bury Pl. 208 A5
Bury St. 210 B4
Byward St. 210 B3
Bywater St. 206 A2

C

Cadogan Gate 206 A3
Cadogan Gdns. 206 A2
Cadogan Lane 206 B3
Cadogan Pl. 206 A3

Index des rues

Cadogan Sq. 206 A3
Cambridge Circus 205 F2
Cambridge Pl. 202 C2
Cambridge Sq. 203 E5
Cambridge St. 206 C2
Camomile St. 210 B5
Campden Gro. 202 A3
Campden Hill Gdns. 202 A3
Campden Hill Rd. 202 A2
Campden Hill 202 A3
Campden Ho. Clo. 202 A3
Campden St. 202 A3
Canning Pl. 202 C2
Cannon Row 208 A2
Cannon St. 209 F4
Capper St. 205 E4
Caradoc Clo. 202 A5
Carburton St. 205 D4
Cardington St. 205 E5
Carey St. 208 C4
Carlisle La. 208 B1
Carlisle Pl. 207 D3
Carlisle St. 205 E2
Carlos Pl. 204 C1
Carlton Gdns. 207 E5
Carlton House Ter. 207 E5
Carmelite St. 209 D4
Carnaby St. 205 D2
Caroline Pl. 202 B4
Caroline Ter. 206 B2
Carter La. 209 E4
Carteret St. 207 E4
Carting La. 208 B3
Cartwright Gdns. 205 F5
Cartwright St. 210 D3
Castle Baynard St. 209 E4
Cathedral St.
Bedale St. 210 A3
Catherine Pl. 207 D4
Catherine St. 208 B4
Causton St. 207 F2
Cavendish Pl. 205 D3
Cavendish Sq. 204 C2
Cavendish St. 205 D3
Caversham St. 206 A1
Caxton St. 207 E4
Cecil Court 205 F1
Centaur St. 208 C1
Central St. 208 A5
Chadwick St. 207 E3
Chagford St. 204 A4
Chalton St. 205 F5
Champerdown St. 210 C4
Chancel 209 D3
Chancery Lane 208 C5
Chandos Pl. 208 A3
Chandos St. 204 C3
Chapel Pl. 204 C2
Chapel St. 206 B4
Chaplin Clo. 209 D2
Chapter St. 207 E2
Charing Cross Rd. 205 F2
Charles II St. 205 E1
Charles St. 204 C1
Charlotte St. 205 E3
Charlwood Pl. 207 E2
Charlwood St. 207 D1
Charterhouse St. 209 D5
Cheapside Poultry 209 F4
Chelsea Bridge Rd. 206 B1
Chelsea
Embankment 206 A1
Cheltenham Ter. 206 A2
Chenies Ms. 205 E4
Chenies St. 205 E3
Chepstow Cr. 202 A4
Chepstow Pl. 202 A5
Chesham Pl. 206 B3
Chesham St. 206 B3
Chester Ms. 206 C4
Chester Rd. 204 C5
Chester Row 206 B2
Chester Sq. 206 C3
Chester St. 206 C4
Chester Ter. 204 C5
Chesterfield Gdns. 206 C5
Chesterfield Hill 204 C1
Chesterfield St. 206 C5
Cheval Pl. 203 F2
Chicheley St. 208 B2
Chichester St. 207 E1
Chiltern St. 204 B3
Chilworth Ms. 203 D5
Chilworth St. 203 D5
Chitty St. 205 E3
Christchurch St. 206 A1
Church Pl. 205 E1
Churchill Gdns. Rd. 207 D1
Churchway 205 F5
Clabon Ms. 206 A3
Clanricarde Gdns. 202 B4
Clarence Gdns. 205 D5
Clarendon Pl. 203 E5
Clarendon St. 207 D2
Clarges Ms. 204 C1
Clarges St. 206 C5
Claverton St. 207 E1
Clay St. 204 A3
Clement's Inn 208 B4
Clements La. 210 A4
Cleveland Gdns. 202 C5
Cleveland Row 207 D5
Cleveland Sq. 202 C5
Cleveland St. 205 D4
Cleveland Ter. 202 C5
Clifford St. 205 D1
Clink St. 209 F3
Clipstone Ms. 205 D4
Clipstone St. 205 D3
Cliveden Pl. 206 B2
Cloak La. 209 F4
Cloth Fair 209 E5
Cock La. 209 D5
Cockspur St. 205 F1
Coin St. 208 C3
Cole St. 209 F1
Coleman St. 209 F5
Colinbrook St. 209 D1
College St. 209 F4
Collinson St. 209 E1
Colombo St. 209 D3
Conduit Ms. 203 D5
Conduit Pl. 203 D5
Conduit St. 205 D1
Connaught Pl. 204 A2
Connaught Sq. 203 F5
Connaught St. 203 F5
Constitution Hill 206 C4
Conway St. 205 D4
Cooper's Row 210 C4
Cope Pl. 202 A1
Copperfield St. 209 E2
Copthall Av. 210 A5
Coptic St. 205 F3
Coral St. 208 C2
Cork St. 205 D1
Cornhill 210 A4
Cornwall Gdns. 202 C1
Cornwall Rd. 208 C2
Corum St. 205 F4
Cosser St. 208 C1
Cottage Pl. 203 E1
Cottesmore Gdns. 202 C1
Cottons La. 210 B3
Coulson St. 206 A2
Courtnell St. 202 A5
Covent Gdn. 208 A4
Coventry St. 205 E1
Cramer St. 204 B3
Craven Hill Gdns. 202 C4
Craven Hill Ms. 203 D5
Craven Hill 203 D4
Craven Rd. 203 D5
Craven St. 208 A3
Crawford St. 204 A3
Creechurch La. 210 B4
Crispin St. 210 C5
Cromwell Rd. 202 B1
Crosby Row 210 A2
Crosswall 210 C4
Crown Ct. 208 A4
Crown Office Row 208 C4
Crucifix Lane 210 B2
Crutched Friars 210 C4
Ct. Pl. 202 C2
Culford Gdns. 206 A2
Culross St. 204 B1
Cumberland Gate 204 A2
Cumberland Market 205 D5
Cumberland St. 206 C2
Cundy St. 206 C2
Curlew St. 210 C2
Cursitor St. 208 C5
Curzon St. 206 C5
Cutler St. 210 C5

D

D. Procter St. 208 B5
D'Arblay St. 205 E2
Dartmouth Clo. 202 A5
Dartmouth St. 207 E4
David Kenrick Pl. 204 B3
Davies Mews 204 C2
Davies St. 204 C2
Dawson Pl. 202 A4
De Vere Gdns. 202 C2
Dean Bradley St. 207 F3
Dean St. 205 E2
Deanery St. 206 B5
Dean's Yard 207 F4
Decima St. 210 B1
Denbigh Pl. 207 D2
Denbigh St. 207 D2
Denman St. 205 E1
Denmark St. 205 F2
Denyer St. 203 F1
Derby Gate 208 A2
Dering St. 204 C2
Derra St. 202 B2
Devonshire Clo. 204 C3
Devonshire Ms. S. 204 C3
Devonshire Ms. W. 204 C4
Devonshire Pl. Ms. 204 B4
Devonshire Pl. 204 B4
Devonshire Row 210 B5
Devonshire Sq. 210 B5
Devonshire St. 204 C3
Devonshire Ter. 203 D5
Dilke St. 206 A1
Distaff Lane 209 E4
Dolphin Sq. 207 E1
Donne Pl. 203 F1
Doon St. 208 C3
Doric Way 205 E5
Dorset Clo. 204 A4
Dorset Sq. 204 A4
Dorset St. 204 A3
Douglas St. 207 E2
Douro Pl. 202 C2
Dover St. 205 D1
Dowgate Hill 209 F4
Down St. Mews 206 C5
Down St. 206 C5
D'Oyley St. 206 B3
Draycott Av. 206 A2
Draycott Pl. 206 A2

Draycott Ter. 206 A2
Drayson Ms. 202 B2
Druid St. 210 C2
Drummond Cres. 205 E5
Drummond Gate 207 F2
Drummond St. 205 D4
Drury Lane 208 A5
Dryden St. 208 A4
Duchess of Bedford's Wlk. 202 A2
Duchess St. 204 C3
Duck Ln. 205 E2
Dufours Pl. 205 E2
Duke of Wellington Pl. 206 C4
Duke of York St. 205 E1
Duke St. Hill 210 A3
Duke St. 204 B2
Duke St. 207 E5
Duke's La. 202 B3
Duke's Pl. 210 C4
Duke's Rd. 205 F5
Duke's Yard 204 C2
Duncannon St. 205 F1
Durham Ter. 202 B5
Durweston St. 204 A3
Dyott St. 205 F2

E

Eagle St. 208 B5
Earlham St. 205 F2
Earls Court Rd. 202 A1
Earl's Wlk. 202 A1
Earnshaw St. 205 F2
Easley's Ms. 204 C2
East Stanhope St. 205 D5
East Tenter St. 210 D4
Eastbourne Ms. 203 D5
Eastbourne Ter. 203 D5
Eastcastle St. 205 D2
Eastcheap 210 B4
Eaton Gate 206 B3
Eaton Ms. North 206 B3
Eaton Ms. South 206 C3
Eaton Ms. West 206 B3
Eaton Pl. 206 B2
Eaton Sq. S. 206 B3
Eaton Sq. 206 B3
Eaton Ter. 206 B2
Ebury Bridge Rd. 206 C1
Ebury Bridge 206 C2
Ebury Ms. 206 C3
Ebury Sq. 206 C2
Ebury St. 206 B2
Eccleston Bridge 206 C3
Eccleston Ms. 206 B3
Eccleston Pl. 206 C3
Eccleston Sq. 207 D2
Eccleston St. 206 C3
Edgware Rd. 203 F5
Edwards Ms. 204 B2
Egerton Cres. 203 F1
Egerton Gdns. 203 E1
Egerton Ter. 203 F1
Eldon Rd. 202 C1
Eldon St. 210 A5
Elizabeth Bridge 206 C2
Elizabeth St. 206 B3
Ellis St. 206 B3
Elvaston M. 203 D1
Elvaston Pl. 202 C1
Elverton St. 207 E3
Emerson St. 209 E3
Emery Hill St. 207 E3
Emperor's Ga. 202 C1
Endell St. 208 A4
Endsleigh Gdns. 205 E4
Endsleigh St. 205 F4
Enford St. 204 A3
English Grounds 210 B3
Ennismore Gdns. Ms. 203 E2
Ennismore Gdns. 203 E2
Ennismore Gdns. 203 E2
Ennismore Ms. 203 E2
Erasmus St. 207 F2
Essex St. 208 C4
Essex Villas 202 A2
Esterbr. St. 207 E2
Euston Rd. 205 F5
Euston St. 205 E5
Euston Station Colonnade 205 E5
Euston Underpass 205 D4
Evelyn Yard 205 E3
Eversholt St. 205 E5
Ewer St. 209 E2
Exeter St. 208 A4
Exhibition Rd. 203 E1
Exton St. 208 C2

F

Fair St. 210 C2
Farm St. 204 C1
Farmer St. 202 A3
Farringdon St. 209 D5
Fashion St. 210 C5
Fenchurch Av. 210 B4
Fenchurch St. 210 B4
Fetter Lane 208 C4
Finsbury Av. 210 A5
Finsbury Circus 210 A5
First St. 203 F1
Fisher St. 208 B5
Fitzhardinge St. 204 B2
Fitzroy Mews 205 D4
Fitzroy Sq. 205 D4
Fitzroy St. 205 D4
Flaxman Ter. 205 F5
Fleet St. 208 C4
Floral St. 208 A4
Foley St. 205 D3
Fore St. 209 F5
Forset St. 203 F5
Foster Lane 209 E4
Foubert's Pl. 205 D2
Fournier St. 210 C5
Francis St. 207 D3
Frankland Rd. 203 D1
Franklin's Row 206 A2
Frazier St. 208 C1
Frith St. 205 E2
Furnival St. 208 C5

G

Gainsford St. 210 C2
Gambia St. 209 D2
Ganton St. 205 D2
Garden Row 209 D1
Garlick Hill 209 F4
Garrick St. 205 F1
Garway Rd. 202 B5
Gate St. 208 B5
Gatliff Rd. 206 C1
Gaywood St. 209 E1
Gdns. Cadogan 206 A3
Gdns. Pembridge 202 A4
Gdns. Sq. 202 B5
Gdns. Ter. 202 B3
Gdns. Victoria St. 207 D3
George St. 203 F5
George St. 204 A2
George Yard 204 B2
Geraldine St. 209 D1
Gerrard St. 205 E1
Gerridge St. 209 D1
Gilbert Pl. 208 A5
Gilbert St. 204 C2
Gillingham St. 207 D2
Giltspur St. 209 E5
Gladsstone St. 209 D1
Glasgow Ter. 207 D1
Glasshouse St. 205 E1
Glentworth St. 204 A4
Gloucaster Ms. West 202 C5
Gloucester Ct. 210 B3
Gloucester Ms. 203 D5
Gloucester Pl. M. 204 A3
Gloucester Pl. 204 A3
Gloucester Rd. 202 C1
Gloucester Sq. 203 E5
Gloucester St. 207 D1
Gloucester Ter. 202 B5
Gloucester Wlk. 202 A3
Godliman St. 209 E4
Golden Sq. 205 E1
Goodge St. 205 E3
Goodmans Yd. 210 C4
Gordon Pl. 202 A3
Gordon Sq. 205 F4
Gordon St. 205 E4
Gore St. 203 D1
Gosfield St. 205 D3
Gough Sq. 209 D4
Goulston St. 210 C5
Gower Mews 205 F3
Gower Pl. 205 E4
Gower St. 205 E4
Gr. Windmill St. 205 E1
Gracechurch St. 210 A4
Grafton M. 205 D4
Grafton St. 205 D1
Grafton Way 205 D4
Graham Ter. 206 B2
Grange Ct. 208 B4
Grange Rd. 210 B1
Grange Wlk. 210 B1
Grange Yard 210 C1
Grape St. 208 A5
Gravel La. 210 C5
Gray St. 209 D2
Gray's Inn Sq. 208 C5
Great Castle St. 205 D2
Great Central St. 204 A4
Great Chapel St. 205 E2
Great College St. 207 F3
Great Cumberland Pl. 204 A2
Great Dover St. 210 A1
Great George St. 207 F4
Great Guildford St. 209 E3
Great Marlborough St. 205 D2
Great Maze Pond 210 A2
Great Peter St. 207 E3
Great Portland St. 205 D3
Great Pulteney St. 205 E2
Great Queen St. 208 A4
Great Russell St. 205 F3
Great Scotland Yd. 208 A3
Great Smith St. 207 F4
Great Suffolk St. 209 E2
Great Titchfield St. 205 D3
Great Tower St. 210 B4
Great Winchester St. 210 A5
Greek St. 205 F2
Green St. 204 B2
Greencoat Pl. 207 E3
Greenham Clo. 208 C1
Greenwell St. 205 D4
Greet St. 209 D2
Grenville Pl. 202 C1
Gresham St. 209 F4
Gresse St. 205 E3
Greville St. 208 C5
Greycoat Pl. 207 E3
Greycoat St. 207 E3
Groom Pl. 206 C4

Grosvenor Cr. Ms. 206 B4
Grosvenor Cres. 206 B4
Grosvenor Gdns. 206 C3
Grosvenor Hill 204 C1
Grosvenor Pl. 206 C4
Grosvenor Rd. 207 D1
Grosvenor Sq. 204 B1
Grosvenor St. 204 C1
Guildhouse St. 207 D2
Gutter La. 209 F5
Guy St. 210 A2

H

Half Moon St. 206 C5
Halkin St. 206 B4
Hallam St. 205 D3
Hallfield Estate 202 C5
Halsey St. 203 F1
Hamilton Pl. 206 C5
Hampstead Rd. 205 D5
Hanover Sq. 205 D2
Hanover St. 205 D2
Hans Cres. 206 A4
Hans Pl. 206 A3
Hans St. 206 A3
Hanson St. 205 D3
Hanway St. 205 E3
Harewood Pl. 205 D2
Harley Pl. 204 C3
Harley St. 204 C3
Harper Rd. 209 F1
Harriet Wlk. 206 A4
Harrington Rd. 203 D1
Harrington St. 205 D5
Harrow Pl. 210 C5
Harrowby St. 203 F5
Hasker St. 203 F1
Hatfields 209 D3
Hatherley Gro. 202 B5
Hatton Garden 209 D5
Hay Hill 205 D1
Haydon St. 210 C4
Haymarket 205 E1
Hays La. 210 B3
Hay's Ms. 204 C1
Headfort Pl. 206 B4
Heddon St. 205 D1
Heneage St. 210 D5
Henrietta Pl. 204 C2
Henrietta St. 208 A4
Herbrand St. 205 F4
Hercules Rd. 208 C1
Hereford Rd. 202 A5
Herrick St. 207 F2
Hertford St. 206 C5
Hide Pl. 207 E2
High Holborn 208 A5
High St. 209 F2
High Timber St. 209 E4
Hill Notting Gate 202 A4
Hill St. 204 C1
Hillgate Pl. 202 A3
Hillgate St. 202 A3
Hind Ct. 209 D4
Hinde St. 204 B2
Hobart Pl. 206 C3
Holbein Ms. 206 B2
Holbein Pl. 206 B2
Holborn Circus 209 D5
Holborn Viaduct 209 D5
Holland St. 202 A2
Holland St. 209 E3
Holland Wlk. 202 A2
Holles St. 204 C2
Hop Gdns. 205 F1
Hopkins St. 205 E2
Hopton St. 209 E3
Horbura Cr. 202 A4
Hornton Pl. 202 B2
Horriton St. 202 A3
Horriton St. 202 B2
Horse Guards 207 F5
Horse Ride 207 E5
Horseferry Rd. 207 E3
Horseguards Av. 208 A2
Horselydown La. 210 C2
Hosier La. 209 D5
Houndsditch 210 B5
Howick Pl. 207 E3
Howland St. 205 D3
Hungerford Bridge 208 B3
Hungerford La. 208 A3
Huntley St. 205 E3
Huntsworth M. 204 A4
Hyde Park Corner 206 B4
Hyde Park Cr. 203 E5
Hyde Park Gate 202 C2
Hyde Park Gdns. Ms. 203 E5
Hyde Park Gdns. 203 E4
Hyde Park Sq. 203 E5
Hyde Park St. 203 E5

I

Ilchester Gdns. 202 B4
Imperial College Rd. 203 D1
Ingestre Pl. 205 E2
Inner Circle 204 B4
Inver. Pl. 202 C4
Inverness Ter. 202 C5
Ironmonger La. 209 F4
Irving St. 205 F1
Iverna Ct. 202 B2
Iverna Gdns. 202 B2
Ivybridge Lane 208 A3

J

J. Prince's St. 205 D2
J.Carpenter St. 209 D4
James St. 204 B2
Jameson St. 202 A3
Jay Ms. 203 D2
Jermyn St. 205 D1
Jewry St. 210 C4
Joan St. 209 D2
Jockey's Fields 208 B5
John Adam St. 208 A3
John Islip St. 207 F2
Johnson's Pl. 207 D1

K

Kean St. 208 B4
Keeley St. 208 B4
Kelso Pl. 202 B1
Kemble St. 208 B4
Kendal St. 203 F5
Kennington Rd. 208 C1
Kens Ch. Wlk. 202 B2
Kensington Church St. 202 A3
Kensington Court 202 C2
Kensington Ct. 202 B2
Kensington Gate 202 C2
Kensington Gdns. Sq. 202 B5
Kensington Gore 203 D2
Kensington High St. 202 A2
Kensington Palace Gdns. 202 B3
Kensington Pl. 202 A3
Kensington Rd. 202 C2
Kepple Row 209 E2
Keyworth St. 209 E1
Kildare Gdns. 202 B5
Kildare Ter. 202 B5
King Charles St. 207 F4
King Edward St. 209 E5
King Edward Wlk. 208 C1
King James St. 209 E1
King St. 207 E5
King William St. 210 A4
King's Bench St. 209 E2
Kingly St. 205 D2
Kings Arms Yd. 210 A5
King's Bench Wlk. 208 C4
Kings Head 210 A2
King's Rd. 206 A2
King's Scholar's Pass. 207 D3
Kinnerton St. 206 B4
Kipling St. 210 A2
Knightsbridge 206 A4
Knox St. 204 A3
Kynance Ms. 202 C1

L

Lafone St. 210 C2
Lamb Wlk. 210 B1
Lambeth Palace Rd. 208 B1
Lancaster Gate 203 D4
Lancaster Ms. 203 D4
Lancaster Pl. 208 B4
Lancaster St. 209 D1
Lancaster Ter. 203 D4
Lancaster Wlk. 203 D3
Lancelot Pl. 203 F2
Langham Pl. 205 D3
Langham St. 205 D3
Langley St. 205 F2
Lansdowne Row 204 C1
Lant St. 209 E2
Launceston Pl. 202 C1
Laurence Pountney La. 210 A4
Lavington St. 209 E2
Law St. 210 A1
Leadenhall St. 210 B4
Leake St. 208 B2
Leathermarket St. 210 B2
Ledbury Rd. 202 A5
Lees Pl. 204 B2
Leicester Court 205 F1
Leicester Pl. 205 F1
Leicester Sq. 205 F1
Leicester St. 205 F1
Leigh Hunt St. 209 E2
Leinster Gdns. 202 C5
Leinster Ms. 202 C4
Leinster Pl. 202 C5
Leinster Sq. 202 B5
Leinster Ter. 202 C4
Lennox Gdns. 203 F1
Lewisham St. 207 F4
Lexham Gdns. 202 B1
Lexham M. 202 B1
Lexington St. 205 E2
Leyden St. 210 C5
Lime St. 210 B4
Lincoln's Inn Fields 208 B5
Linden Gdns. 202 A4
Linden Palace 202 A4
Lindsey St. 209 E5
Lion Hill 209 E4
Lisle St. 205 F1
Little Britain 209 E5
Little Chester St. 206 C4
Little Dorrit Ct. 209 F2
Little George St. 207 F4
Little New St. 209 D5
Little Russell St. 208 A5
Little Sanctuary 207 F4
Little Portland St. 205 D3
Liverpool St. 210 B5
Livonia St. 205 E2
Lloyd's Av. 210 C4
Lodson St. 209 D1
Logan Pl. 202 A1
Loman St. 209 E2
Lombard St. 210 A4

London Bridge St. 210 A3
London Bridge 210 A3
London Gate 206 B1
London Ms. 203 E5
London Rd. 209 E1
London St. 203 D5
London Wall 209 F5
Long Acre 208 A4
Long Lane 209 E5
Longford St. 205 D4
Longmoore St. 207 D2
Lothbury 210 A4
Lovat La. 210 B3
Love La. 209 F5
Lovers' Wlk. 206 B5
Lower Belgrave St. 206 C3
Lower Grosvenor Pl. 206 C3
Lower Marsh 208 C1
Lower Sloane St. 206 B2
Lower Thames St. 210 A3
Lowndes Pl. 206 B3
Lowndes Sq. 206 A4
Lowndes St. 206 B3
Ludgate Circus 209 D4
Ludgate Hill 209 D4
Lupus St. 206 C1
Lupus St. 207 D1
Luxborough St. 204 B4
Lyall St. 206 B3

M

Macklin St. 208 A5
Maddox St. 205 D2
Magdalen St. 210 B2
Maiden La. 208 A3
Maidstone Bdgs. 209 F2
Malet St. 205 E4
Maltby St. 210 C1
Manchester Sq. 204 B2
Manchester St. 204 B3
Manciple St. 210 A1
Mande-Ville Pl. 204 B2
Mansell St. 210 C4
Mansfield St. 204 C3
Maple St. 205 D4
Marble Arch 204 A2
Margaret St. 205 D2
Margaret St. 207 F4
Mark Lane 210 B4
Market Ms. 206 C5
Market Pl. 205 D2
Marlborough Rd. 207 E5
Marloes Rd. 202 B1
Marshall St. 205 D2
Marshalsea Rd. 209 F2
Marsham St. 207 F3
Martlett Court 208 A4
Marylebone High St. 204 B3
Marylebone Lane 204 B2
Marylebone Rd. 204 A3
Marylebone St. 204 B3
Mason's Yard 207 E5
Mat. Parker St. 207 F4
Maunsel St. 207 E3
Mayfair Pl. 205 D1
McLeod's Ms. 202 C1
Medway St. 207 E3
Melbury Ct. 202 A2
Melcombe St. 204 A4
Melior St. 210 B2
Melton St. 205 E5
Mepham St. 208 C2
Mercer St. 205 F2
Mermaid Ct. 209 F2
Merrick Sq. 209 F1
Meymott St. 209 D2
Middle St. 209 E5
Middle Temple La. 208 C4
Middlesex St. 210 C5
Midland Rd. 205 F5
Milcote St. 209 D1
Milford La. 208 C4
Milk St. 209 F4
Millbank 207 F2
Millstream St. 210 C1
Milner St. 203 F1
Mincing La. 210 B4
Minories 210 C4
Mint St. 209 E2
Mitre Ct. 208 C4
Mitre Rd. 209 D2
Mitre St. 210 C4
Monck St. 207 F3
Monmouth Rd. 202 B5
Monmouth St. 205 F2
Montagu Ms. N. 204 A3
Montagu Ms. W. 204 A3
Montagu Ms. 204 A3
Montagu Pl. 204 A3
Montagu Row 204 A3
Montagu Sq. 204 A3
Montagu St. 204 A2
Montague Pl. 205 F3
Montague St. 205 F3
Montpelier Pl. 203 F2
Montpelier Sq. 203 F2
Montpelier St. 203 F2
Montpelier Wlk. 203 F2
Montrose Pl. 206 B4
Monument St. 210 A3
Moor Lane 209 F5
Moore St. 206 A3
Moorfields 210 A5
Moorgate 210 A5
Moorhouse Rd. 202 A5
Moreton Pl. 207 E2
Moreton St. 207 E2
Moreton Ter. 207 E2
Morgan's La. 210 B2
Morley St. 208 C1
Morpeth Ter. 207 D3
Morrocco St. 210 B1
Mortimer St. 205 D3
Morwell St. 205 F3
Moscow Rd. 202 B4
Mossop St. 203 F1
Motcomb St. 206 B4
Mount Row 204 C1
Mount St. 204 B1
Moxon St. 204 B3
Munster Sq. 205 D4
Murphy St. 208 C1
Museum St. 208 A5

N

Nassau St. 205 D3
Neal St. 205 F2
Neathouse Pl. 207 D3
Needham Rd. 202 A5
Nelson Sq. 209 D2
New Bond St. 204 C2
New Brd. St. 210 B5
New Bridge St. 209 D4
New Burlington Pl. 205 D2
New Burlington St. 205 D1
New Cavendish St. 204 B3
New Change 209 E4
New Compton St. 205 F2
New Fetter Lane 208 C5
New Oxford St. 208 A5
New Ride 203 F2
New Row 208 A4
New Sq. 208 C5
New St. 209 D5
New St. 210 B5
New Union St. 210 A5
Newcombe St. 202 A4
Newcomen St. 210 A2
Newgate St. 209 E5
Newham Row 210 B1
Newham Ter. 208 C1
Newington Causeway 209 E1
Newman St. 205 E3
Newport Court 205 F2
Newton Rd. 202 B5
Newton St. 208 A5
Nicholson St. 209 D2
Noble St. 209 E5
Noel St. 205 E2
Norfolk Crescent 203 F5
Norfolk Pl. 203 E5
Norfolk Sq. 203 E5
North Audley St. 204 B2
North Crescent 205 E3
North Gower St. 205 D5
North Ride 203 E4
North Row 204 B2
North Tenter St. 210 C4
North Wlk. 203 D4
Northumberland Av. 208 A3
Northumberland Pl. 202 A5
Northumberland St. 208 A3
Norwich St. 208 C5
Notting Hill 202 A4
Nottingham Pl. 204 B4
Nottingham St. 204 B3
Nutford Pl. 203 F5

O

Observ. Gdns. 202 A3
Old Bailey 209 D4
Old Bond St. 205 D1
Old BRd. St. 210 A4
Old Burlington St. 205 D1
Old Castle St. 210 C5
Old Cavendish St. 204 C2
Old Compton St. 205 E2
Old Jewry 209 F4
Old Palace Yd. 208 A1
Old Park La. 206 C5
Old Quebec St. 204 A2
Oldbury Pl. 204 B4
Orange St. 205 F1
Orchard St. 204 B2
Orme Ct. 202 B4
Orme La. 202 B4
Ormonde Gate 206 A1
Orsett Ms. 202 C5
Orsett Ter. 202 C5
Ossington St. 202 B4
Ossulston St. 205 F5
Osten Ms. 202 C1
Outer Circle 204 B4
Ovington Gdns. 203 F1
Ovington Sq. 203 F1
Ovington St. 203 F1
Oxendon St. 205 E1
Oxford Circus 205 D2
Oxford Sq. 203 F5
Oxford St. 204 B2

P

Paddington St. 204 B3
Page St. 207 F3
Palace Avenue 202 B3
Palace Court 202 B4
Palace Gate 202 C2
Palace Gdns. Ms. 202 B4
Palace Green 202 B3
Palace St. 207 D3
Palace 207 D4
Pall Mall East 205 F1
Pall Mall 207 E5
Palmer St. 207 E4
Pan-Ton St. 205 E1

Paradise Wlk. 206 A1
Pardoner St. 210 A1
Paris Gdn. 209 D3
Park Cr. Ms. East 204 C4
Park Crescent 204 C4
Park Lane 204 A1
Park Lane 206 B5
Park Rd. 202 B5
Park Rd. 204 A4
Park Sq. E. 204 C4
Park Sq. W. 204 C4
Park St. 204 B1
Park St. 209 E3
Park St. 209 F3
Park West Pl. 203 F5
Parker St. 208 A5
Parliament Sq. 207 F4
Parliament St. 207 F4
Passmore St. 206 B2
Pater St. 202 A1
Paternoster Sq. 209 E4
Paul's Wlk. 209 E4
Pavilion Rd. 206 A3
Peabody Av. 206 C1
Peabody Bldgs. 209 E3
Peak Pl. 207 D5
Pearman St. 208 C1
Peel St. 202 A3
Pelham St. 203 E1
Pembridge Cr. 202 A4
Pembridge Ms. 202 A4
Pembridge Pl. 202 A4
Pembridge Rd. 202 A4
Pembridge Sq. 202 A4
Pembridge Villas 202 A5
Pembroke Close 206 B4
Pembroke Gdns. Clo. 202 A1
Pembroke Gdns. 202 A1
Pembroke Rd. 202 A1
Pembroke Sq. 202 A1
Pembroke Wlk. 202 A1
Pepys St. 210 C4
Percy St. 205 E3
Peter St. 205 E2
Petersburgh Ms. 202 B4
Petersham La. 202 C1
Petersham M. 202 C1
Petersham Pl. 202 C1
Peto Pl. 204 C4
Petty France Broadw. 207 E4
Phil-Gdns. Clo. 202 A2
Phillimore Gdns. 202 A2
Phillimore Pl. 202 A2
Phillimore Wlk. 202 A2
Philpot La. 210 B4
Phoenix Rd. 205 E5
Piccadilly Circus 205 E1
Piccadilly 205 D1
Picton Pl. 204 B2
Pilgrim St. 209 D4
Pilgrimage St. 210 A1
Pimlico Rd. 206 B2
Pitt St. 202 A2
Pitt's Head Ms. 206 C5
Plumtree Ct. 209 D5
Pocock St. 209 D2
Poland St. 205 E2
Policeman's Wlk. 203 F4
Pollen St. 205 D2
Ponsonby Pl. 207 F2
Ponsonby Ter. 207 F2
Pont St. 206 A3
Pope St. 210 C1
Poplar Pl. 202 B4
Porchester Gdns. 202 B5
Porchester Pl. 203 F5
Porchester Rd. 202 B5
Porchester Sq. 202 C5
Porchester St. 203 E5
Porchester Ter. N. 202 C5
Porchester Ter. 202 C4
Porlock St. 210 A2
Porter St. 204 A3
Portland Pl. 204 C3
Portman Clo. 204 B2
Portman Ms. 204 B2
Portman Sq. 204 B2
Portman St. 204 B2
Portsea Pl. 203 F5
Portsoken St. 210 C4
Portugal St. 208 B4
Potier St. 210 A1
Praed St. 203 E5
Prescot St. 210 C4
Prince Consort Rd. 203 D2
Prince of Wales Ter. 202 C2
Prince's Gdns. 203 E2
Prince's Ms. 202 B4
Princes St. 205 D2
Prince's St. 210 A4
Prince's Ter. Pl. 202 B4
Princeton St. 208 B5
Printer Sq. 209 D5
Providence Court 204 B2
Puddle Dock 209 D4
Purbrook St. 210 C1

Q

Queen Anne St. 204 C3
Queen Anne's Gate 207 E4
Queen Elizabeth St. 210 C2
Queen St. Pl. 209 F4
Queen St. 206 C5
Queen St. 209 F4
Queen Victoria St. 209 E4
Queen's Garden 202 C5
Queen's Gate Gdns. 202 C1
Queen's Gate Gds. 203 D1
Queen's Gate Ms. 202 C2
Queen's Gate Ms. 203 D2
Queen's Gate Pl. M. 203 D1
Queen's Gate Pl. 203 D1
Queen's Gate Ter. 203 D2
Queen's Gate 203 D2
Queen's Mews 202 B4
Queen's Wlk. 207 D5
Queensborough Ter. 202 C4
Queensway 202 B4

R

R. Adam St. 204 B3
Radnor Pl. 203 E5
Railway App. 210 A3
Ralston St. 206 A1
Ramillies St. 205 D2
Rampayne St. 207 E2
Ranelagh Gro. 206 B2
Raphael St. 203 F2
Rathbone Pl. 205 E3
Rathbone St. 205 E3
Rawlings St. 203 F1
Rd. Chepstow 202 A5
Red Lion Sq. 208 B5
Red Lion St. 208 B5
Red Pl. 204 B2
Redan Pl. 202 B5
Redcross Way 209 F2
Rede Pl. 202 A5
Redfield La. 202 B1
Redhill St. 205 D5
Reeves Ms. 204 B1
Regency St. 207 F2
Regent St. 205 D2
Remnant St. 208 B5
Rennie St. 209 D3
Rephidim St. 210 B1
Rex Pl. 204 B1
Richmond Mews 205 E2
Richmond Ter. 208 A2
Ridgmount Gdns. 205 E4
Ridgmount St. 205 E3
Riding House St. 205 D3
Riley Rd. 210 C1
Robert St. 205 D5
Robert St. 208 A3
Rochester Row 207 E3
Rockingham St. 209 E1
Rodmarton St. 204 A3
Romilly St. 205 F2
Romney St. 207 F3
Rood La. 210 B4
Ropemaker St. 210 A5
Rose All. 209 F3
Rotary St. 209 D1
Rothsay St. 210 B1
Rotten Row 203 F3
Rotten Row 206 A5
Roupell St. 208 C2
Row Kingsway 208 B5
Royal Avenue 206 A2
Royal Hospital Rd. 206 A1
Royal St. 208 B1
Rupert St. 205 E2
Rushworth St. 209 E2
Russel St. 208 B4
Russell Sq. 205 F4
Russia Row 209 F4
Rutherford St. 207 E3
Rutland Gate 203 F2
Ryder St. 207 D5

S

S. Edwardes Sq. 202 A1
Sackville St. 205 D1
Saffron Hill 209 D5
Salisbury Dorset Rise Ct. 209 D4
Salisbury Sq. 209 D4
Sandwich St. 205 F5
Sardinia St. 208 B4
Savile Row 205 D1
Savoy Hill 208 B3
Savoy Pl. 208 B3
Savoy St. 208 B3
Savoy Way 208 B3
Sawyer St. 209 E2
Scala St. 205 E3
Scarborough St. 210 C4
Scarsdale Pl. 202 B2
Scarsdale Vs. 202 A1
Scoresby St. 209 D2
Scovell Rd. 209 E1
Seacoal La. 209 D4
Sedley Pl. 204 C2
Seething La. 210 B4
Semley Pl. 206 C2
Serle St. 208 C5
Serpentine Rd. 203 E3
Serpentine Rd. 206 B5
Seymour Ms. 204 B2
Seymour Pl. 204 A3
Seymour St. 203 F5
Seymour St. 204 A2
Shad Thames 210 C2
Shaftesbury Av. 205 E1
Shand St. 210 B2
Sheffield Ter. 202 A3
Sheldrake Pl. 202 A2
Shelton St. 208 A4
Shepherd St. 206 C5
Sherwood St. 205 E1
Shoe La. 209 D5
Short Gdns. 205 F2
Short Gdns. 208 A4
Shrewsbury Rd. 202 A5

Sicilian Avenue 208 A5
Silex St. 209 E1
Skipton St. 209 E1
Sloane Ct. East 206 B2
Sloane Ct. West 206 B2
Sloane Gdns. 206 B2
Sloane Sq. 206 B2
Sloane St. 206 A3
Smart's St. 208 A5
Smith Sq. 207 F3
Smith St. 206 A2
Smith Ter. 206 A1
Smithfield St. 209 D5
Snow Hill 209 D5
Snowsfields 210 A2
Soho Sq. 205 E2
Somers Ms. 203 E5
South Audley St. 204 B1
South Carriage Dr. 203 E2
South Carriage Dr. 206 B4
South Crescent 205 E3
South End Row 202 B2
South End St. 202 B2
South Molton La. 204 C2
South Molton St. 204 C2
South Pl. 210 A5
South St. 204 B1
South Tenter St. 210 C4
South Ter. 203 E1
South Wharf Rd. 203 E5
Southamp.St. 208 A4
Southampton Bldgs. 208 C5
Southampton Pl. 208 A5
Southwark Bridge Rd. 209 E1
Southwark Bridge 209 F3
Southwell Gdns. 202 C1
Southwick St. 203 E5
Spa Rd. 210 C1
Spenser St. 207 D3
Spring Gdns. 207 F5
Spring St. 203 D5
Spur Rd. 208 C2
Spur Rd. 207 D4
Spurgeon St. 210 A1
Sq. Kensington 202 B2
Sq. Prince's 202 B4
St Alban's Gro. 202 C2
St Alban's St. 205 E1
St Andrew St. 209 D5
St Andrew's Hill 209 E4
St Annes Ct. 205 E2
St Ann's St. 207 F3
St Anselm's Pl. 204 C2
St Barnabas St. 206 B2
St Botolph St. 210 C4
St Bride St. 209 D4
St Cadogan 206 A2
St George St. 205 D2
St George's Dr. 207 D2
St George's Fields 203 F5
St George's Rd. 209 D1
St George's Sq. Ms. 207 E1
St George's Sq. 207 E1
St Giles High St. 205 F2
St James St. 208 A4
St James's Pl. 207 D5
St James's Sq. 207 E5
St James's St. 207 D5
St Katherine's Way 210 D3
St Leonhard's Ter. 206 A1
St Margaret's La. 202 B1
St Martin's le Grand 209 E5
St Martin's L. 205 F2
St Martin's St. 205 F1
St Mary at Hill 210 B3
St Mary Axe 210 B4
St Mary's Pl. 202 B1
St Paul's Churchyd. 209 E4
St Petersburgh 202 B4
St Swithins La. 210 A4
St Thomas St. 210 B2
St Vincent St. 204 B3
St Martins Court 205 F1
Stable Yd. 207 D5
Stafford Pl. 207 D4
Stafford St. 205 D1
Stafford Ter. 202 A2
Stag Pl. 207 D3
Stamford St. 208 C3
Stanford Rd. 202 C1
Stanhope Gate 206 B5
Stanhope Gdns. 203 D1
Stanhope Hyde Pk. Gdns. 203 E4
Stanhope M. E. 203 D1
Stanhope M. W. 203 D1
Stanhope Pl. 203 F5
Stanhope Ter. 203 E4
Staple St. 210 A1
Starcross St. 205 E5
Station Approach 208 C2
Stephen Mews 205 E3
Stephen St. 205 E3
Sterry St. 210 A1
Stillington St. 207 E3
Stone Bldgs. 208 C5
Stonecutter St. 209 D5
Stoney La. 210 C5
Stoney St. 209 F3
Store St. 205 E3
Storey's Gate 207 F4
Strand 208 A3
Stratford Pl. 204 C2
Stratford Rd. 202 A1
Stratton St. 205 D1
Stratton St. 207 D5
Streatham St. 205 F3
Strutton Grnd. 207 E3
Stukeley St. 208 A5
Suffolk St. 205 F1
Suffolk St. 209 E2
Sugar Quay Wlk. 210 B3
Sumner Bldgs. 209 E3
Sumner St. 209 E3
Sunderland Ter. 202 B5
Surrey Row 209 D2
Surrey St. 208 B4
Sussex Gdns. 203 E5
Sussex Pl. 203 E5
Sussex Pl. 204 A4
Sussex Sq. 203 E5
Sussex St. 207 D1
Sutherland Pl. 202 A5
Sutherland St. 206 C2
Sutton Row 205 F2
Swallow St. 205 E1
Swan St. 209 F1
Symons St. 206 A2

T

T.-Doyle St. 209 E1
Tabard St. 209 F2
Tachbrook St. 207 E2
Talbot Rd. 202 A5
Tallis St. 209 D4
Tanner St. 210 B2
Tavistock Pl. 205 F4
Tavistock St. 208 A4
Taviton St. 205 E4
Tedworth Sq. 206 A1
Temple Av. 209 D4
Temple La. 209 D4
Temple Pl. 208 C4
Tennis St. 210 A2
Tension Way 208 C2
Ter. Craven 203 D4
Terminus Pl. 207 D3
Thackeray St. 202 B2
Thanet St. 205 F5
Thayer St. 204 B3
The Brd. Wlk. 202 C3
The Cut 209 D2
The Dial Wlk. 202 C3
The Flower Wlk. 203 D2
The Grange 210 C1
The Mall 207 F5
The Queen's Wlk. 209 D3
The Ring (West Carriage Dr.) 203 E4
Theed St. 208 C2
Thirleby Rd. 207 E3
Thornton Pl. 204 A3
Thrale St. 209 F2
Thraw St. 210 C5
Threadneedle St. 210 A4
Three Barrels Wlk. 209 F3
Three King's Yd. 204 C1
Three Oak La. 210 C2
Throgmorton Av. 210 A5
Throgmorton St. 210 A4
Thurloe Pl. 203 E1
Tilney St. 206 B5
Tite St. 206 A1
Tooley St. 210 A3
Tor Gdns. 202 A3
Toria Gro. 202 C2
Torrington Pl. 205 E4
Torrington Sq. 205 F4
Tothill St. 207 F4
Tottenham Court Rd. 205 E4
Tottenham St. 205 E3
Toulmint St. 209 E2
Tower Bridge App. 210 C3
Tower Bridge Rd. 210 C2
Tower Bridge 210 C3
Tower Hill 210 C3
Toynbee St. 210 C5
Trafalgar Sq. 205 F1
Travistock Sq. 205 F4
Trebeck St. 206 C5
Trevor Pl. 203 F2
Trevor Sq. 203 F2
Trinity Sq. 209 F1
Trinity St. 209 F1
Tudor St. 209 D4
Tufton St. 207 F3
Turks Row 206 A2
Turpentine La. 206 C1
Tyers Gate 210 B2

U

Ufford St. 209 D2
Underpass Piccadilly 206 C5
Union St. 209 D2
University St. 205 E4
Up. Belgrave St. 206 B4
Up. Berkeley St. 204 A2
Up. Brook St. 204 B1
Up. Grosvenor St. 204 B1
Up. Ground 208 C3
Up. Ground 209 D3
Up. Harley St. 204 C4
Up. Marsh 208 B1
Up. Montagu St. 204 A3
Up. Thames St. 209 E4
Up. Wimpole St. 204 C3
Upbrook Ms. 203 D5
Upper Woburn Pl. 205 F4
Upr. Phillimore Gdns. 202 A2
Uxbridge St. 202 A3

V

Valentine Pl. 209 D2
Varndell St. 205 D5
Vauxhall Bridge Rd. 207 D3

Vauxhall Bridge 207 F1
Vere St. 204 C2
Vernon Pl. 208 A5
Vicarage Gate 202 B3
Vicarage Gdns. 202 B3
Victoria Embankment 208 A2
Victoria Gdns. 202 A4
Victoria Gro. 202 C2
Victoria Rd. 202 C2
Villiers St. 208 A3
Vincent Sq. 207 E2
Vincent St. 207 F2
Vine St. 210 C4

W

Walpole St. 206 A2
Walton St. 203 F1
Wardour Ms. 205 E2
Wardour St. 205 E2
Warren Mews 205 D4
Warren St. 205 D4
Warwick House St. 207 F5
Warwick La. 209 E5
Warwick Row 207 D4
Warwick Sq. 207 D2
Warwick St. 205 D1
Warwick Way 206 C2
Waterloo Bridge 208 B3
Waterloo Pl. 207 E5
Waterloo Rd. 208 C2
Watling St. 209 F4
Waverton St. 204 C1
Webber Row 209 D1
Webber St. 209 D2
Weighhouse St. 204 C2
Welbeck St. 204 C2
Welbeck Way 204 C3
Weller St. 209 E2
Wellington St. 208 B4
Wells St. 205 D3
Well's Way 203 D2
Wentworth St. 210 C5
West Eaton Pl. 206 B3
West Halkin St. 206 B4
West Ms. 204 C4
West Rd. 206 A1
West Smithfield 209 E5
West St. 205 F2
West Tenter St. 210 C4
Westbourne Cres. 203 D5
Westbourne Gdns. 202 B5
Westbourne Grove 202 B5
Westbourne St. 203 D4
Westbourne Ter. 203 D5
Westminster Bridge 208 A2
Westmoreland Pl. 207 D1
Westmoreland St. 204 C3
Westmoreland Ter. 206 C1
Weston St. 210 A1
Weymouth Mews 204 C3
Weymouth St. 204 C3
Whetstone Park 208 B5
Whitcomb St. 205 F1
White Horse St. 206 C5
White Lion Hill 209 E4
Whitechapel High St. 210 C5
Whitefriars St. 209 D4
Whitehall Ct. 208 A2
Whitehall Pl. 208 A2
Whitehall 207 F5
White's Grounds 210 B2
White's Row 210 C5
Whitfield St. 205 E3
Whittlesey St. 208 C2
Wigmore Pl. 204 C3
Wigmore St. 204 B2
Wild Ct. 208 B4
Wild St. 208 A4
Wild's Rents 210 B1
Wilfred St. 207 D4
William IV St. 208 A3
William Ms. 206 A4
William Rd. 205 D5
Wilton Cres. 206 B4
Wilton Ms. 206 C4
Wilton Pl. 206 B4
Wilton Rd. 207 D3
Wilton Row 206 B4
Wilton St. 206 C4
Wilton Ter. 206 B4
Wimpole Ms. 204 C3
Wimpole St. 204 C3
Winchester St. 207 D2
Winchester Wlk. 209 F3
Windmill St. 205 E3
Windmill Wlk. 208 C2
Wine Office Ct. 209 D4
Winsland Ms. 203 D5
Winsland St. 203 D5
Winsley St. 205 D2
Woburn Pl. 205 F4
Woburn Sq. 205 F4
Wood St. 209 F4
Woodfall St. 206 A1
Woods Ms. 204 B1
Woodstock St. 204 C2
Wootton St. 208 C2
Wormwood St. 210 B5
Wright's Lane 202 B2
Wyndham St. 204 A3
Wythburn Pl. 204 A2

Y

Yeoman's Row 203 F1
York Bdgs. 208 A3
York Gate 204 B4
York Rd. 208 B2
York St. 204 A3
York Ter. E. 204 B4
York Ter. W. 204 B4
Young St. 202 B2

Z

Zoar St. 209 E3

A

Abbey Museum 100
Acheter 44
City 92
Covent Garden, Bloomsbury et Soho 167
Knightsbridge, Kensington et Chelsea 142
St James's, Mayfair et Piccadilly 67
Westminster et South Bank 118
Admiral's House 189
Aéroports 34
Afternoon tea 42
Albert Memorial 122, 137
All Hallows-by-the-Tower 194
Ambassades et consulats 200
Argent 197
Astronomy Centre 186
Assurances 200
Auberges de jeunesse 38
Avion 34, 197

B

Bank of England 183
Bank of England Museum 31, 86, 182
Banqueting House 62
Barbican Centre 46, 92
Barbican Estate 69
Bars et Pubs 12, 30, 42
City 91
Covent Garden, Bloomsbury et Soho 167
Knightsbridge, Kensington et Chelsea 141
St James's, Mayfair et Piccadilly 66
Westminster et South Bank 117
Bateau 110, 197
Bed & Breakfast 37
Bermondsey Market 31
Bière 13
Big Ben 11, 96
Blue Plaques 24
Bloomsbury 27, 145
Bond Street 68
Borough Market 31, 93, 97, 114
Brasseries 13
British Library 31, 148, 158
British Museum 19, 31, 41, 148, 154
Brown's Hotel 177
Buckingham Palace 5, 48, 50, 52
Burgh House 189
Bus 36

C

Camden Markets 31, 160
Canary Wharf 19
Carnaby Street 167
Cartes bancaires 197
Cartoon Museum 150, 163
Charing Cross Road 167
Charing Cross Station 193
Chelsea 22, 25, 119
Chinatown 162
Chiswick House 21
Christ Church Hampstead 189
Churchill War Rooms 60
Cinémas 46
Circulation 200
City 69, 180
Claridge's 179
Climat 196, 200
Clubs et discothèques 45
County Hall 96, 111
Covent Garden 5, 145, 149, 150, 167
Craft Market 187
Crewe House 178
Curzon Mayfair 178
Cutty Sark 184

D

Dentaires, soins 200
Design Museum 115
Docklands Light Railway 36

E

Eau 200
Édifices religieux
All Hallows-by-the-Tower 194
Christ Church Hampstead 189
Immaculate Conception, Church of the 178
Inner Temple 8, 87
Middle Temple 8, 87
St Bartholomew-the-Great 17
St Botolph-without-Bishopsgate 17
St Bride's 194
St Clement Danes 192
St Ethelburga 17
St George's 179
St Helen's 17
St Helen Bishopgate 181
St James's Church 30, 176
St John's 188
St John's (Hampstead) 190
St Lawrence Jewry 182
St Martin-in-the-Fields 30, 41, 59, 193
St Mary's 188
St Mary-le-Bow 182
St Olave's 87
St Paul's Cathedral 5, 41, 73, 74, 76, 194
St Paul's Church 150
St Stephen Walbrook 183
Électricité 198
Enfants 200
Astronomy Centre 186
Bank of England Museum 86
British Museum 155
Covent Garden 150
County Hall 111
Disney Store 63
Hamleys 63
Harrods 130
HMS Belfast 115
Kew Gardens 171
London Dungeon 112
London Eye 5, 11, 96, 100
Madame Tussauds 152
National Maritime Museum 186
Natural History Museum 134
Pélicans de St James's Park 63
Relève de la Garde 50, 59
SEA LIFE London Aquarium 96, 105
Science Museum 131
Tower of London 85
V&A Museum 132
Whispering Gallery 75
ZLS London Zoo 161
English National Opera 42, 168
Eton College 173

F

Fan Museum 187
Fenton House 21, 188
Ferries 197
Festivals 14
Fish & Chips 43
Football 28
Formalités 196
Fortnum & Mason 176

G

Gabriel's Wharf 118
Gastronomie 13, 41
Gatwick 34

Index

Gherkin, The 19, 181
Grands magasins
Fortnum & Mason 176
Hamley's 67, 192
Harrods 122, 130
Liberty 67, 192
Selfridges 192
Gray's Inn 88
Great Fire 16, 71
Green Park 22
Greenwich 11, 184
Greenwich Park 23
Greenwich Village Market 187
Guildhall 182

H

Ham House 21
Hampstead 188
Hampstead Heath 22, 191
Handel House Museum 179
Harrods 122, 130
Heathrow 34
HMS Belfast 115, 180
Holland House 144
Holland Park 22, 144
Holland Park Theatre 144
Holly Bush 188
Horaires 198
Hôtels 37
Houses of Parliament 6, 31, 96, 104, 106
Hyde Park 21, 119, 123, 138

I

Immaculate Conception, Church of the 178
Imperial War Museum 113
Inner Temple 8, 87
Inns of Court 8, 87
Internet 199

J

Jermyn Street 67
Jours fériés 198

K

Keats House 190
Kensington 119
Kensington Gardens 123, 138
Kensington Church Street 143
Kensington High Street 143
Kensington Palace 5, 6, 123, 124
Kenwood House 191
Kew Gardens 170
King's Road 142
Knightsbridge 119, 142

L

Lambeth Palace 6
Leadenhall Market 86, 181
Legoland Windsor 174
Lincoln's Inn 69, 87
Lloyd's Building 19, 180
London City Airport 34
London Dungeon 112
London Eye 5, 11, 96, 100
London Film Museum 111
London Silver Vaults 31

M

Madame Tussauds 5, 148, 152
Mall, The 47, 50, 58
Mansion House 183
Marble Arch 192
Marchés **45**
Bermondsey 31
Borough 31, 93, 97, 114
Camden 31, 160
Covent Garden 150, 167
Craft 187
Greenwich Village 187
Leadenhall 86, 181
Portobello Road 31, 139
Shepherd 177
Spitalfields 6, 31, 92
Stables 160
Mayfair 47, 176
Médicaments 200
Métro (Tube) 35
Middle Temple 8, 87
Millenium Dome 19
Monument, The 180, 194
Musées **37**
Abbey 100
Bank of England 31, 86, 182
Banqueting House 62
British 19, 31, 41, 148, 154
British Library 31, 148, 158
Burgh House 189
Cartoon 150, 162
Churchill War Rooms 60
Design 115
Fan 187
Fenton 21, 188
Guildhall 182
Handel House 179
Imperial War 113
Keats House 190
Kenwood House 191
London Film 111
London Transport 149
Mansion House 183
National Gallery 5, 31, 51, 54, 193
National History 18, 122, 143
National Maritime 186
National Portrait Gallery 41, 51, 62
Old Royal Naval College 184
Science 18, 119, 122, 131
Shakespeare's Globe 46, 97, 114, 118
Sir John Soane's 88
St Paul's Cathedral 76
Tate Britain 6, 102
Tate Modern 31, 93, 97, 108
V&A 5, 18, 31, 119, 122, 126
Wallace Collection 145, 162
Musique 30, 32, 45, 87, 100, 191

N

National History Museum 18, 122, 134
National Gallery 5, 31, 51, 54
National Maritime Museum 186
National Portrait Gallery 41, 51, 62
Neal's Yard 151
New Oxford Street 68
Notting Hill 15

O

Offices du tourisme 37
Old Royal Naval College 184
Old Vic 46, 118
One New Change 19, 92
One Tree Hill 186
Oxford Street 67
Oxo Tower 97, 112
Oxo Tower Wharf 118

P

Palais et châteaux
Buckingham Palace 5, 48, 50, 52
Kensington Palace 5, 6, 123, 124
St James's Palace 48
Windsor 172
Parcs et jardins **20**
Chiswick House 21
Fenton House 21
Green Park 22
Greenwich Park 23
Ham House 21
Hampstead Heath 22, 191
Holland Park 22, 144

Hyde Park 21, 119, 123, 138
Kensington Gardens 123, 138
Regent's Park 23, 145, 160
St James's Park 21, 48, 63
Pavilion Tea House 186
Perrin's Court 188
Piccadilly 47, 60, 67
Piccadilly Circus 61, 192
Pinnacle 182
Portobello Road Market 31, 139
Poste 199
Pourboires 198

Q

Queen Elizabeth Hall 118
Queen's House 186

R

Ranger's House
Regent Street 18, 60, 67
Regent's Park 23, 145, 160
Relève de la Garde 50, 59
Restaurants
City 90
Covent Garden, Bloomsbury et Soho 164
Knightsbridge, Kensington et Chelsea 140
St James's, Mayfair et Piccadilly 64
Westminster et South Bank 116
Royal Academy of Arts 60, 176
Royal Albert Hall 18, 144
Royal Court 46, 144
Royal Courts of Justice 193
Royal Exchange 183
Royal Festival Hall 18, 118
Royal Hospital 8
Royal National Theatre 46, 118
Royal Observatory 186
Royal Opera House 46, 150, 168

S

Saatchi Gallery 137
Salles de spectacle
Barbican Centre 46, 92
Covent Garden 5, 145, 149, 150, 167
English National Opera 42, 168
Holland Park Theatre 144
Kenwood House 191
Old Vic 46, 118
Royal Albert Hall 18, 144
Royal Festival Hall 18, 118
Royal National Theatre 46, 118
Royal Opera House 46, 150, 168
Shakespeare's Globe 46, 97, 114, 118
Southbank Centre 30, 112, 118
St Olave's 87
St Paul's Cathedral 5, 41, 73, 74, 76, 194
Saville Row 67, 177
Science Museum 18, 119, 122, 131
SEA LIFE London Aquarium 96, 105
Sécurité 199
Shakespeare's Globe 46, 97, 114, 118
Shard, The 19, 115, 180
Shepperd Market 177
Sir John Soane's Museum 88
Sloane Square 142
Soho 145, 167
Soho Square 6
Somerset House 89
Se divertir
City 92
Covent Garden, Bloomsbury et Soho 168
Knightsbridge, Kensington et Chelsea 144
St James's, Mayfair et Piccadilly 68
Westminster et South Bank 118
Sotheby's 179
Southbank Centre 30, 112, 118
South Bank 93
Spitalfields Market 6, 31, 92
St Bartholomew-the-Great 17
St Botolph-without-Bishopsgate 17
St Bride's 194
St Clement Danes 192
St Ethelburga 17
St George's 179
St Helen's 17
St Helen Bishopgate 181
St James's 47
St James's Church 30, 176
St James's Palace 48
St James's Park 21, 48, 63
St John's 188
St John's (Hampstead) 190
St Lawrence Jewry 182
St Martin-in-the-Fields 30, 41, 59, 193
St Mary's 188
St Mary-le-Bow 182
St Olave's 87
St Pancras Station 34
St Paul's Cathedral 5, 41, 73, 74, 76, 194
St Paul's Church 150
St Stephen Walbrook 183
Stables Market 160
Stansted 34

T

Tamise 10, 110
Tarifs réduits 200
Tate Britain 6, 102
Tate Modern 31, 93, 97, 108
Taxi 36
Téléphone 199
Thames Barrier 11
Théâtre 46
Toilettes 200
Tower 42 182
Tower Bridge 5, 72, 78, 80, 180
Tower of London 72, 80, 194
Trafalgar Square 15, 58
Train 35, 197
Transports en commun 34

U-V

Underground 35
V&A Museum 5, 18, 31, 119, 122, 126
Vauxhall Bridge 6
Voiture 36

W

Wallace Collection 145, 162
Waterloo Bridge 93, 110
Wembley 29
West End 46, 149
Westminster 93
Westminster Abbey 5, 96, 98
Westminster Bridge 96, 110
Whitehall 63
Willis Building 19
Windsor 172

Z

ZSL London Zoo 161

Crédits photographiques

Abréviations haut (h) ; bas (b) ; gauche (g) ; droite (d) ; centre (c) ; (ar) arrière-plan

Couverture :
1re de couverture **Tim Ofeevdanil/ Fotolia.com,**
4e de couverture **Euquirmeto/Fotolia.com (h) AA/Simon McBride (b)**

AA 100
AA/J Hatts 185
AA/M. Jourdan 31 (b), 134, 139 (h), 199 (b)
AA/S. McBride 84/85 (h), 124
AA/S. Montgomery 23 (b&h), 24 (g), 25 (d), 31 (h), 46, 50, 53, 72, 73, 74/75, 82, 83 (b), 84 (b), 85 (b), 97, 102, 103, 108 (b), 109, 113, 122, 126, 130, 179, 182 (h), 190, 192, 199 (c & h),
AA/N. Setchfield 11 (b), 20, 29, 114, 123, 135, 139 (b), 160, 170, 171, 184, 186, 187,
AA/J. Tims 16, 18, 23 (c), 32, 51, 52, 55, 57, 58, 59, 61, 62, 62/63, 89, 96, 98/99, 101, 104, 105, 110, 115, 131, 132, 133, 148, 149, 150, 151, 152, 153, 154, 155, 156, 157, 161, 162, 163, 173, 174, 180, 182 (b),
AA/R. Turpin 112, 178
AA/W. Voysey 172
Corbis SuperStock/Steve Vidler 4, Bettmann 26 (g), Arcaid/Richard Bryant 107
DuMont Bildarchiv/Martin Sasse 12, 17 (d), 19, 111, 159,
Getty images ultraforma 10/11, Jane Sweeney 15 (g), traveler1116 24 (d), English School 25 (g), De Agostini Picture Library 26 (d), Glyn Kirk 28, SuperStock 54, Julian Love 85 (h), VisitBritain/Britain on View 87
GlowImages 17 (g), 108 (h), 125, 127, 137
Illustrations 3D © Jangled nerves, Stuttgart 76-77, 80-81, 106-107
Laif Dagmar Schwelle 7, Christian Heeb 13, Loop Images/Matt Gibson 18/19, Martin Sasse 77, Ian Jones 106, Loop Images/Pawel Libera 128, Andrea Artz 191
LOOK-foto age fotostock 78-79
mauritius images John Warburton-Lee 8, SuperStock 15 (r), Helmut Meyer zur Capellen 30, United Archives 56, Loop Images 83 (h), United Archives 158
picture-alliance zumapress.com/Vickie Flores 80

Tous les efforts ont été mis en oeuvre pour réaliser ce crédit photographique. Aussi, nous vous prions de bien vouloir nous excuser pour toute omission ou erreur. Merci de nous le signaler afin de la corriger dans la prochaine édition.

Remerciements

Pour leur aide précieuse, merci à tous les photographes, bibliothèques et associations ayant participé à la préparation de cet ouvrage.

LONDRES MODE D'EMPLOI

Auteur
Lesley Reader, Elizabeth Carter

Mise à jour
Paul Wade, Kathy Arnold, Birgit Weber

Édition française
Traduit de l'anglais par
Jacques Mailhos, Sophie Brun,
Bruno Le Normand, Catherine Livet,
Olivier Quezada, Sophie Paris.

Collection Mode d'emploi, Éditions Gallimard, 5 rue Gaston Gallimard, 75007 Paris
mode-d-emploi@guides.gallimard.tm.fr
www. gallimard.fr

Londres, Mode d'emploi

Dépôt légal : mai 2016
Premier dépôt légal : mars 2001
Numéro d'édition : 277839
ISBN 978-2-74-243906-5

Actualisation et mise en page 2016 : Olivier Quezada.
Couverture : conception graphique Gallimard Loisirs.
Photogravure : Leo Reprographics (Chine) et Desk (France).
Imprimé en Chine par Leo Paper Products. Mai 2016.

FSC www.fsc.org
MIXTE
Papier issu de sources responsables
FSC® C020056

QUESTIONNAIRE MODE D'EMPLOI

Cher lecteur-voyageur,

Votre opinion, vos recommandations et vos commentaires nous sont des plus précieux. Merci de nous aider à améliorer nos guides de voyage, en prenant quelques minutes pour compléter et nous retourner ce questionnaire.

Questionnaire à renvoyer à
Collection Mode d'emploi, Guides Gallimard - 5, rue Gaston Gallimard - 75007 Paris

Faites-nous part également de vos questions et suggestions par e.mail :
mode-d-emploi@guides.gallimard.tm.fr

Vous

Nom (M. /Mme /Mlle) ----------

Adresse ----------

Code postal ----------

Ville ----------

Tél. journée ----------

Quel âge avez-vous ?
❑ - de 25 ❑ 25-34 ❑ 35-44 ❑ 45-54 ❑ 55-64 ❑ + de 65

Quelle(s) radio(s) écoutez-vous ? ----------

Quel(s) magazine(s) lisez-vous ? ----------

Combien de voyages personnels faites-vous dans l'année ?
❑ 1 ❑ 2 ❑ 3 ❑ + de 3

Combien de temps durent vos voyages personnels ?
❑ - de 7 j. ❑ + 7 j. ❑ de 7 à 15 j. ❑ + de 15 j.

Emportez-vous toujours un guide de voyage ?
❑ oui ❑ non

Combien de voyages professionnels faites-vous dans l'année ?
❑ aucun ❑ - de 5 ❑ de 5 à 10 ❑ + de 10

Combien de temps durent vos voyages professionnels?
❑ 1 j. ❑ - de 3 j. ❑ - de 7 j. ❑ + de 7 j.

Professionnellement, emportez-vous un guide de voyage ?
❑ oui ❑ non

Où avez-vous acheté ce guide ?

Quand ? __ __ / __ __

Combien de temps avant votre départ ? ----------

Que pensez-vous des guides Mode d'emploi Gallimard (de 1 à 5, du moins bien au meilleur) :

présentation	1	2	3	4	5
couverture	1	2	3	4	5
informations culturelles	1	2	3	4	5
adresses	1	2	3	4	5
cartographie	1	2	3	4	5
conseils de voyage	1	2	3	4	5
rapport qualité-prix	1	2	3	4	5

Votre séjour à Londres

À quelle date avez-vous voyagé ? ----------

À quelle époque avez-vous réservé ? ----------

Où ? ❑ France ❑ Europe ❑ monde ❑ ville
précisément : ----------

Combien de temps êtes-vous resté ? ----------

Était-ce un voyage
❑ professionnel ? ❑ personnel ?

Vous avez voyagé
❑ seul ❑ en couple
❑ avec 1 ou 2 amis ❑ avec un groupe d'amis
❑ en famille ❑ en voyage organisé

Avez-vous acheté un autre guide de voyage ?
❑ oui ❑ non
si oui, lequel

Quels aspects de ce guide aimez-vous particulièrement ?

Certains points pourraient-ils être améliorés ? ----------